《国学经典藏书》丛书编委会

国学经典藏书

古文观止

宋　娟　付振华　连国义　译注

吉林大学出版社
长　春

图书在版编目（CIP）数据

古文观止 / 宋娟，付振华，连国义译注 .— 长春：吉林大学出版社，2021.6
（国学经典藏书）
ISBN 978-7-5692-8586-4

Ⅰ . ①古… Ⅱ . ①宋… ②付… ③连… Ⅲ . ①古典散文－散文集－中国②《古文观止》－译文③《古文观止》－注释 Ⅳ . ① H194.1

中国版本图书馆 CIP 数据核字（2021）第 145894 号

国学经典藏书：古文观止
GUOXUE JINGDIAN CANGSHU: GUWEN GUANZHI

作　　者：宋　娟　付振华　连国义 译注
策划编辑：魏丹丹
责任编辑：田　娜
责任校对：蔡玉奎
装帧设计：蒋宏工作室
开　　本：880mm × 1230mm　1/32
字　　数：248 千字
印　　张：12
版　　次：2021 年 6 月第 1 版
印　　次：2024 年 1 月第 3 次印刷

出版发行：吉林大学出版社
地　　址：长春市人民大街 4059 号（130021）
0431-89580028/29/21
http://www.jlup.com.cn
E-mail:jdcbs@jlu.edu.cn
印　　刷：河北松源印刷有限公司

ISBN 978-7-5692-8586-4　　**定价：**40.00 元

编者的话

经典是人类知识体系的根基，是人类的精神家园，是我们走向未来的起点。莎士比亚说过："生活里没有书籍，就好像没有阳光；智慧里没有书籍，就好像鸟儿没有翅膀。"21 世纪中国国民的阅读生活中最迫切的事情是什么？我们的回答是阅读经典！

中国有数千年一脉相传、光辉灿烂的文化，并长期处于世界文化发展的前列，尤其是在近代以前，曾长期引领亚洲乃至世界文化的发展方向。长期超稳定的社会发展形态和以小农生产为基础的、悠闲的宗法农业社会，塑造了中华民族注重实际、过分地偏重经验、重视历史的文化心理特征。从殷商时代的"古训是式"（《诗经 · 大雅 · 烝民》），到孔子的"述而不作，信而好古"（《论语 · 述而》），可以清楚地看出这种文化心理不断强化的轨迹。于是，历史就被赋予了神圣的光环，它既是人们获得知识的源泉，也是人们价值标准的出处。它不再是僵死的、过去的东西，而是生动活泼、富有生命力，并对现世仍有巨大指导作用的事实。因而就形成了这样一种固定的文化思维方式，也就是"以铜为鉴，可正衣冠；以古为鉴，可知兴替；以人为鉴，可明得失"（《新唐书 · 魏徵传》）。中国的文化人世代相承，均从历史中寻求真理，寻求"修身、齐家、治国、平天下"的崇高理想模式。

这种对于历史所怀有的深沉强烈的认同感，正是历史典籍赖以发展、繁荣的文化心理基础。历史上最初给历史典籍的研究和整理工作涂上政治、道德和伦理色彩的是春秋时期的孔子。当时的孔子因感“周室微而礼乐废、《诗》《书》缺”，于是乃删订了《诗》《书》《礼》《乐》《易》《春秋》等“六经”（见《史记·孔子世家》），寄托了自己在政治上“复礼”和道德上“归仁”的最高理想。孔子以后，历史典籍的编撰无不遵循着这一最高原则。所以《隋书·经籍志》总序中就说：“夫经籍也者，机神之妙旨，圣哲之能事。所以经天地，纬阴阳，正纲纪，弘道德，显仁足以利物，藏用足以独善……其王者之所以树风声，流显号，美教化，移风俗，何莫由乎斯道？……其教有适，其用无穷，实仁义之陶钧，诚道德之橐籥也。……夫仁义礼智，所以治国也；方技数术，所以治身也。诸子为经籍之鼓吹，文章乃政化之黼黻，皆为治国之具也。”（《隋书·经籍志一》）由此可见，历史典籍的编撰整理工作，已不仅仅是文化技术问题，更重要的是它还负有“正纲纪，弘道德”的政治和道德使命。于是，在两千多年的历史发展过程中，先人们为我们留下了汗牛充栋的文化典籍。这些宝贵的精神财富，不仅是我们中华民族的骄傲，也是全人类的骄傲，并已成为世界文化宝藏的重要组成部分。

中国的先哲们一向对古代典籍充满崇敬之情，他们认为，先王之道、历史经验、人伦道德以及治国安邦之术、读书治学之法等等，都蕴藏于典籍之中。文献典籍是先王之道、历史经验、人伦道德等赖以传递后世的重要手段。离开书籍，后人将无法从前朝吸取历史经验，无法传承先王之道。在日新月异的当代，如何对待这份优秀的文化遗产？毛泽东同志早就指出：“中国的长期封建社会中，创造了灿烂的古代文化。清理古代文化的发展过程，剔除其封建性的糟粕，吸取其民主性的精华，是发展民族新文化、提高民族自信心的必要条件。……中国现时的新文化也是从古代的旧文化发展而来，因此，我们必须尊重自己的历史，决不能割断历史。但是，这种尊重是给历史以一定的科学地位，是尊重历史的辩证法的发展，而不是颂古非今。”（毛泽东《新民主主义论》）古代典籍，不仅对中华民族的形成与发展历史地发挥了巨大的凝聚力作用，而且在当今中华民族伟大复兴中，依然会发挥无可替代的重要作用。

在科学技术迅猛发展的当代社会，人们的生活、观念正在发生着巨大而深刻的变革，面对蓬勃发展的现代科技和汹涌而至的各种思潮，人们依然能深切地感受到中国传统文化无所不在的巨大力量。人们渴望了解这种无形的力量源泉，于是绚丽多姿的中华典籍就成了人们首要的选择。它能够使我们在精神上成为坚强、忠诚和有理智的人，成为能够真正爱人类、尊重人类劳动、衷心地欣赏人类的伟大劳动所产生的美好果实的人。所以，在今天，我们要阅读经典；当数字化、网络化带来的“信息爆炸”占领人们的头脑、占用人们的时间时，我们要阅读经典；当中华民族迈向和平崛起和民族复兴的伟大征程时，我们更要阅读经典。因此，读经典，这个我们习以为常的平凡过程，实际上就成了人的心灵和上下古今一切民族的伟大智慧相结合的过程。但由于时代的变迁，这些经典对现代人来说已是谜一样的存在。为继承这份优秀的文化遗产，帮助人们更好地利用这些经典，在全国学术界诸多专家学者的支持下，我们策划了这套“国学经典藏书”丛书。

丛书以弘扬传统、推陈出新、汇聚英华为宗旨，以具有中等以上文化程度的广大读者为对象，从我国古代经、史、子、集四部典籍中精选50种，以全注全译或节选的形式结集出版。在书目的选择上，重点选取我国古代哲学、历史、地理、文学、科技、教育、生活等领域历经岁月洗礼、汇聚人类最重要的精神创造和知识积累的不朽之作。既注重选取历史上脍炙人口、深入人心的经典名著，又注重其适应现代社会的人文价值趋向。丛书不仅精校原文，而且从前言、题解，到注释、译文，均在吸收历代学者研究成果的基础上精心编撰。在注重学术性标准的基础上，尽量做到通俗易懂。我们相信，本丛书的出版，对提高人们的古代典籍认知水平，阅读和利用中华传统经典，传播中华优秀文化，提高人们的民族自信心和文化自豪感，进而为中华民族伟大复兴做贡献，均将起到应有的作用。高尔基说："书籍是人类进步的阶梯。""要热爱读书，它会使你的生活轻松，它会友爱地帮助你了解纷繁复杂的思想、感情和事件；它会教导你尊重别人和你自己；它以热爱世界、热爱人类的情感，来鼓舞智慧和心灵。""当书本给我讲到闻所未闻、见所未见的人物、感情、思想和态度时，似乎是每一本书都在我面前打开一扇窗户，并让我看到一个不可思议的新世界。""每一本书是一级小阶梯，我每爬一级，就……更接近美好生活的观念，更热爱这书"（《高尔基论青年》，中国青年出版社1956年版）。流传千年的文化经典，让我们受益匪浅，使我们懂得更多。正如德国著名作家歌德所说："读一本好书，就是和一位品德高尚的人谈话。"的确，读一本好书，就像是结交了一位良师益友。我们真诚希望，这套经典丛书能够真正进入您的生活，成为人人应读、必读和常读的名著。

陈　虎

庚子岁孟秋

前　言

常言道，开卷有益。然而对于初学者来说，哪些书可读或先读哪些书，从来都是一个问题。民国年间，梁启超和胡适两位学者曾有一个著名的"最低限度国学书目"之争。胡适先开列了100多种，又压缩为39种；梁启超另列100多种，又压缩为25种。实际上，在此之前清人中还流传着一个"更低限度"的书目，只有3种：诗、四、观。"诗"是《唐诗三百首》，"四"是《四书章句集注》，"观"是《古文观止》。大概从清朝中期开始，《古文观止》就成了一部"最低限度"的必读书。

《古文观止》十二卷，是清康熙三十三年(1694)浙江绍兴人吴楚材、吴调侯叔侄二人编选的。据《山阴州吴氏族谱》，吴楚材，名乘权，字子舆，号楚才。他学问好，通八股，有干才，以孝友著称，但一生仅做过塾师、幕僚等，没有能通过科举进身。《古文观止》以外，他还编过《纲鉴易知录》，作为通俗历史读本也是很有名的。吴调侯，名大职，字调侯，是吴楚材的远房子侄。他也很有才学，曾做过某县县丞(朱泽宝《族谱中所见〈古文观止〉编者吴楚材、吴调侯生平事迹考》，《中国典籍与文化》2015年第1期)。

此书本是一部童蒙读本。文会堂本吴兴祚《序》称此书能“正蒙养而裨后学”;文富堂本二吴《自序》则称原稿用以“课子弟”,编注考虑到了“童子之所肄习”的需要,《例言》也说“原为初学设也”,都说明此书是为学童而编。同时,本书还兼顾着科举考试的需要。《自序》中说:“况考试之时,一有不合,即遭摈斥,可不慎欤!”为学童的前途命运着想,二吴以十分严肃认真的态度编注了这个选本:“一义之未合于古,勿敢登也;一理之未慊于心,勿敢载也;一段落、一钩勒之不轨于法度,勿敢袭也;一声音、一点画之不协于正韵,勿敢书也。”真有点战战兢兢、如履薄冰的意思。

了解了“童蒙读本”与“科举教材”的双重性质,就容易理解《古文观止》是一个并非名副其实的“古文”选本。在“五四运动”以前,“古文”是一个具有特定内涵的文体术语,一般是指与骈文相区别的散体文章,略相当于狭义的“散文”,而与辞赋、骈文等同属于广义的“散文”。这种文体以“唐宋八大家”的文章为典范,不押韵、少对偶,以散行为文体特征,以载道为思想特征。若按这个标准衡量,显然《古文观止》的“古文”并非标准意义上的“古文”。

一是散文以外,兼选辞赋骈文。李密《陈情表》以下,六朝和唐代文章如王羲之《兰亭集序》、陶渊明《归去来兮辞》、孔稚珪《北山移文》、魏徵《谏太宗十思疏》、骆宾王《为徐敬业讨武曌檄》、李白《春夜宴桃李园序》、李华《吊古战场文》、刘禹锡《陋室铭》、杜牧《阿房宫赋》等,几乎都是辞赋或骈文。这还不算此前的《卜居》和《宋玉对楚王问》,此后的《秋声赋》《赤壁赋》等。

在编排顺序上，此书将时代稍晚的杜牧《阿房宫赋》置于韩愈之前，而以韩愈、柳宗元后接宋代诸家，说明编者是有意地突出六朝至唐代这一段散文史以骈文为主的历史特征。在清代古文和骈文同时复兴的背景下，作者能不存门户之见，皆加选录，应该是出自启蒙的需要。因为辞赋骈文的修辞技巧和散体文的流畅自然，对于初学者都是值得效法的。当然，散体文的选录篇目远远多于辞赋骈文，毕竟科举考试不考辞赋和骈文。

二是集部以外，多选经史。一般而论，经部显然不属于“文章”之林，史部的传记与“文章”交融更深一些，但也不能简单视为一体。然而，此书却大量选录经史之文。经部如《左传》一书就选录了34篇，独占两卷，全书222篇，《左传》占了15%。此外，《公羊传》选3篇，《穀梁传》选2篇，《礼记》选6篇。以上经部之文共45篇，占全书篇目的20%。史部如《史记》选录了14篇，加《报任安书》合为一卷；《国语》选11篇，《战国策》选14篇，也都接近一卷的篇幅；又《汉书》选4篇，《后汉书》选2篇。以上史部之文也是45篇，占全书篇目的20%。合计起来，经、史两部的篇目共90篇，占了全书篇目的40%，相当可观。

进一步分析，经部所选并不是“经”，而是“传”——《左传》《公羊传》《穀梁传》作为《春秋》三传无疑，《礼记》在《汉书·艺文志》的时代也是《仪礼》的“传”。这样就降低了身份，易于选入古文选本。还应注意的是，以上经部选目多为富有政治和道德意味的历史故事，由“经”向“史”倾斜，尤其是《左传》的选目将春秋五霸及名臣贤相的历史轮廓勾勒得颇为清晰，这些篇目其实与《国语》《战国策》《史记》等同属一类。在编排顺序上，

《左传》紧接《国语》，然后才是《公羊传》《穀梁传》和《礼记》，然后是《战国策》《史记》等，经史错杂相承，也说明编者无意于突出《左传》《公羊传》等书的经书性质。从这个角度看，《古文观止》的经、史部分选目具有历史教材的意味，承担着历史普及和道德教育的职能，与童蒙读本的性质完全相符。又从科举的要求着眼，经部选目的政治和道德特点正好从思想上滋养八股文的写作；《史记》多选论赞，《汉书》只选诏书，《后汉书》选皇帝劝勉之言和将军家信，也在弱化史书的性质，而有助于培养科场时文的文理。

虽然不够纯粹，《古文观止》毕竟还是一部“古文”选本。只是这个“古文”要从宽泛的意义去理解，一方面仍受制于正统的散体载道“古文”观，另一方面已经多有突破，和今天的古代散文的大概念已经十分接近。

从文体上看，此书选录辞赋骈文是一个特色，同时似乎也是一个缺点，因为选录数量很少，不成系统，名篇佳作，多有遗漏。但纵观整部古代散文史，散体文本来就是大宗，是主流，宋代以后尤其如此，而辞赋和骈文的繁荣主要在汉魏六朝至唐这一历史阶段，相对而言，成就要小得多。因此，即使从今天的散文观念来看，此书骈散比例的掌握也不算十分偏颇。

从时代上看，先秦两汉和唐宋是此书选文的两个重点。传统的“古文”首先就是指“唐宋八大家”的文章，此书选录了唐宋八家的文章，占全书篇目的35%，的确是选录的重点。然而，八家以前先秦两汉的文章共选了104篇，占全书篇目的47%，远多于唐宋八家的篇数，也超过唐宋选文的总量(94篇)。与之相比，六朝文仅选6篇，明文仅选18篇，元文一篇也没有选录。大量选录唐宋八家之文，说明编选者认同传统的“古文”观念。而大量选录先秦两汉经史之文，又说明编选者对“古文”的理解比较宽泛，具有浓厚的以古为尚的意识，合于明人“文必秦汉”的议论。

而重点之中又有重点。在先秦两汉经史之文中，重点是《左传》(34篇)、《国语》(11篇)、《战国策》(14篇)和《史记》(14篇)；在唐宋八家中，重点是韩(24篇)、柳(11篇)、欧(13篇)、苏(17篇)。就承载正统观念的“道统”说，无疑《左传》与韩愈最尊；就彰显文学创造的“文统”说，《战国策》《史记》与苏轼也相当重要。这样选录，有突出“道统”的倾向，同时也绝不忽视“文统”。“道统”与“文统”合一，正是“古文”家的追求。苏轼第一篇选了《刑赏忠厚之至论》这篇略显稚嫩的考场作文，则又显示出编选者服务科举的目的。

关于《古文观止》，还有一桩小小的公案，即有学者指出此书选目乃是生吞活剥了金圣叹的《才子古文》。吴小如先生曾著文指出，当时诸多古文选本的选目都是大同小异的，论者的指责有言之过苛之嫌。兹补充一条材料，此书《例言》称：“古文选本如林，而所选之文若出一辙，盖较学相传既为轻车熟路，欲别加选录，虽蹊径一新，反多扞格。故是编所登者，亦仍诸选之旧。”编选者已经声明，后人就不必斤斤计较了。只是还应指出，此书选目与《才子古文》实有非常大的差异，绝不能因部分选目相同，就埋没了编选者的用心。

与“选”相比，《古文观止》的编选者更加用心而自负的是

“评”和“注”,这也是今日读者常常忽略的。此书《例言》又称:“古文须评注兼有方能豁然。若有注无评,或有评无注,譬若一人之身,知其有面目而不知其有血脉,知其有血脉而不知其有面目,可乎?是编字义典故逐次注明,复另加评语,庶读之者明若观火。”此书的评点多从八股文写作着眼,最能显示此书“童蒙读本”而兼“科举教材”的双重性质。

作为清代中期以后的一部“最低限度”的必读书,在科举早就废除的今日,《古文观止》仍然家弦户诵,畅销不衰,以至于金开诚、葛兆光先生《古诗文要籍叙录》等专业目录解题著作都要加以介绍。现在呈现在读者面前的这个选本,从《古文观止》原书中选了近70篇,加以解题、注释和翻译,以适应中等文化程度读者的需要。选录的原则大概是,以脍炙人口的篇目为主,突出文学性,兼顾历史文化价值。注释追求简明,翻译避免死译,而追求流畅自然。注释参考了各种通行注本,谨此致谢。粗疏不当之处,还望得到读者朋友的指正。

宋　娟

2019年11月

目　录

郑伯克段于鄢

《左传》

〔题解〕

本篇选自《左传》的鲁隐公元年(前722)。《左传》全称为《春秋左氏传》或《左氏春秋》,相传为孔子同时人左丘明所作,是一部记载春秋时期史事的叙事详备的编年体史书,传统上被看作与简明编年史《春秋》相配合的著作,与《公羊传》《穀梁传》合称"《春秋》三传",皆列入"十三经"。隐公元年是《春秋》和《左传》正式记事的第一年,本篇是《左传》第一个较为完整的历史故事。

郑国是一个姬姓诸侯国,位于今河南新郑一带。郑武公是郑国第二代君主,因护送周平王东迁有功而受到封赏。郑庄公是郑国第三代君主,他与齐、鲁结盟打败国大爵尊的宋国,有"小霸"之名,连周天子也不放在眼里。可是郑庄公对骄奢自大的亲弟弟共叔段却似乎没有办法。共叔段阴谋夺取政权,两兄弟的母亲武姜也暗中提供帮助。郑庄公欲擒故纵,长久隐忍后将共叔段一举击溃,并将母亲武姜囚禁。但此事严重地破坏了礼法。于是颍考叔献计,使郑庄公找到台阶,释放了武姜。这篇历史故事以简洁而生动的语言，沉着而老辣的叙事手段，客观上暴露了宗法政治冷酷和虚伪的一面。但在主观上，作者又通过结尾的“君子曰”，即著名的论赞体，表彰颍考叔和郑庄公的孝道，显示出儒家经典的价值追求。

初①，郑武公娶于申②，曰武姜③，生庄公及共叔段④。庄公寤生⑤，惊姜氏，故名曰寤生，遂恶之⑥。爱共叔段，欲立之，亟请于武公⑦，公弗许⑧。

〔注释〕

①初：当初，早年。《左传》是编年史，但为了保持历史叙述的完整性，常有所追述。

②申：国名，姜姓，在今河南南阳一带。

③武姜：郑武公姓姜的妻子。武是丈夫的谥号，姜是娘家的姓。

④共（gōng）叔段：郑庄公的弟弟，名段。叔是兄弟排行，共是他后来逃亡的诸侯国名。共国：姬姓，伯爵，在今河南辉县。

⑤寤（wù）生：难产，倒着生出来。

⑥遂：于是，就。恶（wù）：厌恶。

⑦亟（qì）：屡次。

⑧弗（fú）：不。

〔译文〕

当初，郑武公从申国娶了妻子，后来称为武姜，她生了郑庄公和共叔段两个孩子。庄公出生时难产，武姜受到了惊吓，因此给他取名叫“寤生”，就很厌恶他。武姜偏爱共叔段，想立共叔段为世子，多次向武公请求，武公都没有答应。

及庄公即位，为之请制[①]。公曰："制，岩邑也[②]，虢叔死焉[③]。佗邑唯命[④]。"请京[⑤]，使居之，谓之京城大叔[⑥]。祭仲曰[⑦]："都城过百雉[⑧]，国之害也。先王之制：大都不过参国之一[⑨]，中五之一，小九之一。今京不度，非制也，君将不堪[⑩]。"公曰："姜氏欲之，焉辟害[⑪]？"对曰："姜氏何厌之有[⑫]！不如早为之所，无使滋蔓[⑬]，蔓难图也[⑭]。蔓草犹不可除，况君之宠弟乎？"公曰："多行不义，必自毙[⑮]。子姑待之。"

〔注释〕

①制：地名，在今河南汜水境内。
②岩：险要。邑：小城，泛指城市。
③虢（guó）叔：东虢国的国君。焉：在那里。
④佗：同"他"。唯命：唯命是听。
⑤京：地名，在今河南荥阳。
⑥大（tài）：同"太"。
⑦祭（zhài）仲：郑国大夫。
⑧都：一般的城市。雉：城墙长三丈、高一丈为一雉。
⑨参（sān）国之一：国都城墙的三分之一。国，国都。参，同"三"。
⑩不堪：承受不了。
⑪辟：同"避"。
⑫厌：满足。
⑬无：通"毋"。滋蔓（màn）：滋长蔓延。
⑭图：除掉。
⑮毙：失败，灭亡。

〔译文〕

等到郑庄公即位，母亲武姜就要求他把弟弟封到制邑去。

庄公说:“制邑很险要,虢叔就死在那儿。除了制邑,封到哪里都听您的。”武姜要求封到京邑,庄公就把弟弟封到那里,于是人们称他为京城大叔。祭仲给庄公提意见说:“国都以外的城市的城墙,如果超过三百丈,就会成为国家的隐患。先王规定:大型城市的城墙不能超过国都的三分之一,中等城市不能超过国都的五分之一,小型城市不能超过国都的九分之一。现在京邑太大,超出规定,破坏了制度,总有一天您会感到威胁的。”庄公说:“这是我的母亲姜氏要求的,即使明知是祸害,我怎能躲开呢?”祭仲回答说:“您的母亲姜氏贪得无厌,永不满足!不如尽早把她关押起来,不要让她和您的弟弟继续扩张势力,蔓延扩张下去就更难办了。野草蔓延开来都不容易铲除,何况是您那被母亲宠爱的弟弟呢?”庄公说:“坏事做多了,自己就会灭亡。你姑且等等再看吧。”

既而大叔命西鄙、北鄙贰于己①。公子吕曰:“国不堪贰,君将若之何②?欲与大叔③,臣请事之④;若弗与,则请除之。无生民心⑤。”公曰:“无庸⑥,将自及⑦。”大叔又收贰以为己邑,至于廪延⑧。子封曰:“可矣,厚将得众⑨。”公曰:“不义,不暱⑩,厚将崩⑪。”

〔注释〕

①鄙:边境。贰:既听从一方,又听从另一方。

②若之何:把他们怎么样。

③与:给予。

④事:侍奉。

⑤无生民心:不要使百姓产生别的想法,把共叔段当作君主。

⑥无庸：不用。

⑦自及：自及于祸，自取灭亡。

⑧廪(lǐn)延：地名，在今河南延津北。

⑨厚：土地广大，实力雄厚。

⑩昵(nì)：亲近，拥护。

⑪崩：倒塌，失败，灭亡。

〔译文〕

不久以后，共叔段要求郑国的西部边境和北部边境听从于他。公子吕对郑庄公说："一个完整的国家不能承受既听从国君，又听从臣下的情况出现，您准备怎么办？如果您想把国家交给共叔段，我就去侍奉他；如果您没有这个打算，就请您早点把他除掉。不要让百姓产生二心。"郑庄公说："不用将他除掉，他会自取灭亡。"后来共叔段又把西部边境和北部边境的城邑完全收归己有，势力一直延伸到廪延。子封说："现在可以动手了，共叔段的实力不断扩大，再这样下去可能会得到百姓的支持。"郑庄公说："他的所作所为不符合道义，不会有人真的拥护他。即使实力强大，最后还是会灭亡。"

大叔完聚①，缮甲兵②，具卒乘③，将袭郑。夫人将启之④。公闻其期，曰："可矣！"命子封帅车二百乘以伐京。京叛大叔段，段入于鄢⑤，公伐诸鄢。五月辛丑，大叔出奔共⑥。

〔注释〕

①完：修城墙。聚：聚粮食。

②缮(shàn):修理。

③卒:步兵。乘(shèng):四马一车为一乘,指战车。

④启:开城门。

⑤鄢(yān):地名,在今河南鄢陵北。

⑥出奔:出逃。

〔译文〕

共叔段修筑城墙,准备军粮,修理盔甲兵器,训练步兵和战车,将要袭击郑国首都。母亲武姜准备为他打开城门。郑庄公探听到共叔段发动袭击的日期,对大臣说:“现在可以行动了。”命令子封率领二百辆战车来讨伐京邑。正如所料,京邑的百姓马上背叛了共叔段,他跑到鄢地,郑庄公的军队就追到鄢。五月辛丑这一天,共叔段出逃到共地。

书曰①:“郑伯克段于鄢。”段不弟②,故不言弟;如二君,故曰克;称郑伯,讥失教也,谓之郑志③。不言出奔,难之也④。

〔注释〕

①书:指《春秋》。

②弟(tì):通“悌”,像弟弟应该做的那样,尊敬兄长。

③郑志:郑庄公的意愿。

④难:为难,不好写。

〔译文〕

《春秋》记载:“郑伯克段于鄢。”共叔段不尊敬兄长,所以没有把他称为弟弟;兄弟相争,却好像两个国君互相攻伐,所以用

“克”字；称郑庄公为“郑伯”，是讽刺他没有照顾好弟弟，纵容弟弟叛乱并将他铲除，这正是郑庄公想要看到的。不说共叔段出逃，是史官不便书写。

遂置姜氏于城颍[①]，而誓之曰：“不及黄泉[②]，无相见也。”既而悔之。颍考叔为颍谷封人[③]，闻之，有献于公。公赐之食，食舍肉。公问之，对曰：“小人有母，皆尝小人之食矣，未尝君之羹，请以遗之[④]。”公曰：“尔有母遗，繄我独无[⑤]！”颍考叔曰：“敢问何谓也？”公语之故，且告之悔。对曰：“君何患焉？若阙地及泉[⑥]，隧而相见[⑦]，其谁曰不然？”公从之。公入而赋[⑧]：“大隧之中，其乐也融融！”姜出而赋：“大隧之外，其乐也洩洩[⑨]。”遂为母子如初。

〔注释〕

①城颍(yǐng)：春秋地名，在今河南襄城东北。
②黄泉：死后埋在地下，有黄泉，指死去。
③封人：守护疆界的小官。
④遗(wèi)：送，给。
⑤繄(yī)：语助词。
⑥阙(jué)：同“掘”，挖。
⑦隧：隧道。
⑧赋：诵诗。
⑨洩洩(yì)：同“泄泄”，快乐。

〔译文〕

于是郑庄公把他的母亲武姜逐出国都，安置在城颍，并发誓说:“不到死,不见面。”过了不久,他就后悔了。颍考叔是颍谷的小官,听说了这件事,就来向庄公进献礼物。庄公赐给他食物,他故意不吃肉。庄公问他为什么,他回答说:“我的母亲吃过我给她做的各种食物,还从没有品尝过国君的肉汤,请允许我将食物带回给她。”庄公听后伤心地说:“你们都有母亲可以孝敬,只有我没有母亲!”颍考叔问:“为什么这样说呢?”庄公就告诉了他事情的经过,并表明了自己的悔恨。颍考叔于是献计说:“您有什么可忧愁的?如果开挖一条隧道一直挖到泉水,在隧道中拜见您的母亲,谁会说您违背了誓言呢?”庄公听从了颍考叔的建议,在隧道中和母亲见了面。庄公走进隧道,赋诗说:“在这隧道里,我心多温暖!”母亲武姜走出隧道,也赋诗说:“在这隧道外,心情真舒畅!”于是修复了母子关系,就像当初一样。

君子曰:“颍考叔,纯孝也①,爱其母,施及庄公②。《诗》曰:‘孝子不匮,永锡尔类③。’其是之谓乎!”

〔注释〕

①纯:纯正。

②施(yì):延伸,影响。

③孝子不匮(kuì),永锡(cì)尔类:出自《诗经·大雅·既醉》。匮,亏缺。锡,赐给。

〔译文〕

君子说:“颍考叔,他的孝心多么纯正,爱自己的母亲,并且影响到了郑庄公。《诗经》里有诗句:‘孝子的品德没有缺失,上天永远赐福给你们。’这两句诗,说的就是这种情况吧!”

曹刿论战

《左传》

〔题解〕

本篇选自《左传》庄公十年（前684），记载了齐鲁长勺之战的概况。齐、鲁都在今山东境内，齐在泰山之北，国都在临淄（今属山东淄博）；鲁在泰山之南，国都在曲阜，齐较鲁更大更强。前一年（前685）鲁庄公支持公子纠与公子小白（齐桓公）争夺齐国君位，在乾时被齐国打得惨败；同年齐桓公又对鲁国加以报复，发动了这次战役。齐国大军压境，可以想象鲁国上下相当紧张。这时，一个非“肉食者”的曹刿勇敢地站了出来，以主人翁的姿态质询国君，说明人事比鬼神重要、百姓比近臣重要的道理，这看似迂阔，实则显示了新的时代精神。曹刿沉着谨慎地协助鲁庄公指挥了这次战役。长勺之战是一次鲁国以弱胜强的战役，此战保全了鲁国，也成就了曹刿这个历史人物。

十年春，齐师伐我。公将战①，曹刿请见②。其乡人曰：“肉食者谋之③，又何间焉④？”刿曰：“肉食者鄙⑤，未能远谋。”遂入见⑥。

〔注释〕

①公:指鲁庄公,鲁国第十六任国君,在位三十一年。
②曹刿(guì):春秋时期鲁国人,史书中又称其为“曹沫”。
③肉食者:吃肉的人,指居高官、享厚禄的人。
④间(jiàn):参与。
⑤鄙:目光短浅。
⑥遂:于是。

〔译文〕

鲁庄公十年(前684)的春天,齐国军队讨伐我们鲁国。鲁庄公正准备迎战,这时,曹刿请求拜见鲁庄公。他的同乡劝告他说:“这是吃肉的当权者谋划的事,你去参与什么呢?”曹刿回答:“当权者目光短浅,不能深谋远虑。”于是就去拜见鲁庄公。

问:“何以战①?”公曰:“衣食所安②,弗敢专也③,必以分人④。”对曰:“小惠未遍,民弗从也。”公曰:“牺牲玉帛⑤,弗敢加也⑥,必以信。”对曰:“小信未孚⑦,神弗福也⑧。”公曰:“小大之狱⑨,虽不能察,必以情。”对曰:“忠之属也⑩,可以一战。战,则请从。”

〔注释〕

①何以战:即“以何战”。以,凭借。
②衣食所安:衣食这类生活用品。安,吃饱穿暖。
③弗:不。专:独自享用。
④人:别人,实指近臣。
⑤牺牲玉帛(bó):祭祀用的牛、羊、猪和玉器、丝织品。

⑥加：对神灵吹嘘夸大，以少充多。

⑦孚（fú）：使神灵感动信服。

⑧福：赐福，保佑。

⑨狱：诉讼案件。

⑩忠：尽职尽责，做好分内之事。属：某一类的事情。

〔译文〕

曹刿问鲁庄公："我们鲁国凭什么与强大的齐国作战？"鲁庄公说："衣裳饮食之类，我从来不敢独自享用，都与别人分享。"曹刿反驳说："这只是小恩小惠，而且广大的底层百姓肯定得不到，他们是不会愿意跟从您去打仗的。"鲁庄公又说："祭祀用的动物和玉器、丝织品，我从来不敢以少充多，永远对上天诚实。"曹刿反驳说："这只是小信用，未必能感动神灵，神灵怕是不会保佑我国的。"鲁庄公又说："对于大大小小的诉讼案件，即使我做不到明察秋毫、绝无失误，但我都尽量以实情为根据加以裁断。"曹刿终于肯定说："这是您的本职工作，这样做可以算是尽职尽责，凭此打仗应该没有问题。您如果决定迎战，请允许我跟您一起上战场。"

公与之乘，战于长勺①。公将鼓之。刿曰："未可。"齐人三鼓。刿曰："可矣。"齐师败绩②。公将驰之③。刿曰："未可。"下，视其辙，登，轼而望之④，曰："可矣。"遂逐齐师。

〔注释〕

①长勺：鲁国地名，在今山东济南莱芜东北。

②败绩:打了败仗。

③驰:驱车追赶。

④轼:车前横木,用作扶手。

〔译文〕

鲁军在长勺迎战齐军,鲁庄公让曹刿和他乘坐同一辆兵车。刚与齐军对垒,鲁庄公就要下令击鼓进军。曹刿劝阻说:“现在还不行。”等到齐军击鼓三次以后,曹刿才说:“现在可以击鼓进军了。”果然齐军被打得大败。鲁庄公马上又要下令追击齐军。曹刿说:“现在还不行。”他跳下兵车,仔细察看了齐军兵车留下的辙迹,又登上兵车,扶着车前横木眺望了齐军的行列,这才松口说:“现在可以追击了。”于是鲁庄公就下令追击齐军。

既克①,公问其故。对曰:“夫战②,勇气也。一鼓作气③,再而衰④,三而竭。彼竭我盈⑤,故克之。夫大国,难测也⑥,惧有伏焉⑦。吾视其辙乱,望其旗靡⑧,故逐之。”

〔注释〕

①既:已经。克:战胜敌人。

②夫(fú):发语词,表示将发议论。

③一鼓作气:第一次击鼓振作了士气。

④再:第二次。

⑤彼:他们。竭:尽。盈:饱满。

⑥测:估量。

⑦伏:埋伏。

⑧靡(mǐ):倒下。

〔译文〕

战后，鲁庄公问曹刿之所以要这样做的原因。曹刿解释说：“打仗，靠的全是一股勇气。第一次击鼓，士兵已经鼓足了勇气；到第二次击鼓，士兵的勇气就开始衰落；等到第三次击鼓，士兵的勇气就几乎耗尽了。齐军的勇气已经耗尽，我军的勇气正在高涨，所以一定能战胜他们。像齐国这样的大国，很难判定他们是不是真的败退，我担心他们伪装败退而设有伏兵。等我看到他们兵车的辙迹都乱了，又望见他们的旗帜都倒了，才相信他们是真的败退，我们就可以大胆地追击他们了。”

齐桓公伐楚盟屈完

《左传》

〔题解〕

本篇选自《左传》僖公四年(前656),记载了齐国和楚国之间一段精彩的外交交锋。当时,齐桓公以“尊王攘夷”为号召,称霸于中原。这次率领齐、鲁、宋、卫、郑、许、曹、陈等国联军讨伐楚国,并没有什么说得过去的理由,也没有别的明确意图,主要是想通过武力炫耀的方式逼迫作为南方大国的楚国承认其霸主地位。对于齐国的或十分微末(包茅不入)或十分悠久(昭王南征而不复)的讨伐借口,那位没有留下名字的楚国使者不卑不亢地做出了回应,但是联军并没有撤退。于是楚大夫屈完出场。屈完利用齐桓公好大喜功的心理,以十分谦逊得体的说辞表示承认其霸主地位,同时也表示楚国在军事上并没有什么忌惮。最后是皆大欢喜,齐国实现了结盟的目的,楚国也避免了与诸侯联军的冲突。屈完所主张的以德服人,也是《左传》的基本立场。

春,齐侯以诸侯之师侵蔡①,蔡溃,遂伐楚。楚子使与师言曰[②]："君处北海，寡人处南海[③]，唯是风马牛不相及也[④]。不虞君之涉吾地也[⑤]，何故？"管仲对曰："昔召康公命我先君太公曰[⑥]：'五侯九伯[⑦]，女实征之，以夹辅周室。'赐我先君履[⑧]：东至于海，西至于河，南至于穆陵[⑨]，北至于无棣[⑩]。尔贡包茅不入[⑪]，王祭不共[⑫]，无以缩酒[⑬]，寡人是征[⑭]。昭王南征而不复[⑮]，寡人是问。"对曰："贡之不入，寡君之罪也[⑯]，敢不共给？昭王之不复，君其问诸水滨。"师进，次于陉[⑰]。

〔注释〕

①齐侯：齐桓公，春秋齐国君主，侯爵。姜姓，名小白，春秋五霸之首，在位四十二年，为齐国第十五位国君。侵：不宣而战。蔡：周朝诸侯国，在今河南新蔡一带。

②楚子：楚成王，春秋时期楚国君主，子爵。芈姓，熊氏，名恽，在位四十五年。

③北海：指北方。寡人：君主的谦称。南海：指南方。

④风：走失。

⑤虞（yú）：料想。涉：蹚水过河，来到。

⑥召（shào）康公：周文王庶子奭（shì）封于召（今陕西岐山西南），谥号康，称召康公。太公：齐国始祖姜太公姜尚。

⑦五侯：五等爵位，公、侯、伯、子、男。九伯：九州之长。

⑧履（lǚ）：践履，踩踏，指权力范围。

⑨穆陵：春秋时期齐国地名，在今山东临朐南的穆陵关。

⑩无棣（dì）：春秋时期齐国地名，在今山东无棣一带。

⑪包茅：成捆的菁茅，楚地特产，祭祀时用来滤酒。

⑫共：通"供"，供给。

⑬缩酒：滤酒。

⑭征：问罪。

⑮昭王南征而不复：相传周昭王南巡，渡汉水时被当地人害死。

⑯寡君：本国君主的谦称。

⑰次：驻扎。陉（xíng）：山名，在今河南郾城南。

〔译文〕

鲁僖公四年（前656）的春天，齐桓公率领着诸侯联军侵入蔡国，蔡国溃败了，进而讨伐楚国。楚成王派使者到诸侯联军中，问齐桓公："您居住在北方，我居住在南方，就是牛马走失了也不会见面。不想您却闯进了我们的国土，这是为什么呢？"管仲代表齐桓公回答说："当年召康公曾经命令我们齐国始祖姜太公说：'所有五等爵位的诸侯，九州的长官，你们齐国都可以讨伐，来辅助周王室。'并划定了我们先代君主可以讨伐的范围：东到大海，西到黄河，南到穆陵，北到无棣。你们楚国应该贡献的菁茅没有按时进贡，影响了周王祭祀，无法滤酒，这是我要向你们问罪的。周昭王南巡却没能返回，这也是我要质问你们的。"使者回答说："没有按时进贡菁茅，的确是我们君主的罪过，怎敢不进贡呢？至于周昭王没有返回的事，已经有三百多年了，您还是到水边去问吧。"诸侯联军继续前进，到陉山驻扎下来。

夏，楚子使屈完如师[①]。师退，次于召陵[②]。齐侯陈诸侯之师，与屈完乘而观之。齐侯曰："岂不穀是为[③]？先君之好是继。与不穀同好，何如？"对曰："君惠徼福于敝邑之社稷[④]，辱收寡君[⑤]，寡君之愿也。"齐侯曰："以此众战，谁能御之？以此攻城，何城不克？"对曰："君若以德绥诸侯[6]，谁敢不服？君若以力，楚国方城以为城[7]，汉水以为池，虽众，无所用之。”屈完及诸侯盟。

〔注释〕

①如：到……去。

②召（shào）陵：春秋时期楚国地名，在今河南郾城东。

③不穀（gǔ）：君主的谦称。

④惠：表敬副词，称对方给予恩惠。徼（yāo）：通“邀”，求。敝邑：楚国的谦称。社稷：社为土地神，稷为谷神，是国家的象征。

⑤辱：表敬副词，称对方降低身份。

⑥绥：安抚。

⑦方城：楚国山名，在今河南叶县南。

〔译文〕

这年夏天，楚成王派屈完到联军中去。联军后退，到召陵驻扎下来。齐桓公让诸侯联军排开阵势，和屈完乘车一起检阅。齐桓公对屈完说：“这次出兵难道是为了我自己？这是为了继承先代君主之间的友好关系啊！和我们结盟，怎么样？”屈完回答说：“承蒙您的恩惠，为我国求福，您降低身份来接纳我国国君作为盟友，这正是我国国君所盼望的。”齐桓公又问：“调用这么多的军队来打仗，哪个国家能抵抗得了呢？指挥这些军队来攻城，哪座城攻不下来呢？”屈完回答说：“您如果广施恩德来安抚诸侯，谁会不服从呢？您如果想凭武力来攻打，楚国有方城山作为城墙，有汉水作为护城河，您的军队即使再多，也发挥不了威力吧。”于是屈完就和诸侯订立了盟约。

齐桓公下拜受胙

《左传》

〔题解〕

本篇选自《左传》僖公九年(前651),记载了葵丘之会上的一个历史场景。葵丘之会是齐桓公召集宋襄公、鲁僖公、卫文公、郑文公、许僖公、曹共公在宋国葵丘举行的一次诸侯会盟,是齐桓公霸业的巅峰。此前齐桓公曾联合诸侯保住了太子郑之位,太子郑即位后(周襄王)就投桃报李,派使者参加了葵丘之会。这相当于以周王室的权威正式认定齐桓公为霸主。天子祭祀一般只将祭肉赐给同姓诸侯,赐给异姓诸侯齐桓公,是表示特别的礼遇。周襄王又嘱咐使者,齐桓公接受祭肉时不必下阶跪拜。但齐桓公表现得十分谦恭,坚持下阶跪拜,显示出"尊王"的姿态,得到了著史者的嘉许。后来孔子赞美齐桓公"正而不谲"(《论语·宪问》),可能就与此有关。

会于葵丘①,寻盟②,且修好,礼也。王使宰孔赐齐侯胙③。曰:"天子有事于文武④,使孔赐伯舅胙⑤。"齐侯将下拜。孔曰:"且有后命。天子使孔曰:'以伯舅耋老[6]，加劳，赐一级，无下拜。'"对曰："天威不违颜咫尺，小白余敢贪天子之命'无下拜'[7]！恐陨越于下[8]，以遗天子羞，敢不下拜！"下，拜，登，受。

〔注释〕

①葵丘：春秋时期宋国地名，在今河南民权。

②寻：通"焊"，重温。

③王：周襄王，东周君王，在位三十二年。宰孔：宰是官名，孔是人名。胙(zuò)：祭肉。

④有事：指祭祀。

⑤伯舅：周王对异姓诸侯的尊称。

⑥耋(dié)：七十岁。

⑦小白：齐桓公的名字。

⑧陨越：倒下。

〔译文〕

鲁僖公九年(前651)的夏天，齐桓公在葵丘与各国诸侯聚会，重温往日的盟约，并加强与各国的友好关系，这是符合礼法的。周襄王派宰孔赐给齐桓公一块祭肉。宰孔说："天子祭祀周文王和周武王，派我把祭肉赐给伯舅。"齐桓公就要下拜接受。宰孔说："还有命令。天子派我来时嘱咐：'因为伯舅年迈，又有功劳，赐给一级，不用下阶跪拜。'"齐桓公回答说："上天的威严咫尺之近，就在面前，我小白怎敢妄借天子命令而不下阶跪拜！如果不下阶，我担心就会遭到惩罚而摔下去，让天子因我而蒙受羞耻，我怎敢不下阶跪拜！"于是就下阶跪拜，又登上台阶，在堂上接受了祭肉。

子鱼论战

《左传》

〔题解〕

本篇选自《左传》僖公二十二年(前638),记载了宋、楚泓之战的情况和子鱼对宋襄公的批评。宋国是殷人之后,周初受到礼遇,封在今河南商丘一代,为公爵,但国家并不十分强大。齐桓公去世后,宋襄公因联合几个小国送公子昭回国即齐国君位(齐孝公)而声名鹊起,于是不自量力,一心想继齐桓公而争做诸侯霸主。此前一年,他召集诸侯会盟,却在会盟上被楚成王抓走。本年夏,他攻打依附楚国的郑国,楚国出兵救郑,就引发了初冬的泓之战。在战场上,宋襄公摆出霸主的姿态,以仁义相标榜,不听劝告,丧失战机,招致了惨痛的失败。大夫子鱼对此做出了犀利的批评,显示了战争残酷无情的一面。宋襄公是“春秋五霸”中有其名而无其实的一人,一个不能清醒认识自我和时代的悲剧人物。

楚人伐宋以救郑。宋公将战。大司马固谏曰①:“天之弃商久矣②,君将兴之,弗可赦也已③。”弗听。

及楚人战于泓[4]。宋人既成列，楚人未既济[5]。司马曰："彼众我寡，及其未既济也，请击之。"公曰："不可。"既济而未成列，又以告。公曰："未可。"既陈而后击之[6]，宋师败绩。公伤股，门官歼焉[7]。

〔注释〕

①大司马固：大司马是官名，姓公孙，名固，宋庄公之孙，宋襄公之堂兄弟。

②商：西周初年，周公把商朝贵族微子封在宋，所以宋人自称商人。

③赦：赦免，饶恕。

④泓（hóng）：水名，在今河南柘城。

⑤既济：完全渡过。

⑥陈：通"阵"，排好阵势。

⑦门官：卫队。

〔译文〕

鲁僖公二十二年（前638），楚国为了救援郑国而攻打宋国。宋襄公准备迎战。大司马公孙固劝阻说："上天抛弃我们商人已经很久了，您却想要复兴它，这是不能饶恕的罪过啊。"但是宋襄公不听劝告。

本年冬天十一月，宋军和楚军在泓水边开战。开始，宋军已经排好了阵势，而楚军还没有全部渡过泓水。大司马建议说："楚军人多，我军人少，趁着他们还没有全部渡过泓水，请您下令攻击他们吧。"宋襄公说："不能那样做。"过了一会儿，楚军已经全部渡过泓水，但是还没有排好阵势。大司马又建议发动攻击。宋襄公还是说："不能那样做。"等到楚军排好了阵势，宋襄公才下令攻击，结果宋军大败。宋襄公伤了大腿，卫队都被歼灭了。

国人皆咎公。公曰："君子不重伤[①]，不禽二毛[②]。古之为军也，不以阻隘也。寡人虽亡国之余，不鼓不成列。"子鱼曰："君未知战。勍敌之人[③]，隘而不列，天赞我也[④]。阻而鼓之，不亦可乎？犹有惧焉！且今之勍者，皆吾敌也。虽及胡耇[⑤]，获则取之，何有于二毛？明耻教战，求杀敌也。伤未及死，如何勿重？若爱重伤，则如勿伤；爱其二毛，则如服焉。三军以利用也[⑥]，金鼓以声气也[⑦]。利而用之，阻隘可也。声盛致志，鼓儳可也[⑧]。"

〔注释〕

①重(chóng)伤：对已受伤的敌人再加以杀伤。

②禽：同"擒"。二毛：头发花白，指老人。

③勍(qíng)：强劲有力。

④赞：帮助。

⑤胡耇(gǒu)：老人。

⑥三军：上、中、下三军或左、中、右三军，泛指军队。利用：利而用之，抓住时机进行攻击。

⑦金鼓：鸣金收兵，击鼓进军。声气：声势和士气。

⑧儳(chán)：混乱。

〔译文〕

国内民众都责怪宋襄公。宋襄公辩解说："君子对已经受伤的敌人不再加以杀伤，不俘虏头发花白的敌人。古人带兵打仗，从不利用险要地势去攻击敌人。我们宋国虽然是亡国的商朝的后代，但还不至于趁着敌人没有排好阵势就击鼓发动攻击。”子鱼说：“您不懂得战争。强大的敌人因为地势不便而没有排好阵势，这是上天赐给我们的有利时机。利用敌人的不便发起攻击，有什么不应该吗？这还担心打不赢呢！况且眼前的强大军队，都是我们的敌人。即使老年人也是敌人，能抓住就抓住，还分什么头发花白不花白？让士兵懂得耻辱，教他们作战，就是要杀伤敌人。只要敌人受伤还没有死，就可再加以杀伤，有什么应该不应该？如果可怜受伤的人不愿再加以杀伤，一开始就不要杀伤他们；如果可怜头发花白的老人，那就不如向他们投降。三军就是要抓住时机来打仗的，金鼓就是要造成声势来鼓舞士气的。乘着有利的地势，攻击险阻中的敌人，完全是可以的。乘着我军声势浩大、士气高昂，击鼓进攻混乱的敌人，完全是可以的。”

寺人披见文公

《左传》

〔**题解**〕

本篇选自《左传》僖公二十四年(前636)。晋公子重耳经过多年流亡,终于回到晋国即位,即晋文公,拥护先君晋惠公(重耳之弟)的大夫们却在暗中谋划要杀死他。这时,曾在晋献公(重耳之父)和晋惠公时代两次受命刺杀重耳的寺人披来向重耳告密。重耳责备他,他则以忠于君主为说辞,并希望重耳能像任用宿敌管仲的齐桓公学习。最后重耳不计前嫌,接见寺人披,提前得到消息,粉碎了阴谋,铲除了异己。寺人披将晋文公与齐桓公这两位霸主相提并论,说明能成就一番大事业的人都具有相似的品质。只有胸襟宽广,才能领袖群伦。

吕、郤畏逼[①],将焚公宫而弑晋侯。寺人披请见[②]。公使让之,且辞焉,曰:“蒲城之役,君命一宿,女即至。其后余从狄君以田渭滨,女为惠公来求杀余,命女三宿,女中宿至。虽有君命,何其速也?夫袪犹在[③],女其行乎!”对曰:“臣谓君之入也,其知之矣。若犹未也,又将及难。君命无二，古之制也。除君之恶，唯力是视。蒲人、狄人，余何有焉？今君即位，其无蒲、狄乎？齐桓公置射钩，而使管仲相。君若易之，何辱命焉？行者甚众，岂唯刑臣[4]？”

〔注释〕

①吕：吕甥，复姓瑕吕，名饴甥。郤（xì）：郤芮。二人都是晋惠公的旧臣。

②寺人披：寺人，宦官。披，人名。

③袪（qū）：衣袖。

④刑臣：受过宫刑的人，指宦官。

〔译文〕

鲁僖公二十四年（前636），重耳回到晋国即位为晋文公，曾经阻止他回国的吕甥、郤芮害怕被报复，就密谋烧毁他的宫殿准备杀死他。这时，寺人披请求拜见晋文公。晋文公派人去责备他，并且拒绝见面，说：“到蒲城攻打我那次，大王要求你第二天到达，你却当天就到了。后来我逃到狄人那里，和狄君在渭水边打猎，你又为晋惠公来寻找并刺杀我，命令你三天到达，你第二天就到了。就算是有国君的命令，为什么这样快呢？现在被你割断的衣袖还在，你还是赶快走吧！”寺人披回答说：“我本以为您回国以后，已经懂得做国君的道理了。如果您还没有懂得，就还要遭受灾祸。对国君的命令不能有任何怀疑，自古以来就是这样。为国君除掉他不喜欢的人，要使出全部力气。蒲人、狄人，和我有什么冤仇呢？现在您即位了，难道就没有像蒲人或狄人那样您要除掉的人了吗？齐桓公不计较管仲曾经射中他衣带钩的事，而让管仲做他的宰相。如果您和齐桓公不同，不能原谅和您有宿怨的人，还用麻烦您下令让我走吗？要走的人很多，岂止是我一个微不足道的宦官？”

公见之，以难告。晋侯潜会秦伯于王城。己丑晦[①]，公宫火。瑕甥、郤芮不获公，乃如河上，秦伯诱而杀之。

〔注释〕

①己丑：用天干地支纪日。晦：每月最后一天。

〔译文〕

晋文公被说服，就接见了寺人披，寺人披报告了吕甥、郤芮的阴谋。于是晋文公来到王城，秘密会见了秦穆公。这个月的最后一天己丑日，晋文公的宫殿被人放火烧了。吕甥、郤芮趁火打劫，却没有抓到晋文公，就追到黄河边上，秦穆公把他们诱杀了。

介之推不言禄

《左传》

〔**题解**〕

本篇选自《左传》僖公二十四年(前636)。晋文公回国即位后,多年追随他流亡在外的介之推却隐居了。介之推虽然不如狐偃等人多有功绩,值得称述,却也曾割下大腿上的肉给晋文公充饥,不能说没有贡献。但他认为臣子忠君是本分,没什么可夸耀的。对于利禄和虚名,他都没有兴趣。在争名逐利、尔虞我诈、你死我活的春秋时代,介之推堪称是一道清流。大概是因为后人仰慕,于是就产生了晋文公意外烧死介之推、设置寒食节的传说。

晋侯赏从亡者①,介之推不言禄②,禄亦弗及。

推曰:"献公之子九人,唯君在矣。惠、怀无亲,外内弃之。天未绝晋③,必将有主。主晋祀者,非君而谁?天实置之,而二三子以为己力④,不亦诬乎⑤?窃人之财,犹谓之盗。况贪天之功,以为己力乎?下义其罪⑥,上赏其奸⑦。上下相蒙⑧,难与处矣。"

〔注释〕

①亡:逃亡,流亡。

②禄(lù):俸禄,这里指功劳、官爵之类。

③天未绝晋:上天不想断绝晋国的祭祀,不想让晋亡国。

④二三子:追随重耳流亡的若干人。

⑤诬(wū):吹嘘,欺骗。

⑥义:认为符合道义。

⑦奸:虚假骗人的行为。

⑧蒙:蒙蔽,欺瞒。

〔译文〕

鲁僖公二十四年(前636),晋文公回国即位,赏赐追随他流亡在外的臣属,介之推没有提出要求,晋文公也就忘记了给他封赏。

介之推说:"晋献公共有九个儿子,现在只有晋文公还活着。晋惠公和晋怀公都不得人心,国内国外都不再支持他们。如果上天不想断绝晋国的祭祀,就一定要有人出来主持。那主持晋国祭祀的,不是晋文公又能是谁?实在是上天要晋文公回国即位,而随从逃亡的几个人却认为是自己的功劳,这不是骗人吗?偷了别人的财物,还被称为盗贼,更何况贪占上天的大功当作自己的贡献呢?下属硬把自己的罪过说成道义,上级又对这种欺骗加以赏赐。上下互相蒙蔽,我无法和他们相处了。"

其母曰:"盍亦求之①?以死,谁怼②?"对曰:"尤而效之③,罪又甚焉。且出怨言,不食其食④。"其母曰:"亦使知之,若何?"对曰:"言,身之文也⑤。身将隐,焉用文之？是求显也。”其母曰：“能如是乎？与汝偕隐。”遂隐而死。

晋侯求之，不获，以绵上为之田[⑥]。曰：“以志吾过，且旌善人[⑦]。”

〔注释〕

①盍（hé）：为什么不。

②怼（duì）：怨恨。

③尤：指责。

④不食其食：不享用君主给的俸禄。古代用粮食作为官员的俸禄。

⑤文：花纹，修饰。

⑥田：祭田，田地的收获用来维持祭祀之用。

⑦旌（jīng）：表扬。

〔译文〕

他的母亲说：“你为什么不像他们一样请求封赏？就这样委屈地死了，又能怨恨谁呢？”介之推回答说：“明知不对还效法他们，罪过就更大了。而且已经口出怨言，就更不能要求君主的俸禄了。”母亲又说：“让君主知道你的想法，怎么样？”介之推说：“语言，是人的外在修饰。人都要隐居了，哪里还用修饰呢？如果说出来，就是要让别人知道。”母亲于是说：“你能够这样吗？我和你一起隐居。”于是就隐居起来，直到死去。

晋文公派人寻找介之推，没有找到，就把绵上的土地封为他的祭田。晋文公说：“这是为了记住我的过错，也是为了表彰有美德的人。”

王孙满对楚子

《左传》

〔**题解**〕

本文选自《左传》宣公三年（前606）。楚庄王也是"春秋五霸"之一，他凭借着强大的武力，放肆地在周朝的疆界内检阅军队。周定王派出王孙满来慰劳他，不想他竟直白地向王孙满询问周鼎的大小轻重。须知，九鼎是天子权威的标志，问鼎的行径将他的不臣之心暴露无遗。作为周王的使者，王孙满侃侃而谈，以夏、商、周的兴衰为根据，大谈了一番"在德不在鼎"的道理，让他明白如不能像齐桓公、晋文公那样维护周室的权威，他这个霸主是得不到普遍尊重的，最后警告他"鼎之轻重，未可问也"。"周德虽衰，天命未改"一句，准确地概括了春秋的时代特征。本文对于已经称王的楚庄王，却言必称"楚子"，这是典型的"春秋笔法"，显示了《春秋》和《左传》作者维护大一统的一片苦心。

楚子伐陆浑之戎①，遂至于雒②，观兵于周疆③。定王使王孙满劳楚子④。楚子问鼎之大小轻重焉⑤。

〔注释〕

①楚子：即楚庄王，又称荆庄王，芈姓，熊氏，名旅（一作侣、吕），在位十四年，“春秋五霸”之一。陆浑之戎（róng）：古戎人的一支，也叫允姓之戎。

②雒（luò）：指雒水，即今河南洛河。发源于陕西，经河南注入黄河。

③观兵：检阅军队。

④定王：指周定王，姬姓，名瑜，东周第九位君王，在位二十一年。王孙满：东周大夫。劳：慰劳。

⑤鼎：即九鼎。相传夏禹收九牧所贡金铸成九个大鼎，象征九州，历商至周，为传国的重器，是国家政权与帝位的象征。楚庄王问鼎的大小轻重，表明他觊觎王权的野心。

〔译文〕

楚王攻打陆浑戎人，一直到了雒水，在周朝边境上检阅军队。周定王派王孙满去慰劳楚王。借这个机会，楚庄王问王孙满周王室九鼎的大小轻重。

对曰：“在德不在鼎。昔夏之方有德也，远方图物①，贡金九牧②，铸鼎象物③，百物而为之备④，使民知神奸⑤。故民入川泽山林，不逢不若⑥。螭魅罔两⑦，莫能逢之。用能协于上下⑧，以承天休⑨。桀有昏德⑩，鼎迁于商，载祀六百⑪。商纣暴虐，鼎迁于周。德之休明⑫，虽小，重也；其奸回昏乱⑬，虽大，轻也。天祚明德⑭，有所厎止⑮。成王定鼎于郏鄏⑯，卜世三十⑰，卜年七百，天所命也。周德虽衰，天命未改。鼎之轻重，未可问也。”

〔注释〕

①图物：绘制各地奇特之物。

②贡：把物品进献给天子。金：指青铜。九牧：即九州。传说古代把天下分为九州，州的长官叫牧。

③铸鼎象物：用九州的贡金铸成鼎，把画下来的各种东西的图像铸在鼎上。

④百物：万物。备：具备。

⑤神奸：鬼神怪异之物。

⑥不逢不若：不会遇到不顺的东西。不若，不顺遂。

⑦螭魅（chīmèi）：也作"魑魅"，传说中山林里的精怪。罔两（wǎngliǎng）：也作"魍魉"，传说中河川里的精怪。

⑧协：使……协和。

⑨承：接受。休：荫庇，保佑。

⑩昏德：品德昏聩惑乱。

⑪载祀（sì）：载与祀皆为年的意思。

⑫德之休明：犹言德若休明。休明，美善光明。

⑬奸回：奸恶邪僻。

⑭祚（zuò）：赐福，保佑。明德：美德。

⑮底（zhǐ）止：定数，限度。

⑯成王：指周成王。定鼎：即定都，九鼎为传国重器，王都所在，因此古人称定都为定鼎。郏鄏（jiárǔ）：东周王城，在今河南洛阳。

⑰卜：占卜。世：父子相继为一世，即一代。

〔译文〕

王孙满回答说："鼎的大小、轻重不取决于鼎本身而取决于德行。过去夏朝有德的时候，将远方各种奇异事物描绘成图像，将九州之长进贡的青铜铸成九鼎，并且将图像铸在鼎上，于是鼎上具备万事万物，使百姓懂得哪些是神，哪些是邪僻。所以百姓进入江河湖泊和深山老林，不会碰到不顺利的事情。山林河川里的妖魔精怪，都不会碰到。因此它能使上下和谐，使百姓得以接受上天赐下的庇佑。夏桀昏乱无德，于是九鼎迁到商朝，前后达六百年。商纣残暴，九鼎又迁到周朝。德行如果美好光明，九鼎虽小，也无法被人移动；如果奸邪昏乱，九鼎再大，也轻易可以被人迁走。上天赐福给有德的人，是有定数的。成王将九鼎固定安放在王城时，曾占卜周朝将传国三十代，享年七百载，这是上天所给予周朝的命数。周朝的德行虽然衰落，但天命还未更改。因此九鼎的轻重大小，是不可以轻易询问的。”

楚归晋知䓨

《左传》

〔题解〕

本文选自《左传》成公三年(前588)。在宣公十二年(前597)的“邲之战”中,楚国将晋国的知䓨俘虏。本年晋国提出交换战俘,楚国就决定将他归还。楚共王为知䓨送行,连续抛出“怨我”“德我”“报我”这三个问题。以知䓨当时的处境,每个问题都难以直接回答,激怒楚共王则难以回国,取媚于楚共王虽然能顺利回国,却将无颜面对晋国君臣。但知䓨却能够坚定地站在道义的立场上,回避了个人的恩怨得失,而以国家利益为重,以“又谁敢怨”“其谁敢德”“不知所报”的言辞做了回答,义正词严而委婉得体,维护了个人的人格和晋国的尊严,也得到了楚共王的敬重。所谓仁者必勇,大仁者有大智,显然,《左传》作者对此也是十分赞赏的。

晋人归楚公子縠臣与连尹襄老之尸于楚①,以求知䓨②。于是荀首佐中军矣③,故楚人许之。

〔注释〕

①楚公子穀臣:楚庄王的儿子。连尹:官名。襄老:楚臣。鲁宣公十二年(前597)“邲之战”中,荀首射杀连尹襄老,俘虏了楚公子穀臣,其子知罃被楚人俘获。

②知罃(zhìyīng):晋大夫,即荀罃,荀首之子。

③是:此时。荀首:知庄子,晋国上卿。佐:这里指副职。中军:古代军队分左、中、右三军。

〔译文〕

晋人将楚国公子穀臣和连尹襄老的尸首归还给楚国,以此作为条件交换知罃。当时荀首已经成为中军副帅,因此楚人答应了这个要求。

王送知罃曰[①]:“子其怨我乎?”对曰:“二国治戎[②],臣不才,不胜其任,以为俘馘[③]。执事不以衅鼓[④],使归即戮[⑤],君之惠也。臣实不才,又谁敢怨?”王曰:“然则德我乎?”对曰:“二国图其社稷[⑥],而求纾其民[⑦],各惩其忿以相宥也[⑧],两释累囚以成其好[⑨]。二国有好,臣不与及[⑩],其谁敢德?”王曰:“子归,何以报我?”对曰:“臣不任受怨,君亦不任受德。无怨无德,不知所报。”王曰:“虽然,必告不穀[⑪]。”对曰:“以君之灵,累臣得归骨于晋,寡君之以为戮,死且不朽。若从君之惠而免之,以赐君之外臣首[⑫];首其请于寡君而以戮于宗[⑬],亦死且不朽。若不获命[⑭],而使嗣宗职[⑮],次及于事,而帅偏师以修封疆[⑯],虽遇执事,其弗敢违。其竭力致死无有二心,以尽臣礼。所以报也!”王曰:“晋未可与争。”重为之礼而归之。

〔注释〕

①王:楚共王,名审,楚庄王之子,在位三十年。

②治戎:作战,打仗。

③俘馘(guó):俘虏。馘,割耳,古代以割取敌人左耳以记军功。

④执事:指官员,侍从左右的人。衅(xìn)鼓:取血涂鼓,古代发生战争,便杀人或牲畜取血涂在鼓上行祭。这里指处死。

⑤即:接受。

⑥图:为……做打算。

⑦纾(shū):宽舒,宽解。

⑧惩(chéng):戒止,克制。忿(fèn):怨恨,愤懑。相宥(yòu):指互相宽恕,互相原谅。

⑨累囚:指被拘囚的人。

⑩与(yù):参与。

⑪不穀(gǔ):不善,古代王侯自称的谦辞。

⑫外臣:外邦之臣,臣子对别国君主称呼本国的臣。首:荀首,知罃之父。春秋晋国次卿,晋成公时,食采于智邑(山西永济),史称智庄子。

⑬其:将。请:请求。

⑭不获命:没有获得国君允许杀戮的命令。

⑮嗣:继承。宗职:祖宗世袭的职位。

⑯偏师:指主力军之外的部分军队。修封疆:指保卫边疆。

〔译文〕

楚王送别知罃的时候,说:“你怨恨我吗?”知罃回答说:“两国兴兵打仗,我没有才能,不能胜任自己的职务,因此做了俘虏。大王的侍臣没有将我杀掉,用我的血来祭鼓,而让我回国去接受诛戮，这是大王的恩惠啊。我实在没有才能，又敢怨恨谁呢？”楚王说：“那么你感激我吗？”知罃回答说：“两国为自己的国家打算，希望让本国的百姓得到平安，免除祸患，各自抑制自己的愤怒来互相谅解，于是两国都释放被俘的囚犯，以此来缔结友好。两国之间友好，与臣是没有关联的，我又需要感激谁呢？”楚王说：“你回去，用什么报答我呢？”知罃回答说：“下臣对您没有什么怨恨，大王对我也没有什么恩德。没有怨恨，没有恩德，臣不知道应该报答什么。”楚王说：“尽管这样，还是一定要把您的想法告诉我。”知罃回答说：“托您的福佑，被囚的下臣能够带着这把骨头回到晋国，我们国君如果认为我当诛戮，我即使死了也是不朽。如果由于大王的恩惠而赦免下臣，把下臣赐给君王的外臣荀首；荀首向我国国君请求把下臣在宗庙中加以诛戮，也是死而不朽。如果没有得到国君诛杀我的命令，而让下臣继承宗族的世职，按先后次序得以承担晋国的军事事务，率领偏师保卫边疆，那么即使碰到您的官员，我也不会躲避。只有竭尽全力以至于死，没有第二个心念，才能尽到作为臣子的职责。这就是用来报答君王的。”楚王说：“是不能和晋国争夺的。”于是就给予了知罃隆重的礼遇，并把他送回去了。

晏子不死君难

《左传》

〔题解〕

本文选自《左传》襄公二十五年(前548)。晏子是春秋时期齐国著名的政治家。当时权臣崔杼在家里杀害了与夫人私通的齐庄公,晏子前去崔家吊唁。这又是一个两难处境,哀毁过度则可能触怒崔杼,不致哀悼则丧失了人臣之节,文中晏子随从的三个问题,正是这种处境的展现。晏子的一番回答令人大感意外,他表示既不必为君而死,也不必为君逃亡,但也不能回家不管。因为君主并非为社稷而死,但君主毕竟还是君主。晏子尽礼而退,这样就兼顾了人臣之礼和国家体面,维护了政治大局,也保全了自身。从思想史的角度说,晏子此说否定了无条件的忠君,已经与孟子的"民为贵,社稷次之,君为轻"说十分接近,在君主专制根深蒂固的中国历史上显得非常珍贵。

崔武子见棠姜而美之①,遂取之②。庄公通焉③。崔子弑之④。

〔注释〕

①崔武子:春秋齐国卿,即崔杼。棠姜:棠公的妻子。棠公是齐国棠邑大夫。美:以……为美。

②取:同“娶”。当是时,齐棠公死,崔杼前来凭吊,见棠姜貌美,娶之。

③庄公:齐庄公,姜姓,吕氏,名光,春秋时期齐国国君,在位五年。通:私通。

④弑(shì):古以臣杀君、子杀父为弑。

〔译文〕

崔杼在凭吊齐棠公的时候见到他的妻子棠姜,觉得她非常美丽,就娶了她。后来齐庄公和棠姜私通。崔杼便杀死了庄公。

晏子立于崔氏之门外①。其人曰②:“死乎?”曰:“独吾君也乎哉,吾死也?”曰:“行乎③?”曰:“吾罪也乎哉,吾亡也?”曰:“归乎?”曰:“君死,安归?君民者④,岂以陵民⑤?社稷是主⑥。臣君者⑦,岂为其口实⑧?社稷是养。故君为社稷死,则死之;为社稷亡,则亡之。若为己死,而为己亡,非其私昵⑨,谁敢任之?且人有君而弑之⑩,吾焉得死之?而焉得亡之?将庸何归⑪?”

〔注释〕

①晏子:即晏婴,字平仲,夷维(今山东高密)人。春秋齐国大夫,历任灵公、庄公、景公三世,以干练、节俭、擅措辞闻名。

②其人:晏子左右的人。

③行:指逃亡国外。

④君民者：君主。

⑤陵：通“凌”，欺凌，欺侮。

⑥社稷是主：主持国家政务。主，主持。

⑦臣君者：作为君主臣子的人。

⑧口实：指俸禄。

⑨私昵（nì）：个人宠爱亲近的人。

⑩有君：庄公因崔杼而得立。

⑪庸何：即“何”，哪里。

〔译文〕

晏子站在崔家的门外。左右的人问他：“你要殉死吗？”晏子说：“难道他只是我一个人的国君吗，为什么要我去殉死？”左右的人问：“你要逃亡到国外去吗？”晏子说：“这难道是我犯的罪过吗，我为什么要逃亡？”左右的人问：“那你要回国去吗？”晏子说：“国君死了，回哪儿去呢？做百姓君主的人，怎么能欺凌百姓呢？他应当要管理好国家政务。做国君臣子的人，怎么能只是为了自己的俸禄呢？他应当要保卫国家。因此国君为国家而死，那么臣子就跟着他去死；为国家而逃亡，臣子就跟着他逃亡。如果为自己而死，或为自己而逃亡，不是国君私人所宠爱的人，谁敢轻易承担这件事呢？况且齐庄公因崔杼而得以继承王位，那么崔杼杀掉他又怎样？我怎能为他而死？怎能为他而逃亡？又回到哪里去呢？”

门启而入，枕尸股而哭①。兴②，三踊而出③。人谓崔子：“必杀之。”崔子曰：“民之望也④，舍之得民。”

〔注释〕

①股：大腿。

②兴:起来。

③三踊:跳跃了三次,古代丧礼向死者跳脚号哭以示哀痛。

④望:仰望,拥戴。

〔译文〕

门开了,晏子就进去了,头枕在尸首的大腿上大声痛哭。哭完起来,跳了三次,然后走了出去。有人对崔武子说:“一定要杀掉他。”崔武子说:“这是百姓所仰望的人,放了他能得到民心。”

子产论尹何为邑

《左传》

〔题解〕

本文选自《左传》襄公三十一年(前542)。子产是春秋时期郑国著名的政治家。郑国的执政大夫子皮想让他喜欢的年轻人尹何担任邑大夫,子产不赞成此做法,就尹何不能胜任的观点进行了论辩。在论辩的过程中,子产多用浅近的譬喻,首先用未操刀而割的例子分析派尹何治理封邑有害而无益,之后又拿美锦与大官、大邑相比,用登车射御的例子得出应该先学习而后从政的结论,形象地说明了尹何不能胜任邑大夫的原因。文章逻辑清晰,语言生动活泼,很有说服力。

子皮欲使尹何为邑[①]。子产曰[②]:“少[③],未知可否。”子皮曰:“愿[④],吾爱之,不吾叛也。使夫往而学焉[⑤],夫亦愈知治矣。”子产曰:“不可。人之爱人,求利之也。今吾子爱人则以政,犹未能操刀而使割也,其伤实多。子之爱人,伤之而已,其谁敢求爱于子?子于郑国,栋也。栋折榱崩[⑥],侨将厌焉[⑦],敢不尽言?子有美锦，不使人学制焉[8]。大官、大邑，身之所庇也[9]，而使学者制焉，其为美锦，不亦多乎？侨闻学而后入政，未闻以政学者也。若果行此，必有所害。譬如田猎[10]，射御贯，则能获禽[11]；若未尝登车射御，则败绩厌覆是惧[12]，何暇思获？”

〔注释〕

①子皮：春秋郑国大夫。尹何：子皮家臣。为邑：治理封邑。

②子产：郑国大夫，姬姓，公孙氏，名侨，字子产，又字子美，又称公孙侨、公孙成子、国侨等。先后辅佐郑简公、郑定公，春秋时期著名政治家、思想家。

③少（shào）：年纪小。

④愿：老实，谨慎。

⑤使：派遣。夫：指尹何。

⑥榱（cuī）：椽子。

⑦侨：子产名。厌：通“压”，与下文“厌覆”一句同。

⑧制：剪裁。

⑨庇（bì）：保护，保佑。

⑩田猎：打猎。

⑪禽：猎物。

⑫惧：担心。

〔译文〕

子皮想要派尹何治理封邑。子产说：“他年龄太小，不知道行不行。”子皮说：“尹何老实谨慎，我非常喜欢他，他是不会背叛我的。派他去治理封邑，他肯定会更加知道怎么去做。”子产说：“不可以。喜欢一个人，是为了对他有利。如今您喜欢他是把政事交给他，就好像他不会用刀，您却让他割东西，他就会受很多伤。您这样做却是在伤害他，那么谁还敢求您的喜爱呢？您对于郑国是栋梁。如果栋梁崩塌了，我也会被压在底下，怎么敢不把话全部说出来？您有美丽的锦缎，是不会让人拿它学习裁剪的。大官、大封邑是保护身体的地方，您派一个正在学习阶段的人去治理，这不比美丽的锦缎价值更多吗？我听说过先学习然后从政，没有听说过拿从政来学习的。如果这样可行的话，那么一定是有害的。就好比打猎，驾车射箭娴熟的，可以获得猎物；如果没有经过登车射箭，那么就会担心压在车子下面，还有什么可能捕获猎物呢？”

子皮曰：“善哉！虎不敏①。吾闻君子务知大者、远者，小人务知小者、近者。我，小人也。衣服附在吾身，我知而慎之。大官、大邑所以庇身也，我远而慢之。微子之言，吾不知也。他日我曰②：‘子为郑国，我为吾家，以庇焉，其可也。’今而后知不足。自今请，虽吾家③，听子而行。”子产曰：“人心之不同如其面焉。吾岂敢谓子面如吾面乎？抑心所谓危④，亦以告也。”子皮以为忠⑤，故委政焉。子产是以能为郑国⑥。

〔注释〕

①敏：通达，聪慧。

②他日：以往，昔日，指过去的某一天。

③虽：即使。

④抑：表转折，不过。

⑤以为：认为。

⑥是以：因此。

〔译文〕

子皮说："是啊！我真的是不够聪明。我听说君子一定知道什么是大局，什么是长远，小人只知道什么是小事，什么是眼前之利。我，就是那个小人。衣服穿在我身上，我懂得爱惜它。大官、大封邑是庇护身体的，我却疏远并且轻视它。若非你说这番话，我竟不知道。以前我说：'你治理郑国，我治理我的家族来保护我，这样就够了。'今天我知道这是不够的。从今天开始请求你，即使是我的家事，我也要听你的意见去行动。"子产说："人心是不同的，就好像人的脸。我怎么敢说您的脸和我的脸是一样的呢？不过如果有危险，我会告诉您的。"子皮认为子产忠诚，因此把政事委托给他。子产因此能够治理郑国。

吴许越成

《左传》

〔题解〕

本篇选自《左传》哀公元年(前494)。伍员,字子胥,春秋末期吴国的名臣,本文的主体就是他的一篇谏辞。吴王夫差攻入了越国,越王勾践要求讲和。伍员用少康忍辱复仇的例子来劝说吴王,并且根据当时形势,国与国之间的利害关系,分析了灭掉越国的必要性。然而吴王夫差并没有听从伍员的建议,答应了越国的要求。伍员预言二十年以后吴国就会成为沼泽之地。二十年后,越国果然灭掉了吴国。本文成功地塑造了伍子胥言辞恳切的忠臣形象,知己知彼的能臣形象,凸显了他作为一个战略预言家的风采。后来伍子胥被附会成复仇之神,并成为端午祭祀的主要对象之一。

吴王夫差败越于夫椒①,报槜李也②。遂入越。越子以甲楯五千③,保于会稽④,使大夫种因吴太宰嚭以行成⑤。吴子将许之。伍员曰⑥:“不可。臣闻之:‘树德莫如滋,去疾莫如尽⑦。’昔有过浇杀斟灌以伐斟鄩⑧,灭夏后相[9]。后缗方娠[10]，逃出自窦[11]，归于有仍[12]，生少康焉，为仍牧正[13]。惎浇[14]，能戒之。浇使椒求之，逃奔有虞[15]，为之庖正[16]，以除其害[17]。虞思于是妻之以二姚[18]，而邑诸纶[19]，有田一成[20]，有众一旅[21]。能布其德而兆其谋[22]，以收夏众，抚其官职。使女艾谍浇[23]，使季杼诱豷[24]，遂灭过、戈[25]，复禹之绩。祀夏配天，不失旧物。今吴不如过，而越大于少康，或将丰之，不亦难乎？勾践能亲而务施[26]，施不失人，亲不弃劳，与我同壤[27]，而世为仇雠。于是乎克而弗取，将又存之，违天而长寇雠[28]，后虽悔之，不可食已。姬之衰也[29]，日可俟也[30]。介在蛮夷[31]，而长寇雠，以是求伯[32]，必不行矣。”弗听。退而告人曰：“越十年生聚，而十年教训[33]，二十年之外，吴其为沼乎！”三月，越及吴平。吴入越，不书，吴不告庆，越不告败也[34]。

〔注释〕

①夫差：春秋时期吴国末代国君，吴王阖闾的儿子，在位二十二年。夫椒：古地名，今在江苏太湖。

②槜(zuì)李：越国地名，槜李之战，吴王阖闾死于此地。

③越子：越王勾践，春秋末越国国君，姒姓，春秋五霸之一。甲楯(dùn)：披甲持盾的士兵。

④会(kuài)稽：地名，今浙江绍兴。

⑤种：文种，春秋越国大夫。因：通过。太宰嚭(pǐ)：太宰，官职。嚭，伯嚭，楚国人，姬姓，伯氏，名嚭，春秋末年吴国大夫，吴王夫差时任太宰。行成：求和。

⑥伍员：伍子胥，楚国人，春秋末年吴国大夫。

⑦疾：病害，伤害。

⑧过(guō):国名。浇(ào):过国国君。斟灌、斟鄩(xún):夏同姓诸侯。

⑨夏后相:夏朝国君,启之孙,在位二十八年。

⑩后缗(mín):夏后相的妻子。

⑪窦:墙洞。

⑫有仍:古诸侯国名,太昊、少昊后裔,任姓,位于今山东济宁。

⑬牧正:牧官之长,主管畜牧。

⑭惎(jì):忌恨。

⑮有虞:古地名,今河南虞城。

⑯庖(páo)正:厨师。

⑰除:避免。

⑱虞思:虞国国君。二姚:虞国国君的两个女儿,姚姓。

⑲纶:古地名,今河南虞城东南。

⑳一成:十里为一成。

㉑一旅:五百人为一旅。

㉒布:布施。兆:开始。

㉓女艾:少康臣子。谍:动词,做间谍。

㉔季杼(zhù):少康之子,姒姓,亦作予、宁,夏朝第七位王,在位十七年。豷(yì):浇之弟。

㉕戈:豷的封国。

㉖亲而务施:亲近百姓,致力于施舍。

㉗同壤:土地相连,国家间接近。

㉘长(zhǎng):助长。

㉙姬(jī):指吴国,姬姓。

㉚俟(sì):等待。

㉛介在:介于。蛮夷:指楚国和越国。

㉜求伯(bó):伯,通"霸",称霸。

㉝教训:教育训练。

㉞不告:没有向鲁国报告。

〔译文〕

吴王夫差在夫椒打败越国，是为了报槜李之战的仇。于是进入越国。越王勾践以五千披甲持盾的士兵在会稽山据守，派大夫文种通过吴国太宰伯嚭来求和。夫差打算答应。伍员说："不可以。我听说：'树立德行莫过于让它不断滋长，去除害病莫过于让它消失殆尽。'从前有过国国君浇杀了斟灌来讨伐斟鄩灭掉夏后相。后缗正怀孕，从墙洞里逃了出去，回到有仍，生下少康，做了有仍国的牧正。少康忌恨浇，并且对他心有戒备。浇派椒寻找他，少康被迫逃到有虞这个地方，做了厨师，才避免被杀害。虞思因此把两个女儿嫁给他，并且把纶邑封给他，有方圆十里的土地，五百人口。少康一边布施恩德，一边谋划复国计划，收纳夏的民众，安抚夏的官员。派女艾去浇国做间谍，派季杼去引诱豷，于是灭了过国、戈国，复兴了禹的功绩。祭祀夏朝祖先同时祭祀上天，没有失去旧朝的制度。如今的吴国不如当年的过国，而越国比少康时强大，如果上天想要越国强大起来，我们向它求和的话，不是更难吗？勾践能够亲近百姓而致力于施舍，并且从不落下应该施舍的人，还亲近、不抛弃有功劳的人。越国和我国相接壤，却世代为仇。如果我们战胜它却不去征得它的土地，要它存活下去，是违背天理助长仇敌的，以后即使后悔，也不能把它消灭了。吴国的衰落，就指日可待了。我国处于楚国与越国之间，却还助长仇敌，想要求得霸业是一定不可以的。"吴王不听。伍员退下去告诉别人说："越国用十年时间生民积聚，十年时间教育训练，二十年后，吴国就成为沼泽地了！"三月，越国和吴国讲和。吴国占领越国，书中没有记录，吴国没有向鲁国宣告胜利，越国没有宣告失败。

召公谏厉王止谤[①]

《国语》

〔题解〕

本篇选自《国语·周语上》。《国语》是一部国别体史书，相传也是左丘明所作。因该书记事与《春秋》基本对应，相对于《左传》作为《春秋》"内传"而言，《国语》又称为《春秋》"外传"。全书二十一卷，分别记载春秋时期周、鲁、齐、晋、郑、楚、吴、越等八国之事，以记言为主，成书约在战国初年。本篇中的周厉王是一个有名的暴君。召公警告他百姓已经难以忍受，他就变本加厉地监视口出怨言的人，并加以杀害。召公于是用河流堵塞而致决堤的比喻，来劝说厉王不应该堵塞百姓进谏的途径，强调"防民之口，甚于防川"，提出在理想的政治体系里，公卿列士献诗进谏是何等有益。但是残暴而昏聩的周厉王并没有听从召公的劝告，最后被愤怒的国人流放。本文不仅说理清晰，譬喻生动，语言尤其简洁而富有表现力。"王怒""王喜""道路以目"等，莫不给人留下深刻的印象。

厉王虐，国人谤王。召公告曰："民不堪命矣！"王怒，得卫巫[2]，使监谤者以告，则杀之。国人莫敢言，道路以目[3]。王喜，告召公曰："吾能弭谤矣，乃不敢言。"召公曰："是障之也[4]。防民之口，甚于防川[5]。川壅而溃[6]，伤人必多，民亦如之。是故为川者决之使导[7]，为民者宣之使言。故天子听政，使公卿至于列士献诗[8]，瞽献典[9]，史献书，师箴[10]，瞍赋[11]，矇诵[12]，百工谏[13]，庶人传语[14]，近臣尽规[15]，亲戚补察[16]，瞽、史教诲[17]，耆、艾修之[18]，而后王斟酌焉，是以事行而不悖[19]。民之有口也，犹土之有山川也，财用于是乎出；犹其有原隰衍沃也[20]，衣食于是乎生。口之宣言也，善败于是乎兴[21]。行善而备败，其所以阜财用衣食者也[22]。夫民虑之于心而宣之于口，成而行之[23]，胡可壅也？若壅其口，其与能几何？[24]"王弗听，于是国人莫敢出言，三年乃流王于彘[25]。

〔注释〕

①召(shào)：一作"邵"，邵穆公，西周末年王室卿士。谏：进谏，劝谏。厉王：周厉王，姬姓，名胡，西周第十位君王，在位三十六年，有名的暴君。止：或作"弭(mǐ)"，制止。谤：责备。

②卫巫：卫国的巫师。据说神通广大，可以知道谁在诽谤国王。

③道路：在路上相遇。

④障：堵塞。

⑤防：堵塞。甚：更加。

⑥壅(yōng)：堵塞。溃：决堤。

⑦为川者：治理河流的人。决：排除。导：通畅。

⑧公卿：朝廷大臣，公、卿、士大夫、士。列士：元士、中士、庶士。

⑨瞽(gǔ)：盲人乐师。典：指乐典。有版本作"曲"，应是字形相近

而误。

⑩师:乐师。箴(zhēn):告诫规劝。

⑪瞍(sǒu):无瞳仁的盲人。

⑫矇(méng):有瞳仁的盲人,古代乐官。

⑬百工:各类工匠。

⑭庶人:平民。传语:将话传给天子。

⑮近臣:皇帝身边的大臣。

⑯亲戚:王室宗亲。补察:补过察失。

⑰瞽、史:乐官、史官。

⑱耆(qí)、艾:指年老的人。耆,六十岁以上的老人。艾,五十岁以上的老人。

⑲悖(bèi):违背。

⑳原:宽广平坦的地方。隰(xí):低湿的地方。衍:低而平坦的地方。沃:土地肥沃。

㉑兴:体现。

㉒阜(fù):富有。

㉓成而行之:可以就推行。

㉔与:帮助。一说为语气词。几何:多少。

㉕彘(zhì):古地名,今山西霍县。

〔译文〕

周厉王暴虐,百姓都责备他。召公告诉厉王说:"百姓忍受不了您的政令了!"周厉王发怒,找到卫国的巫师,让他监视那些责备他的人,告诉厉王,就把他们杀掉。百姓都不敢说话,在路上遇见只能用眼神示意一下。厉王高兴了,对召公说:"我能够把说我坏话的人制止了,使他们不敢说话。"召公说:"您是把百姓的嘴堵住了。堵住他们的嘴,比堵塞河流更严重。河流堵塞会决堤,受伤的人一定会很多,把百姓的嘴堵上也是这样。因此治理河流的人要把决堤的水疏导开，治理国家的人要让百姓畅所欲言。因此天子在处理政事时，让公卿列士勇于进献讽刺的诗，使盲人乐师进献反映民意的乐曲，史官进献有关古史的书，乐师要劝谏，无瞳仁的盲人要朗诵讽谏诗篇，有瞳仁而看不见的盲人要诵读，各类工匠进谏，百姓托人向天子传达意见，亲近的大臣向皇帝进谏，王室宗亲补察天子的得失，乐官、史官对天子进行教诲，元老重臣也要修正国王的政令，之后天子思考再三，因此事情可以办得顺畅，不违情理。百姓有嘴，就像土地有山川一样，财力从这里出来；好像土地上有平原、湿地、低地，沃土一样，衣食从这里产生。百姓发表意见，国家政事的好坏从这里体现出来。好的推行，不好的就防范，这样可以使衣食财物增多。百姓把心中忧虑的事说出来，天子认为可以就推行，怎么可以堵住（百姓的嘴）呢？如果堵上百姓的嘴，对自己有多少帮助呢？”厉王不听劝告，因此国里的人都不敢说话，三年以后周厉王被流放到彘那个地方去了。

苏秦以连横说秦

《战国策》

〔**题解**〕

《战国策》是一部国别体史书，记录了战国时期西周、东周及秦、齐、楚、赵、魏、韩、燕、宋、卫、中山等12国之零散史事。其内容多记录当时谋臣策士游说之事，反映了纵横家的思想。后由刘向汇编成书，并定名为《战国策》。

本文选自《战国策·秦策一》，是《战国策》中的名篇。苏秦，战国时期著名纵横家，曾师从鬼谷子学习纵横之术。学成之后游说秦惠文王十余次，为其出谋划策兼并六国。秦惠文王在他的帮助下称帝，一统天下。本文记述了苏秦的发迹史，详细介绍了苏秦初到秦国，建议不为秦王采纳，才能不受重视。苏秦并未凭借一技之长有所成就，因此回乡后备受家人的冷眼。遭受打击的苏秦一心钻研纵横之术，一年后再次出门游说各国，他不仅在燕国得到了赏识，被封为国相，而且游说六国，使得六国采取了他的建议，一齐对抗秦国，且取得了胜利。文章运用了前后对比的手法，细致地交代了苏秦境遇的前后变化以及周围人的心理、性格，刻画出了生动的人物形象。

苏秦始将连横说秦惠王曰[①]："大王之国，西有巴、蜀、汉中之利[②]，北有胡貉、代马之用[③]，南有巫山、黔中之限[④]，东有崤、函之固[⑤]。田肥美，民殷富，战车万乘，奋击百万，沃野千里，蓄积饶多，地势形便，此所谓天府，天下之雄国也。以大王之贤，士民之众，车骑之用，兵法之教，可以并诸侯，吞天下，称帝而治。愿大王少留意[⑥]，臣请奏其效[⑦]。"秦王曰："寡人闻之：毛羽不丰满者不可以高飞，文章不成者不可以诛罚[⑧]，道德不厚者不可以使民，政教不顺者不可以烦大臣。今先生俨然不远千里而庭教之，愿以异日[⑨]。"

〔注释〕

①连横：战国时期诸侯国相互争斗的一种策略，主张秦与齐、楚等国分别联合。

②巴：今四川东部、重庆一带。蜀：今四川西部，成都一带。汉中：今陕西汉中一带。

③胡貉（hé）：指北方地区的貉皮，貉形似狸，皮可制裘。代马：今河北、山西北部，特产骏马。

④巫山：山名。今指重庆巫山县东。黔中：地名，今湖南沅陵西。

⑤崤（xiáo）、函：崤山和函谷关的合称。

⑥少：稍。

⑦奏：臣子对皇帝陈述意见。

⑧文章：这里指法令。

⑨愿以异日：希望改日领受教诲。

〔译文〕

苏秦开始用连横的谋略游说秦惠文王，说道："大王的国家，西边有巴蜀、汉中等地的优势，北有貉皮、骏马的供应，南有巫山、黔中的天然屏障，东有崤山、函谷关的坚固关塞。土地肥沃，百姓富有，战车上万辆，士兵上百万，上千里肥沃的土壤，储蓄积攒很多，地势地形便利，这就是所说的天府之国，天下实力最雄厚的国家。以大王的贤能，国民的众多，车马坐骑的充裕，兵法的教授使用，可以吞并诸侯，兼并天下，称帝来治理。如果大王稍微有这方面的意愿，我愿意来陈述这方面的做法。”秦王说：“我听闻：羽毛不丰满的，不可能飞得很高；法令不健全，不可以用来处罚；品德不佳的人，不可以治理百姓；政令和教化不合理，不可以来约束大臣。今天先生庄重地不远千里来到大殿赐教，我想改日再领受教诲。”

苏秦曰：“臣固疑大王之不能用也[①]。昔者神农伐补遂[②]，黄帝伐涿鹿而禽蚩尤[③]，尧伐驩兜[④]，舜伐三苗[⑤]，禹伐共工[⑥]，汤伐有夏[⑦]，文王伐崇[⑧]，武王伐纣，齐桓任战而霸天下[⑨]。由此观之，恶有不战者乎？古者使车毂击驰[⑩]，言语相结，天下为一，约从连横，兵革不藏[⑪]。文士并饬[⑫]，诸侯乱惑，万端俱起，不可胜理[⑬]。科条既备，民多伪态，书策稠浊，百姓不足。上下相愁，民无所聊[⑭]，明言章理，兵甲愈起。辩言伟服，战攻不息，繁称文辞，天下不治。舌敝耳聋，不见成功，行义约信，天下不亲。于是乃废文任武，厚养死士，缀甲厉兵，效胜于战场[⑮]。夫徒处而致利[⑯]，安坐而广地，虽古五帝、三王、五霸[⑰]，明主贤君，常欲坐而致之，其势不能。故以战续之，宽则两军相攻，迫则杖戟相橦，然后可建大功。是故兵胜于外，义强于内，威立于上，民服于下。今欲并天下，凌万乘，诎敌国[18]，制海内，子元元[19]，臣诸侯，非兵不可。今不嗣主[20]，忽于至道，皆惛于教[21]，乱于治，迷于言，惑于语，沉于辩，溺于辞。以此论之，王固不能行也。”

〔注释〕

①固：本来。

②神农：炎帝，传说中上古帝王神农氏。补遂：上古部落名。

③黄帝：古史传说中的华夏部落联盟首领，有很多创造发明。涿鹿：地名，今属河北。禽：通“擒”。蚩尤：传说中九黎部落首领。

④尧：传说中上古帝王。传位给舜，舜传位给禹。驩兜（huāndōu）：尧的臣下，历史上称为凶人。

⑤三苗：古代部落名。

⑥共工：尧舜时的水官，据说很残暴。

⑦汤：殷商开国君主，灭夏桀称王。有夏：夏朝，指夏桀。

⑧文王：姬昌，周武王姬发之父。崇：殷商的诸侯国。

⑨齐桓：齐桓公，春秋五霸之一。

⑩车毂（gǔ）：车轮中心的圆木，轴安其中。

⑪兵革：武器。

⑫饬：通“饰”，巧饰。

⑬胜：尽。

⑭聊：依靠。

⑮效：争取，获得。

⑯徒处：坐等，不努力。

⑰五帝：通指黄帝、颛顼（zhuānxū）、帝喾（kù）、尧、舜。三王：指夏禹、商汤和周代的文王、武王。五霸：通指齐桓公、晋文公、宋襄公、楚庄王、秦穆公。

⑱诎：通“屈”，使屈服。

⑲元元：百姓。

⑳嗣主：继承王位的君主。

㉑惛(hūn):通“昏”,糊涂。

〔译文〕

苏秦说:“我本来就担心大王不会接受我的意见。过去神农讨伐补遂,黄帝讨伐涿鹿,擒获蚩尤,尧讨伐驩兜,舜讨伐三苗,禹讨伐共工,商汤讨伐夏桀,周文王讨伐崇国,周武王讨伐殷纣王,齐桓公用武力称霸天下。由此看来,哪有不用战争手段的呢?古代让车辆来回奔驰,用言语互相交流,天下成为一体,有的合纵有的连横,不再储备武器甲胄。文士个个巧舌如簧,诸侯听得稀里糊涂,群议纷起,难以清理。规章制度虽已完备,人们却多有虚情假意,条文记录又多又乱,百姓还是衣食不足。君臣愁容相对,人民无依无靠,道理愈是清楚明白,战乱反而愈加爆发。讲究穿着的辩士越来越多,战争就越加难以止息,愈是广泛地玩弄文辞,天下就愈难以治理。说的人说得舌头破,听的人听得耳朵聋,却不见成功,嘴上大讲仁义礼信,却不能使天下人相亲。于是就废却文治、信用武力,以优厚待遇蓄养勇士,备好盔甲,磨好兵器,在战场上决一胜负。想不努力而得到利益,安然兀坐而想扩展疆土,即使是上古五帝、三王、五霸等贤明的君主,常想不努力而取得成功,势必不可能。所以用战争来解决问题,相距远的就两支队伍相互进攻,相距近的就持着刀戟相互冲刺,然后方能建立大的功绩。因此,对外军事取得胜利,对内德政得以加强,上面的国君有了权威,下面的人民才能驯服。现在,要想兼并天下,超越大国,使敌国屈服,制服海内,君临天下百姓,以诸侯为臣,非动用武力不可。现在在位的国君,忽略了这个根本道理,都是因为教化不明、治理混乱,又被一些人的奇谈怪论所迷惑,沉溺在巧言诡辩之中。像这样看来,大王您是不会采纳我的建议的。”

说秦王书十上而说不行，黑貂之裘弊，黄金百斤尽，资用乏绝，去秦而归。羸縢履蹻[①]，负书担橐[②]，形容枯槁，面目黧黑[③]，状有愧色。归至家，妻不下纴[④]，嫂不为炊。父母不与言。苏秦喟然叹曰："妻不以我为夫，嫂不以我为叔，父母不以我为子，是皆秦之罪也。"乃夜发书，陈箧数十[⑤]，得太公《阴符》之谋[⑥]，伏而诵之，简练以为揣摩[⑦]。读书欲睡，引锥自刺其股，血流至足，曰："安有说人主，不能出其金玉锦绣，取卿相之尊者乎？"期年[⑧]，揣摩成，曰："此真可以说当世之君矣！"

〔注释〕

①羸縢(léiténg)：羸通"累"，缠。縢，绑腿布。蹻(jué)：草鞋。
②橐(tuó)：口袋。一作"囊"。
③黧：黄黑色。
④纴(rèn)：纺织，此处指织机。
⑤箧(qiè)：小箱子。
⑥太公：姜太公吕尚。《阴符》：传说为姜太公所著兵书。
⑦简：选择。练：熟习。
⑧期(jī)：满一年。

〔译文〕

劝说秦王的上书多次呈上，而苏秦的主张仍未被接受，黑貂皮大衣穿破了，一百斤黄金也用完了，钱财一点不剩，只得离开秦国，返回家乡。苏秦缠着绑腿布，穿着草鞋，背着书箱，挑着行李，脸又瘦又黑，满面羞愧之色。回到家里，妻子不下织机，嫂子不去做饭，父母不与他说话。苏秦长叹道："妻子不把我当丈夫，嫂子不把我当小叔，父母不把我当儿子，这都是我的过错啊!”于是连夜找书，摆开几十只书箱，找到了姜太公的兵书《阴符经》，埋头诵读，反复琢磨、熟习、研究、体会。读到昏昏欲睡时，就拿锥子刺自己的大腿，鲜血一直流到脚跟，并自言自语说：“哪有去游说国君，却不能让他拿出金玉锦绣，取得卿相尊位的道理呢?”一年之后，研究有了成果，说：“这下真的可以去游说当代国君了!”

于是乃摩燕乌集阙①，见说赵王于华屋之下②，抵掌而谈③，赵王大说④，封为武安君。受相印，革车百乘，锦绣千纯⑤，白璧百双，黄金万镒⑥，以随其后，约从散横以抑强秦，故苏秦相于赵而关不通。

〔注释〕

①摩：切近。燕乌集阙：名为燕乌集的阙楼。

②赵王：赵肃侯，嬴姓赵氏，名语，战国时期赵国第五代君主，在位二十四年。

③抵(zhǐ)掌：抵，同“抵”。击掌，手拉着手。

④说：通“悦”。

⑤纯(tún)：匹。

⑥镒(yì)：二十两为一镒。

〔译文〕

于是就登上名为燕乌集的宫阙，在宫殿中谒见游说赵王，拍着手掌侃侃而谈，赵王大喜，封苏秦为武安君。拜受相印，以兵车一百辆、锦绣一千匹、白璧一百对、黄金一万镒跟在他的后面，用来联合六国，瓦解连横，抑制强秦，所以苏秦在赵国为相，秦国与别国交往断绝。

当此之时，天下之大，万民之众，王侯之威，谋臣之权，皆欲决苏秦之策。不费斗粮，未烦一兵，未战一士，未绝一弦，未折一矢，诸侯相亲，贤于兄弟。夫贤人任而天下服，一人用而天下从，故曰：式于政不式于勇①；式于廊庙之内②，不式于四境之外。当秦之隆，黄金万镒为用，转毂连骑，炫熿于道，山东之国从风而服，使赵大重。且夫苏秦，特穷巷掘门桑户棬枢之士耳③，伏轼撙衔④，横历天下，庭说诸侯之主，杜左右之口，天下莫之能伉⑤。

〔注释〕

①式：用。

②廊庙：这里指朝廷。

③特：只，不过。掘（kū）门：挖壁洞为门。桑户：桑木做的门板。棬（quān）枢：用弯木枝做的门轴。

④撙（zǔn）衔：拉着马缰绳。

⑤伉：通“抗”，匹敌，相当。

〔译文〕

在这个时候，那么大的天下，那么多的百姓，王侯的威望，谋臣的权力，都要被苏秦的策略所决定。不花费一斗粮，不烦劳一件武器，不用一个战士作战，不断绝一根弓弦，一支箭也不弯折，诸侯相亲，胜过兄弟。贤人在位而天下驯服，一人被用而天下合纵，所以说：应运用德政，不应凭借勇力；应用于朝廷之内，不应用于国土之外。在苏秦显赫尊荣之时，黄金万镒供他使用，随从的车骑络绎不绝，一路炫耀，崤山以东各国闻风而服，从而使赵国的地位大大加重。况且那个苏秦，只不过是出于穷巷、窑门、桑户、棬枢之中的贫士罢了，但他伏在车轼之上，牵着马的勒头，横行于天下，在朝廷上劝说诸侯王，使左右大臣哑口无言，天下没有人能与他匹敌。

将说楚王，路过洛阳。父母闻之，清宫除道，张乐设饮[①]，郊迎三十里。妻侧目而视，倾耳而听。嫂蛇行匍伏，四拜自跪而谢[②]。苏秦曰："嫂何前倨而后卑也[③]？"嫂曰："以季子之位尊而多金。"苏秦曰："嗟乎！贫穷则父母不子，富贵则亲戚畏惧。人生世上，势位富厚，盖可忽乎哉？"

〔注释〕

①张：设。
②谢：致歉，请罪。
③倨：傲。

〔译文〕

苏秦将去游说楚王，路过洛阳。父母听到消息，收拾房屋，打扫街道，布置音乐，准备酒席，到三十里外的郊野去迎接。妻子不敢正面看他，侧着耳朵听他说话。嫂子像蛇一样匍匐在地上，再三再四地跪拜谢罪。苏秦问："嫂子为什么过去那么趾高气扬，而现在又如此卑躬屈膝呢？"嫂子回答说："因为你的地位尊贵而且很有钱呀。"苏秦叹道："唉！贫穷的时候父母不把我当儿子，富贵的时候连亲戚也畏惧。人活在世上，权势地位和荣华富贵，难道可以忽视吗？"

邹忌讽齐王纳谏

《战国策》

〔题解〕

《邹忌讽齐王纳谏》出自《战国策·齐策一》。文章先描写了邹忌询问自己妻、妾及客与徐公比美这件小事,进而由此及彼,将笔墨熟稔地转入了邹忌朝见齐威王,向他提出建议的事件中。文章主要表现了邹忌善于反省思考,以小见大的洞见和智慧,同时也表现了齐威王虚心纳谏的品德风范。文章言简意赅,故事性强,生动地将邹忌与其妻、妾及客的对话、心理描写了出来。全文没有闲字碎笔,故事背后的意义深刻,发人深省。

邹忌修八尺有余①,而形貌昳丽②。朝服衣冠,窥镜,谓其妻曰:“我孰与城北徐公美?”其妻曰:“君美甚,徐公何能及君也!”城北徐公,齐国之美丽者也。忌不自信,而复问其妾曰:“吾孰与徐公美?”妾曰:“徐公何能及君也!”旦日③,客从外来,与坐谈,问之:“吾与徐公孰美?”客曰:“徐公不若君之美也。”明日徐公来,孰视之,自以为不如;窥镜而自视,又弗如远甚。暮寝而思之，曰："吾妻之美我者，私我也[4]；妾之美我者，畏我也；客之美我者，欲有求于我也。"

〔注释〕

①邹忌：战国时期齐人，齐威王时任齐相，辅佐威王改革政治。修：长，这里指身高。

②昳（yì）丽：飘逸美丽。

③旦日：第二天。

④私：偏爱，偏私。

〔译文〕

邹忌身高有八尺多，貌美飘逸。早晨穿戴衣帽时，看到镜中的自己，问他的妻子："我与城北的徐公相比谁美？"他的妻子回答说："你长相更美，徐公怎么比得上您呢！"城北的徐公，是齐国公认的美男子。邹忌不自信，又去问他的妾："我与徐公谁美？"妾说："徐公怎么能比得上您呢！"第二天，客人从别处赶来，邹忌与客人交谈时，问客人说："我与徐公谁美？"客人说："徐公不如您美。"第二天徐公来做客，邹忌仔细看徐公，自以为不如徐公美；照镜子看自己，又觉得相差很远。晚上睡觉还想着这件事，心里说道："我的妻子说我美是因为偏爱我；我的妾说我美是因为畏惧我；客人说我美是因为他有求于我。"

于是入朝见威王，曰："臣诚知不如徐公美。臣之妻私臣，臣之妾畏臣，臣之客欲有求于臣，皆以美于徐公。今齐地方千里，百二十城，宫妇左右莫不私王，朝廷之臣莫不畏王，四境之内莫不有求于王：由此观之，王之蔽甚矣。"

〔译文〕

于是邹忌入朝面见齐威王，他说：“我知道自己不如徐公长得美。我的妻子偏爱我，我的妾畏惧我，我的客人有求于我，因此都说我比徐公美。如今齐国方圆千里，有一百二十多座城，宫中的嫔妃没有不偏爱大王您的，朝廷的臣子没有不畏惧您的，四境之内没有不有求于您的：由此看来，大王你被蒙蔽得很严重啊。”

王曰：“善。”乃下令：“群臣吏民能面刺寡人之过者，受上赏；上书谏寡人者，受中赏；能谤讥于市朝①，闻寡人之耳者，受下赏。”令初下，群臣进谏，门庭若市②；数月之后，时时而间进③；期年之后，虽欲言，无可进者。燕、赵、韩、魏闻之，皆朝于齐。此所谓战胜于朝廷。

〔注释〕

①市朝：公共场所。

②门庭若市：门前院好似集市一样热闹拥挤，形容往来的人很多。

③间：偶尔。

〔译文〕

齐威王说：“好吧。”于是下令：“大臣、官吏、百姓们如果能够当面指责我过错的人，受上等的赏赐；上书劝谏我的人，受中等赏赐；能够在公共场所中指出过错，让我听到的人，受下等的赏赐。”政令刚刚颁布的时候，群臣都来进谏，朝廷上人来人往；几个月之后，朝廷上还偶尔有人进谏；一年之后，即使有人想要说，也没再进谏的了。燕国、赵国、韩国、魏国听闻这件事，都到齐国朝拜。这就是所说的在朝廷上战胜敌国。

冯谖客孟尝君

《战国策》

〔题解〕

本文选自《战国策·齐策四》，是《战国策》中的又一名作。战国时期，齐国的孟尝君与赵国的平原君、魏国的信陵君、楚国的春申君，并称为“战国四公子”。本文中的孟尝君名田文，他对于门下的宾客热情宽容，因此收揽了许多门客，且从中获益良多。其中，冯谖就是孟尝君的门下的食客之一，冯谖有着高远的眼光，卓越的智慧。文章运用了欲扬先抑的写作手法，以曲折之笔先刻画了一个放肆无礼、平庸无能的冯谖形象。而后笔锋陡转，以典型性的故事塑造了一个目光远大、虑事周全且富有智慧的仁者形象。最后冯谖不仅以卓识之才帮助孟尝君获得了仁义，赢得了民心，而且以智慧谋略使孟尝君多次转危为安。全文的情节波澜起伏，跌宕有致。人物在情节中活灵活现，故事具有可读性。

齐人有冯谖者①，贫乏不能自存，使人属孟尝君②，愿寄食门下。孟尝君曰：“客何好？”曰：“客无好也。”

曰："客何能？"曰："客无能也。"孟尝君笑而受之曰："诺。"左右以君贱之也，食以草具[3]。

〔注释〕

①冯谖（xuān）：孟尝君的门客，又作冯驩（huān）。

②属：同"嘱"，嘱托。孟尝君：战国时期齐国人，姓田，名文，齐威王之孙，齐宣王之侄。袭其父爵于薛，又称薛公，号孟尝君，战国四公子之一。

③食（sì）：给人吃。草具：粗劣的食物。

〔译文〕

齐国有一人叫冯谖，因为太穷而不能养活自己，便托人告诉孟尝君，表示愿意在他的门下寄居为食客。孟尝君问他："有什么擅长？"冯谖回答说："没有什么擅长。"又问他："有什么本事？"他回答说："也没有什么本事。"孟尝君听了后笑了笑说："好。"侍从认为孟尝君轻视他，便给他粗劣的食物。

居有顷[1]，倚柱弹其剑，歌曰："长铗归来乎[2]！食无鱼。"左右以告。孟尝君曰："食之，比门下之客。"居有顷，复弹其铗，歌曰："长铗归来乎！出无车。"左右皆笑之，以告。孟尝君曰："为之驾[3]，比门下之车客[4]。"于是乘其车，揭其剑[5]，过其友曰："孟尝君客我。"后有顷，复弹其剑铗，歌曰："长铗归来乎！无以为家。"左右皆恶之，以为贪而不知足。孟尝君问："冯公有亲乎？"对曰："有老母。"孟尝君使人给其食用，无使乏。于是冯谖不复歌。

〔注释〕

①有顷：形容时间很短。

②铗(jiá)：剑把，这里指剑。

③驾：这里指车马。

④比：仿照。

⑤揭：高高举起。

〔译文〕

过了一段时间，冯谖倚着柱子弹着自己的剑，唱道："长剑我们回去吧！没有鱼吃。"左右的人把这事告诉了孟尝君。孟尝君说："供给他鱼吃，按照中等门客的生活待遇。"又过了一段时间，冯谖弹着他的剑，唱道："长剑我们回去吧！出门没有车子坐。"左右的人都取笑他，并把这事情告诉了孟尝君。孟尝君说："给他车子，按照上等门客的生活待遇。"冯谖于是乘坐着他的车，高举着他的剑，去拜访他的朋友，十分高兴地说："孟尝君待我为上等门客。"此后不久，冯谖又弹着他的剑，唱道："长剑我们回去吧！没有能力养家。"此时，左右的手下都开始厌恶冯谖，认为他贪得无厌。而孟尝君听说此事后问他："冯公有亲人吗？"冯谖说："家中有老母亲。"于是孟尝君派人供给他母亲吃的用的，不让她有所缺乏。于是从那之后，冯谖不再唱歌。

后孟尝君出记[①]，问门下诸客："谁习计会[②]，能为文收责于薛者乎[③]？"冯谖署曰："能。"孟尝君怪之，曰："此谁也？"左右曰："乃歌夫'长铗归来'者也。"孟尝君笑曰："客果有能也，吾负之，未尝见也。"请而见之，谢曰：

"文倦于事，愦于忧，而性忄宁愚，沉于国家之事，开罪于先生。先生不羞，乃有意欲为收责于薛乎？"冯谖曰："愿之。"于是约车治装，载券契而行，辞曰："责毕收，以何市而反？"孟尝君曰："视吾家所寡有者。"驱而之薛，使吏召诸民当偿者，悉来合券。券遍合，起矫命[4]，以责赐诸民，因烧其券。民称万岁。长驱到齐，晨而求见。孟尝君怪其疾也，衣冠而见之，曰："责毕收乎？来何疾也！"曰："收毕矣。""以何市而反？"冯谖曰："君云'视吾家所寡有者'。臣窃计，君宫中积珍宝，狗马实外厩，美人充下陈[5]。君家所寡有者，以义耳！窃以为君市义。"孟尝君曰："市义奈何？"曰："今君有区区之薛，不拊爱子其民[6]，因而贾利之[7]。臣窃矫君命，以责赐诸民，因烧其券，民称万岁。乃臣所以为君市义也。"孟尝君不说，曰："诺，先生休矣！"

〔注释〕

①记：文告。
②计会：会计。
③责（zhài）：同"债"。债务。
④起：有版本作"赴"。矫命：假托孟尝君的命令。
⑤下陈：台阶下面。
⑥拊：通"抚"，抚爱。
⑦贾（gǔ）利：以商贾的手段牟利。

〔译文〕

后来，孟尝君发出文告询问他的门客："谁熟习会计的事，可以替我去薛地收债呢?”冯谖在文告上署了自己的名字,表示他能胜任。孟尝君见了名字感到很惊奇,问:“这是谁呀?”左右的人说:“就是那个唱‘长铗归来’的人。”孟尝君笑道:“这位客人果真有才能,我亏待了他,还没见过面呢!”他立即派人请冯谖来相见,当面赔礼道:“我被琐事搞得精疲力竭,被忧虑搅得心烦意乱,加之我懦弱无能,整天埋在国家大事之中,以致怠慢了您。您却并不见怪,倒愿意往薛地去为我收债,是吗?”冯谖回答道:“愿意去。”于是套好车马,整治行装,载上契约票据动身了。辞行的时候冯谖问:“债收完了,买些什么回来啊?”孟尝君说:“您就看看我家里缺什么吧。”冯谖赶着车到薛地,派官吏把该还债务的百姓找来核验票据。核验完毕后,他假托孟尝君的命令,把所有的债款赏赐给欠债人,并当场把债券烧掉了。百姓都高呼“万岁”。冯谖赶着车,马不停蹄,直奔齐都,清晨就求见孟尝君。冯谖回得如此迅速,孟尝君感到很奇怪,立即穿好衣、戴好帽,去见他,问道:“债都收完了吗?怎么回得这么快?”冯谖说:“都收了。”“买什么回来了?”孟尝君问。冯谖回答道:“您曾说‘看我家缺什么’。我私下考虑您宫中积满珍珠宝贝,外面马房多的是猎狗、骏马,后庭多的是美女。您家里所缺的,只不过是仁义罢了!所以我用债款为您买了仁义。”孟尝君问道:“买仁义是怎么回事?”冯谖说:“现在您不过有块小小的薛邑,却不想着抚爱百姓、视民如子,而用商贾之道向人民牟利。因此我擅自假传您的命令,把债款赏赐给了百姓,顺便烧掉了契据,百姓欢呼万岁。这就是我用来为您买义的方式啊。”孟尝君听后很不快地说:“嗯,先生,算了吧。”

后期年,齐王谓孟尝君曰①:“寡人不敢以先王之臣为臣。”孟尝君就国于薛。未至百里，民扶老携幼，迎君道中。孟尝君顾谓冯谖：“先生所为文市义者，乃今日见之。”

〔注释〕

①齐王：齐宣王之子齐湣（闵）王，战国时期田氏齐国的第六任君主，在位十七年。

〔译文〕

过了一年，齐湣王对孟尝君说：“我可不敢把先王的臣子当作我的臣子。”孟尝君只好到他的封邑薛地去。还在百里之外，薛地的人民扶老携幼，都在路旁迎接孟尝君的到来。孟尝君见此情景，回头对冯谖道：“您为我买的义，今天发挥作用了。”

冯谖曰：“狡兔有三窟，仅得免其死耳；今有一窟，未得高枕而卧也。请为君复凿二窟。”孟尝君予车五十乘，金五百斤，西游于梁①，谓梁王曰：“齐放其大臣孟尝君于诸侯，诸侯先迎之者，富而兵强。”于是梁王虚上位②，以故相为上将军，遣使者黄金千斤，车百乘，往聘孟尝君。冯谖先驱，诫孟尝君曰：“千金，重币也；百乘，显使也。齐其闻之矣。”梁使三反，孟尝君固辞不往也。

〔注释〕

①梁：战国时期魏国首都在大梁，故又称梁国。

②上位：指相位。

〔译文〕

冯谖说："狡猾机灵的兔子有三个洞才能免遭死患；现在您只有一个洞，还不能高枕无忧。请让我再去为您挖两个洞吧。"孟尝君应允了，就给了他五十辆车子，五百斤黄金。冯谖往西到了魏国，他对魏惠王说："现在齐国把他的大臣孟尝君放逐到了国外去，哪位诸侯先得到他，就可使自己的国家富庶强盛。"于是魏惠王把相位空出来，把原来的相国调为上将军，并派使者带着千斤黄金，百辆车子去聘请孟尝君。冯谖先赶车回去，告诫孟尝君说："黄金千斤，这是很重的聘礼了；百辆车子，这算显贵的使臣了。希望齐国君臣听说这事。"魏国的使臣往返三次，孟尝君坚决推迟不去魏国。

齐王闻之，君臣恐惧，遣太傅赍黄金千斤①，文车二驷②，服剑一，封书谢孟尝君曰："寡人不祥，被于宗庙之祟，沉于谄谀之臣，开罪于君。寡人不足为也③，愿君顾先王之宗庙，姑反国统万人乎！"冯谖诫孟尝君曰："愿请先王之祭器④，立宗庙于薛。"庙成，还报孟尝君曰："三窟已就，君姑高枕为乐矣。"

〔注释〕

①赍（jī）：携带。

②文：花纹。驷：四匹马拉的车子。

③不足：不值得。

④祭器：指宗庙里的祭祖礼器。

〔译文〕

齐王听到这些情况，与群臣都害怕起来，连忙派遣太傅携带着一千斤黄金、两辆彩车、一把佩剑，并封好书信向孟尝君道歉说："我很倒霉，遭受祖宗降下的灾祸，又被那些逢迎讨好的臣子所迷惑，得罪了先生。我是不值得您帮助的，希望您能顾念先王的宗庙，屈尊回来统率人民吧！"冯谖又对孟尝君说："希望您向齐王请求先王传下来的祭器，在薛地建立宗庙。"宗庙建成后，冯谖回来报告孟尝君说："三个洞穴都已经凿成了，您可以高枕无忧、安心享乐了。"

孟尝君为相数十年，无纤介之祸者①，冯谖之计也。

〔注释〕

①纤介：细微。

〔译文〕

孟尝君做了几十年相，没有一点祸患，多亏了冯谖的计谋啊。

触詟说赵太后

《战国策》

〔题解〕

本文选自《战国策·赵策四》。战国时期,秦军横肆,大举攻打六国。赵国在危机之中打算向齐国借兵抵御秦国,而齐国要求将赵太后之子长安君作为人质,才答应发兵。赵国上下群臣争相进谏,宠爱长安君的赵太后发怒不听。在此燃眉之急的境况下,触詟从赵太后疼爱子女的心理出发,借力打力,以生活实例为材料,晓之以理,动之以情地劝说,论说“父母之爱子则为计之深远”的观点,最终打动了赵太后,赵国的危机才得以解除。

赵太后新用事[①],秦急攻之。赵氏求救于齐[②],齐曰:“必以长安君为质,兵乃出。”太后不肯,大臣强谏。太后明谓左右[③]:“有复言令长安君为质者[④],老妇必唾其面[⑤]!”

〔注释〕

①赵太后:指赵惠文王之妻,赵孝成王之母赵威后,也称惠文后。

②赵氏:指赵国。

③左右:指周围的人,这里指近臣。

④长安君:赵太后的小儿子,赵孝成王同母弟,封于长安,故称长安君。

⑤唾:吐唾沫。

〔译文〕

赵太后刚开始执政,秦国就加紧了对赵国的进攻。赵太后向齐国寻求援助,齐国说:“一定要用长安君作为人质,才肯派兵援助。”赵太后不愿意,大臣们都极力劝谏。太后告诉身边的近臣说:“再有提让长安君做人质的,我一定朝他脸上吐唾沫。”

左师触詟愿见太后①。太后盛气而揖之②。入而徐趋③。至而自谢,曰:“老臣病足,曾不能疾走,不得见久矣。窃自恕④,而恐太后玉体之有所郄也⑤,故愿望见太后。”太后曰:“老妇恃辇而行。”曰:“日食饮得无衰乎?”曰:“恃粥耳。”曰:“老臣今者殊不欲食,乃自强步⑥,日三四里,少益耆食⑦,和于身。”太后曰:“老妇不能。”太后之色少解⑧。

〔注释〕

①左师:官职名。春秋战国时,宋、赵等国官制有左师、右师,为掌实权的执政官。

②揖:一说应为“胥”。长沙马王堆汉墓出土帛书《触詟说赵太后》和《史记·赵世家》均作“胥”,意思是等待。

③徐趋:用快步走的姿势,慢步向前走。徐,缓慢。古礼规定,臣见君一定要快步往前走,否则便是失礼。

④窃:自谦辞。
⑤郄(xì):同"隙",疲劳。
⑥强(qiǎng):勉强。
⑦少(shāo):稍稍,轻微。
⑧色:脸色。这里指赵威后的怒气。

〔译文〕

左师触訾说愿意去见太后。太后气势汹汹地等着他。触訾用快步走的姿势,缓缓地向前走。他到太后面前请罪说:"我脚有毛病,不能快走,好久不能过来拜见您。私底下自己宽恕自己,但又担心太后的身体有什么不适,所以还是想来看望太后。"太后说:"我出行靠坐车。"触訾问:"太后现在每天饮食没有减少吧?"太后说:"只吃一些粥罢了。"触訾说:"我近来不想吃饭,只是勉强能走走路,一天可以走三四里,慢慢地稍微吃点饭,身体也能舒服一点。"太后说:"我现在做不到。"太后的怒色稍稍缓和了些。

左师公曰:"老臣贱息舒祺①,最少,不肖②;而臣衰,窃爱怜之。愿令补黑衣之数③,以卫王宫。没死以闻。"太后曰:"敬诺。年几何矣?"对曰:"十五岁矣。虽少,愿及未填沟壑而托之④。"太后曰:"丈夫亦爱怜其少子乎?"对曰:"甚于妇人。"太后笑曰:"妇人异甚。"对曰:"老臣窃以为媪之爱燕后贤于长安君⑤。"曰:"君过矣!不若长安君之甚。"左师公曰:"父母之爱子,则为之计深远。媪之送燕后也,持其踵⑥,为之泣,念悲其远也,亦哀之矣。已行,非弗思也,祭祀必祝之,祝曰:'必勿使反[7]。'岂非计久长，有子孙相继为王也哉？"太后曰："然。"

〔注释〕

①贱息：对自己儿子的谦称。

②不肖：泛指儿子不成材、不成器。

③黑衣：宫廷卫士、王宫卫士穿黑衣，所以用"黑衣"借指卫士。

④填沟壑（hè）：指死后无人埋葬，尸体丢在山沟里。这里是对自己死亡的谦虚说法。

⑤燕后：赵太后嫁给燕王的女儿，称燕后。

⑥踵（zhǒng）：脚后跟。

⑦反：同"返"。

〔译文〕

触聋说："我的儿子舒祺，年龄最小，最没有出息；我也老了，心里疼爱他。希望您能给他安排一个卫士的职位，来保卫皇宫。我冒着死罪来禀告太后。"太后说："答应您啦。他今年几岁了？"触聋说："十五岁了。虽然还小，但想趁我还没死之前托付给您。"太后说："男人也疼爱自己的小儿子吗？"触聋回答："比妇人爱得更深。"太后笑着说："还是妇人爱得更深些。"触聋回答："我私底下以为您爱燕后超过疼爱长安君。"太后说："你说得不对，不如疼爱长安君深。"触聋说："父母疼爱孩子，就要为他们考虑得长远些。您送燕后出嫁，她坐上车，您还握着她的脚后跟哭泣，感念燕后远嫁，这也足够悲伤了。送走以后，不是不思念她，每次祭祀都会为她祈祷，祈祷说：'一定不要被赶回来。'这难道不是从长远出发希望她的子孙能够相继成为燕国的国王吗？"太后说："是的。"

左师公曰："今三世以前，至于赵之为赵[①]，赵王之子孙侯者，其继有在者乎？"曰："无有。"曰："微独赵[②]，诸侯有在者乎？"曰："老妇不闻也。""此其近者祸及身，远者及其子孙。岂人主之子孙则必不善哉？位尊而无功，奉厚而无劳，而挟重器多也。今媪尊长安君之位，而封之以膏腴之地，多予之重器，而不及今令有功于国，一旦山陵崩[③]，长安君何以自托于赵？老臣以媪为长安君计短也，故以为其爱不若燕后。"太后曰："诺，恣君之所使之[④]。"于是为长安君约车百乘[⑤]，质于齐，齐兵乃出。

〔注释〕

①赵为之赵：赵氏建立赵国。赵氏原是晋国大夫，封于赵。

②微独：不仅，不但。微，不，否定副词。

③山陵崩：古代对帝王去世的委婉说法，比喻国君或王后的死，表明他们的死不同寻常。

④恣：任凭。

⑤约：治，备。乘（shèng）：四匹马一车称为一乘。

〔译文〕

左师触詟说："从现在算起往上三代，一直到赵国建立，赵王的子孙被封侯的，他的子孙还有能继承爵位的吗？"太后说："没有。"触詟说："不仅仅是赵国，其他诸侯国国君后代被封侯的，他们的子孙还有能继承爵位的吗？"太后回答："我没有听说过。"触詟又说道："这就是近的祸患落在自己的身上，远的祸患殃及子孙。难道是君主的子孙一定都是不好的吗？地位尊贵却没有什么功劳,俸禄丰厚却没有什么功绩,却拥有大量贵重的财宝。如今您老人家让长安君地位尊贵,分封给他肥沃的土地,给他贵重的宝物,却没有使他对国家做出什么功绩,您百年之后长安君又该如何在赵国站稳脚跟呢?我认为您为长安君考虑得还是不长远,所以认为您对长安君的疼爱不如燕后。”太后说:“好的,任凭你怎样安排长安君都可以。”于是给长安君配备了一百辆车,到齐国当人质去了,齐国的军队这才开始出动。

子义闻之曰[①]:“人主之子也,骨肉之亲也,犹不能恃无功之尊、无劳之奉,以守金玉之重也,而况人臣乎。”

〔注释〕

①子义:战国时期赵国贤士。

〔译文〕

赵国的贤士子义听说这件事,说道:“君主的儿子,也是骨肉之亲,尚且不能依靠无功勋而获得的尊贵地位、无功劳而拥有的丰厚俸禄,来保全他的金银等重要的财宝,更何况是臣子呢?”

唐雎不辱使命

《战国策》

〔题解〕

本篇选自《战国策·魏策四》。安陵是战国时期魏国的一个小附属国,本文所写的安陵君即其后裔。秦灭魏后,以为略施小计就可以将安陵吞并。安陵君派遣唐雎出使秦国,唐雎见到骄横的秦王,以卓越的胆识和精彩的辩驳与秦王针锋相对,使得秦王面色沮丧,长跪致歉。文章中的人物对话相当激烈,展现了一场使者与国君的言辞搏斗,同时塑造了唐雎不辱使命的英勇爱国形象。

秦王使人谓安陵君曰①:"寡人欲以五百里之地易安陵②,安陵君其许寡人!"安陵君曰:"大王加惠③,以大易小,甚善;虽然④,受地于先王,愿终守之,弗敢易!"秦王不说。安陵君因使唐雎使于秦。

〔注释〕

①秦王:即后来的秦始皇,当时他还未称皇帝。安陵君:战国时魏襄

王弟封安陵,即今天的河南鄢陵西北,称安陵君。

②易:交换。

③加惠:给予恩惠。

④虽然:即使这样。

〔译文〕

秦王派人对安陵君说:“我打算用五百里土地交换安陵,希望安陵君一定要答应我!”安陵君说:“大王格外开恩,用大的地方换小的地方,实在是好事;即使这样,我从先王那里继承的土地,只想终身守卫着,不敢交换!”秦王很不高兴。安陵君趁此机会派唐雎出使秦国。

秦王谓唐雎曰:“寡人以五百里之地易安陵,安陵君不听寡人,何也?且秦灭韩亡魏,而君以五十里之地存者,以君为长者①,故不错意也②。今吾以十倍之地,请广于君③,而君逆寡人者,轻寡人与④?”唐雎对曰:“否,非若是也。安陵君受地于先王而守之,虽千里不敢易也,岂直五百里哉?”

〔注释〕

①长者:年辈高而谨厚的人。

②错意:放在心上。错,通“措”,放置。

③广:扩大。

④与:疑问助词。

〔译文〕

秦王对唐雎说:“我用五百里土地交换安陵,安陵君不同意我的建议,为什么呢?况且秦国灭掉韩国和魏国,安陵君却凭借方圆五十里地幸存下来,是因为我把安陵君当作长者,所以没有放在心上。现在我用十倍的土地,扩大安陵君的领土面积,安陵君却拒绝我的好意,这是看不起我吗?”唐雎回答:“不,并非这样。安陵君从先王那里继承土地而守卫它,即使是用一千里地也不敢交换,何况只有五百里呢?”

秦王怫然怒①,谓唐雎曰:“公亦尝闻天子之怒乎?”唐雎对曰:“臣未尝闻也。”秦王曰:“天子之怒,伏尸百万,流血千里。”唐雎曰:“大王尝闻布衣之怒乎②?”秦王曰:“布衣之怒,亦免冠徒跣③,以头抢地耳④。”唐雎曰:“此庸夫之怒也,非士之怒也。夫专诸之刺王僚也⑤,彗星袭月;聂政之刺韩傀也⑥,白虹贯日;要离之刺庆忌也⑦,苍鹰击于殿上。此三子者,皆布衣之士也,怀怒未发,休祲降于天⑧,与臣而将四矣。若士必怒,伏尸二人,流血五步,天下缟素⑨,今日是也。”挺剑而起。

〔注释〕

①怫(fú)然:盛怒的样子。

②布衣:平民百姓。古代没有官职的人穿粗衣粗布,所以用布衣代指平民。

③跣(xiǎn):光着脚。

④抢(qiāng):撞。

⑤专诸:春秋吴国人,古代“四大刺客”之一。王僚:吴王僚。吴公子光欲夺王位,派专诸把匕首藏于鱼腹中,以献鱼为名刺杀僚。

⑥聂政:战国齐侠客,古代“四大刺客”之一。韩国大夫严遂与国相韩

傀(kuǐ)争权结仇,就请聂政至相府杀了韩傀,聂政也毁容自杀。

⑦要(yāo)离:春秋吴国人,著名刺客。吴王阖闾为除后患,让要离自断右臂并杀妻,骗取已经逃到卫国的庆忌的信任,趁机杀了庆忌。

⑧休祲(jìn):吉凶的征兆。

⑨缟(gǎo)素:白色丧服。缟,白色生绢。

〔译文〕

秦王很生气,对唐雎说:"你曾听说过天子发怒的情形吗?"唐雎回答道:"我没有听说过。"秦王说:"天子发怒,能横尸百万,血流千里。"唐雎说:"大王听说过普通老百姓发怒的情形吗?"秦王说:"普通老百姓发怒,不过就是扔掉帽子,光着脚,把头往地上撞罢了。"唐雎说:"这是庸碌无能的人发怒,不是志勇之士发怒。专诸刺杀吴王僚的时候彗星撞击月亮;聂政刺杀韩傀的时候白虹穿过太阳;要离刺杀庆忌的时候苍鹰扑击在大殿上。这三个人都是平民百姓,心怀愤怒没有迸发出来,上天就已经显出预兆,如今加上我就要成四个人了。要是平民百姓真的发怒,倒在地上的尸体只是两具,流血不过五步,但天下都将穿起白色的孝服,今天就将如此。"说完唐雎拔剑而起。

秦王色挠①,长跪而谢之曰②:"先生坐!何至于此!寡人谕矣③,夫韩、魏灭亡,而安陵以五十里之地存者,徒以有先生也。"

〔注释〕

①色挠:因受挫而神情沮丧。挠,屈服。

②长跪:双膝就地而腰挺直,臀部离开脚跟,以此表示郑重。谢:

道歉。

③谕:同“喻”,明白。

〔译文〕

秦王顿时神情沮丧,直身而跪,向唐雎道歉说:“先生请坐,何必到如此地步呢!我明白了,韩国和魏国之所以灭亡,安陵却凭着五十里之地生存下来,是因为有先生你呀。”

谏逐客书

李　斯

〔题解〕

《史记》原名《太史公书》，是我国第一部纪传体通史，二十四史之首。作者司马迁（前 145—?），字子长，夏阳龙门（今陕西韩城）人。汉武帝时，继其父司马谈为太史令。他从小博览群书，且二十岁开始南北漫游，丰富的阅读和漫游经历，使得他视野开阔，胸襟博大，为日后完成《史记》打下了坚实的基础。天汉二年（前 99），司马迁因为李陵辩解而得罪了汉武帝，被判宫刑。他忍受着巨大的精神痛苦，坚持活下来，最终完成了"究天人之际，通古今之变，成一家之言"的《史记》。《史记》记载了上至黄帝时代，下至汉武帝太初年间共三千多年的历史。全书体例分为十二本纪、十表、八书、三十世家、七十列传，共一百三十篇，五十二万余字。该书在中国文化史上具有崇高的地位，被鲁迅誉为"史家之绝唱，无韵之《离骚》"。

《谏逐客书》选自《史记·李斯列传》，是李斯写给秦王的一个奏章。李斯（约前 280—前 208），战国末年楚国上蔡（今河南上蔡西南）人。他出身贫贱，曾做过小吏，地位很低。后拜荀子为师，学成之后到秦国另谋发展。李斯到了秦国之后，秦国宗室贵族则谏秦驱逐一切在秦的客卿，李斯也在被逐之列，于是他向秦王写了这封谏书。本文立足于秦国的具体国情，以史为鉴，阐明利害，多方譬喻，文辞富丽，说理性强，极具感染力。

秦宗室大臣皆言秦王曰①："诸侯来事秦者，大抵为其主游间于秦耳。请一切逐客②。"李斯议亦在逐中。斯乃上书曰：

〔注释〕

①秦王：指嬴政，即后来的秦始皇。

②客：客卿，指其他诸侯国在秦做官的人。

〔译文〕

秦国的宗室大臣都对秦王说："其他诸侯国来秦国做官的人，大都是替他们的君主游说秦国而已。请把全部客卿都驱逐出境。"李斯也在计划驱逐的范围之列。李斯于是向秦王上书说：

"臣闻吏议逐客，窃以为过矣①。昔穆公求士，西取由余于戎②，东得百里奚于宛③，迎蹇叔于宋④，求丕豹、公孙支于晋⑤。此五子者，不产于秦，而穆公用之，并国二十，遂霸西戎。孝公用商鞅之法⑥，移风易俗，民以殷盛，国以富强，百姓乐用⑦，诸侯亲服⑧，获楚、魏之师⑨，举地千里，至今治强⑩。惠王用张仪之计⑪，拔三川之地[12]，西并巴、蜀[13]，北收上郡[14]，南取汉中[15]，包九夷[16]，制鄢、郢[17]，东据成皋之险[18]，割膏腴之壤，遂散六国之从，使之西面事秦，功施到今[19]。昭王得范雎[20]，废穰侯[21]，逐华阳[22]，强公室，杜私门，蚕食诸侯，使秦成帝业。此四君者，皆以客之功。由此观之，客何负于秦哉！向使四君却客而不内[23]，疏士而不用，是使国无富利之实，而秦无强大之名也。

〔注释〕

①窃：私下。

②由余：春秋时期晋国人，戎王的臣子，后被秦穆公拜为上卿。

③百里奚：春秋时期虞国大夫，后被晋献公俘获，秦穆公用五张羊皮自楚赎回，又称"五羖大夫"。

④蹇(jiǎn)叔：百里奚的好友，经百里奚推荐，秦穆公把他从宋国请来，委任为上大夫。宋：国名，或称"商""殷"。

⑤丕豹：晋国大夫丕郑之子，丕郑被晋惠公杀死后，丕豹投奔秦国，秦穆公任为大夫。公孙支："支"或作"枝"，字子桑，秦人。曾游晋，后返秦任大夫。

⑥孝公：秦孝公，他任用商鞅进行变法，使秦国变得富强。商鞅：被孝公任命为相，进行变法。

⑦乐用：乐于被任用。

⑧亲服：顺从听命。

⑨楚、魏：国名

⑩治强：国治兵强。

⑪张仪：魏人，秦惠文王时数次任秦相，鼓吹"连横"，游说各国诸侯各自侍奉秦国。辅佐秦惠文君称王，封武信君。秦武王即位，入魏为相。

⑫三川之地：指黄河、雒水、伊水三川之地，在今河南西北部黄河以南

的洛水、伊水流域。

⑬巴：国名，周武王灭商后被封为子国，称巴子国，在今重庆市东部、湖北西部一带。蜀：国名，周武王时曾参加灭商的盟会，有今四川中部偏西地区。

⑭上郡：郡名，本来是魏地，在现在的陕西榆林。魏文侯时置，秦国于公元前 304 年于此设置上郡。

⑮汉中：郡名，在现在的陕西汉中。楚怀王时置，辖境有陕西东南和湖北西北的汉水流域。公元前 312 年，被秦将魏章领兵攻取，秦于此重置汉中郡。

⑯九夷：此指楚国境内西北部的少数部族，在今陕西、湖北、重庆三省市交界地区。

⑰鄢（yān）：楚国别都，在今湖北宜城市东南。郢（yǐng）：楚国都城，在今湖北江陵市西北纪南城。

⑱成皋：邑名，在今河南荥阳汜水镇，地势险要，是著名的军事重地。

⑲施（yì）：蔓延，延续。

⑳范睢（suī）：魏国芮城人，入秦后改名张禄，受到秦昭襄王信任。

㉑穰（ráng）侯：即魏冉，楚人后裔，秦昭襄王母宣太后之异父弟。秦武王去世，拥立秦昭襄王，任将军，多次为相，受封于穰（今河南邓州），故称穰侯。

㉒华阳：即华阳君芈戎，楚昭王母宣太后之同父弟，曾任将军等职。与魏冉同掌国政，先受封于华阳（今河南新郑北），故称华阳君。

㉓向使：假使，倘若。

〔译文〕

“我听闻大臣们商议驱逐所有客卿，我认为这样是不对的。过去秦穆公招贤纳士，从西方的戎地招纳由余，从东方的宛地招纳了百里奚，从宋国招纳了蹇叔，从晋国招纳了丕豹、公孙支。这五个人都不是秦国人，但是秦穆公却任用他们，兼并了二十个小国，称霸西戎。秦孝公采用了商鞅新法，移风易俗，老百姓因此富足，国家也因此强盛，百姓们愿意为国效力，诸侯国愿意听命服从，打败了楚国和魏国的军队，夺取了千里的土地，到如今依然安定繁荣。秦惠王采用了张仪的计策，攻取了三川一带的土地，向西吞并了巴、蜀，向北收取了上郡，向南夺取了汉中，兼并了九夷，控制了鄢、郢两座城市，东面占据了成皋的险要，占领了肥沃的土地，拆散了六国的合纵联盟，使他们向西来侍奉秦国，这种功绩一直延续到今天。秦昭王任用范雎，废掉了穰侯，驱逐了华阳君，增加了国君和朝廷的权力，削弱了王侯的权力，吞并了诸侯各国，使秦国最终成就帝王之业。这四位先君，都是借助了客卿的功劳。由此看来，客卿哪里辜负了秦国？假如让这四位先君拒绝接纳客卿，疏远外来贤士不加任用，这将会使国家没有富强的实力，秦国也就没有强大的名声了。

“今陛下致昆山之玉[①]，有随和之宝[②]，垂明月之珠，服太阿之剑[③]，乘纤离之马[④]，建翠凤之旗，树灵鼍之鼓[⑤]。此数宝者，秦不生一焉，而陛下说之[⑥]，何也？必秦国之所生然后可，则是夜光之璧，不饰朝廷；犀象之器，不为玩好；郑、卫之女[⑦]，不充后宫；而骏马駃騠[⑧]，不实外厩；江南金锡不为用[⑨]，西蜀丹青不为采[⑩]。所以饰后宫，充下陈[⑪]，娱心意，说耳目者，必出于秦然后可，则是宛珠之簪[⑫]，傅玑之珥[⑬]，阿缟之衣[⑭]，锦绣之饰不进于前，而随俗雅化，佳冶窈窕[⑮]，赵女不立于侧也[⑯]。夫击瓮叩缶，弹筝搏髀[⑰]，而歌呼呜呜快耳目者，真秦之声也；郑、卫桑间，《韶》《虞》《武》《象》者[⑱]，异国之乐也。

今弃击瓮叩缶而就郑、卫，退弹筝而取《韶》《虞》，若是者何也？快意当前，适观而已矣。今取人则不然，不问可否，不论曲直，非秦者去，为客者逐。然则是所重者在乎色乐珠玉，而所轻者在乎人民也。此非所以跨海内、制诸侯之术也。

〔注释〕

①今陛下致昆山之玉：如今陛下您获得了昆山的美玉。致，达到，获得。昆山，昆仑山。

②随、和之宝："随侯珠"和"和氏璧"，都是传说中的珍宝。

③太阿（ē）：亦称"泰阿"，一种宝剑的名字。

④纤离：骏马的一种。

⑤鼍（tuó）：也称扬子鳄，皮可蒙鼓。

⑥说（yuè）：通"悦"，开心，喜悦。

⑦郑：国名，姬姓，始封君为周宣王弟友，在今天河南中部。卫：国名，姬姓，始封君为周武王弟康叔，在今天河南北部、山东西部。

⑧駃騠（juétí）：骏马的一种。

⑨江南：长江以南。这里指长江以南的楚地，一直以来以出产金、锡而著名。

⑩采：彩色，彩绘。

⑪下陈：殿堂下陈放礼器、站立傧从的地方。

⑫宛珠：宛地出产的珠子。

⑬傅：附着，镶嵌。珥（ěr）：耳环。

⑭缟（gǎo）：白色的绢。

⑮冶：妖冶，艳丽。

⑯赵：国名，始封君赵烈侯，在今山西中部、陕西东北部、河北西南部。古人多以燕、赵为出美女之地。

⑰髀(bì):大腿。搏髀,拍打大腿,以此表示音乐的节奏。

⑱桑间:卫国地名。《韶》《虞》:据说是歌颂虞舜的音乐。《武》《象》:周初乐舞。

〔译文〕

"如今陛下您拥有了昆山的美玉,有随侯珠、和氏璧这样的珠宝,佩带着太阿宝剑,骑着纤离骏马,竖起翠凤旗帜,陈列着灵鼍谷的皮鼓。这些宝物,秦国一种都不出产,但是陛下您却喜欢它,为什么呢?如果一定是秦国生产的才可以使用,那么这些夜光之璧就不能装饰在朝廷了;犀牛角和象牙制造的器物,就不能让您把玩了;郑国和卫国的美女,就无法用来充实您的后宫了;骏马也无法饲养在您的马厩里了;江南所产的金、锡也不能用来制作器具了,西蜀地区所产的丹青就不能用来做颜料了。所以用来装饰后宫的珠宝,充满堂下的姬妾,娱乐心意的器物,赏心悦目的音乐、绘画等,如果一定要秦国出产然后才能使用,那么这些嵌着宛珠的簪子,带着珠子的耳环,东阿白绢做成的衣服,锦绣制成的装饰品,就不会进献到您面前;那些打扮时髦、美丽窈窕的赵国女子,也不能站立在您身旁了。再说击打的瓮,敲击的缶,弹奏的古筝,拍打大腿伴奏,唱着呜呜哇哇的歌曲,用来娱人耳目的才真正是秦地的音乐呢;郑国和卫国桑间的音乐,以及《韶》《虞》《武》《象》,都是异国的乐曲。现在您不要听敲击陶瓮瓦器的奏乐,而要听郑、卫两国的音乐;不听弹古筝,而听《韶》《虞》这样的乐曲,这样做的原因是什么呢?只不过是贪图一时的称心如意,适于观赏罢了。现在任用人才却不这样,不问可不可用,不论曲直是非,不是秦国的人都赶走,所有的客卿都驱逐。您这样做所看重的,只是声情美色、珠宝美玉,而轻视的却是人民。这不是用来统一天下、制服诸侯所应采取的策略啊。

“臣闻地广者粟多，国大者人众，兵强则士勇。是以太山不让土壤[①]，故能成其大；河海不择细流[②]，故能就其深；王者不却众庶[③]，故能明其德。是以地无四方，民无异国，四时充美，鬼神降福，此五帝三王之所以无敌也[④]。今乃弃黔首以资敌国[⑤]，却宾客以业诸侯[⑥]，使天下之士退而不敢西向，裹足不入秦，此所谓‘藉寇兵而赍盗粮’者也[⑦]。夫物不产于秦，可宝者多；士不产于秦，而愿忠者众。今逐客以资敌国，损民以益仇，内自虚而外树怨于诸侯，求国无危，不可得也。”

〔注释〕

①太山：即泰山。让：拒绝。

②择：选择，这里引申为抛弃。

③却：推辞，拒绝。

④五帝三王：五帝，指黄帝、颛顼、帝喾、尧、舜。三王，指夏禹、商汤、周文王。

⑤黔首：指百姓。

⑥业：从事，侍奉。

⑦赍(jī)：送，送给。

〔译文〕

“我听说土地广辽，粮食才充足；国家强盛，百姓才众多；武器精良，士兵才勇敢。因此泰山不舍弃微小的泥土，所以形成它的高大；江海不排除细溪支流，所以形成它的辽阔；国君不拒绝所有的人民,所以更彰显他的德行。因此,地不分东西南北,人不分国界,一年四季都是富裕美满,鬼神都来降福,这就是五帝三王无敌于天下的原因。今陛下抛弃天下的百姓而帮助敌国,驱逐所有的客卿以建立别国诸侯的功业,让天下的有贤之士都退缩而不敢西来,裹足不敢入秦,这就是所谓的'把兵器借给敌寇,把粮食送给盗贼'啊。东西不出产在秦国的,可是其中的宝物却很多;士人不出生在秦国的,可是愿意为秦国效忠的却很多。如今陛下驱逐客卿以资助敌国,损害自己的人民来增加敌人的力量,结果就会使国内空虚,对外又结怨于诸侯,想寻求国家的安稳,是不可能的。"

秦王乃除逐客之令,复李斯官。

〔译文〕

秦王于是废除了驱逐客卿的命令,恢复了李斯的官职。

项羽本纪赞

《史记》

〔题解〕

此文是《史记·项羽本纪》中的一篇赞语。司马迁的论赞，主要是议论史事，表达己见，用于对历史人物和事件的评论。项羽，名籍，字羽，楚国名将项燕之孙，有军事之才。起兵反秦，秦亡后称西楚霸王。后为刘邦所败，于乌江自刎。此文虽短小简洁，却言说有力，字字见血。司马迁在文章中一方面对项羽的英雄气概、军事才能和在战争中取得的成就大加赞赏，流露出对项羽的钦慕之情。另一方面，司马迁又理性、客观地分析了导致项羽悲剧命运的原因，对项羽的性格弱点进行了深刻批判，同时为项羽的悲剧结局发出了深深的惋惜。这体现出司马迁作为文学家的细腻感性和作为史学家的历史思辨。文章议论精当，以事说理，层层递进，逻辑清晰，抑扬有致。

太史公曰：吾闻之周生[①]曰“舜目盖重瞳子[②]”，又闻项羽亦重瞳子。羽岂其苗裔邪[③]？何兴之暴也[④]！夫秦失其政，陈涉首难，豪杰蜂起，相与并争，不可胜数。然羽非有尺寸[⑤]，乘势起陇亩之中[⑥]，三年，遂将五诸侯灭秦，分裂天下而封王侯，政由羽出，号为"霸王"，位虽不终，近古以来，未尝有也。及羽背关怀楚[⑦]，放逐义帝而自立，怨王侯叛己，难矣。自矜功伐[⑧]，奋其私智[⑨]，而不师古，谓霸王之业，欲以力征经营天下，五年，卒亡其国，身死东城[⑩]，尚不觉寤，而不自责，过矣。乃引"天亡我，非用兵之罪也"，岂不谬哉！

〔注释〕

①周生：汉代儒生。

②重瞳：两个瞳仁。古人认为这是不凡的征兆。

③苗裔：后代。

④暴：突然。

⑤尺寸：指距离短或数量小，此处比喻土地面积小。

⑥陇亩：草野，山野。

⑦背：违背，违反，这里指放弃。

⑧矜：自夸。功伐：功劳，功勋。

⑨奋：发扬，这里指极力张扬。

⑩东城：指项羽于东城被打败，向南逃到乌江自刎。东城，在今安徽定城东南50里。

〔译文〕

太史公说：我听儒生说"舜的眼睛有两个瞳仁"，又听说项羽也有两个瞳仁。难道项羽是舜的后代吗？为什么兴起得如此突然呢？秦失掉政权，陈涉首先发难，四方豪杰之士蜂拥而起，一起争夺天下，无法计数。然而项羽没有土地、权势，在草野间乘势而起，三年之内率领五路诸侯灭掉秦国，分占天下，接着分封王侯，项羽做执政者，自号“西楚霸王”，王位虽然没有保持到最后，然而却是近古以来从未有过的。等到项羽放弃关中怀念楚地，把义帝驱逐而自立为王，再怨恨诸侯王背叛自己，这就很难了。自己夸赞自己的功劳，极力张扬自己的才智而不知道效法古人，认为想要成为一代霸主，以武力征服天下就能实现，五年之后国家就灭亡了，自己死在东城，临死还没有觉得自己错了，这是大错啊。还认为“是上天要我亡，不是我用兵之罪过啊”，这不是很荒谬吗？

孔子世家赞

《史记》

〔**题解**〕

此文出自《史记·孔子世家》。孔子(前551—前479),字仲尼,春秋时期思想家,儒家学派创始人。本篇是司马迁对孔子的赞语。“高山仰止,景行行止”。司马迁读完孔子的著作,钦羡孔子的品行修为,便专程到孔庙参拜孔子的车服礼器。可见司马迁把孔子作为人生目标,瞻仰孔子的高德深义。文章中,司马迁自然地流露出对孔子的敬仰之情和赞美之意。在写作上,司马迁先从自己的角度,直接抒发对孔子的敬慕。后从他人和后世的角度,说明孔子道德崇高,影响深远。于议论中夹杂抒情,使得文章不但充满真挚的情感,而且具有说服力。

太史公曰:《诗》有之:“高山仰止,景行行止①。”虽不能至,然心乡往之。余读孔氏书,想见其为人。适鲁,观仲尼庙堂、车服、礼器,诸生以时习礼其家,余祗回留之不能去云②。天下君王至于贤人众矣,当时则荣,没则已焉。孔子布衣,传十余世,学者宗之。自天子王侯,中国言六艺者折中于夫子③，可谓至圣矣！

〔注释〕

①“高山仰止”两句：出自《诗经·小雅·车舝》。仰止，崇敬仰慕。景行（háng）：指大道。止，语气词。

②祗（zhī）：恭敬。有版本作“低回”，徘徊流连之义。

③折中：取正，用为判断事物的准则。

〔译文〕

太史公说：《诗经》中有句话：“高山使人仰慕，大道让人遵循。”我虽然达不到那样的境界，然而内心是向往的。我读孔子的书，能想到他的为人。到鲁国，看到仲尼的庙堂、车马服饰、礼器等，想象到众多的弟子定时去孔子家学习礼，我恭敬地徘徊流连不愿离去。天下的君王和贤者有很多，只是一时荣耀，死后就销声匿迹了。孔子出身于平民，已传承了数十代了，读书人把他奉为宗师。从天子王侯，中国把孔子的言论作为学习六艺的准则，可以说孔子是至高无上的圣人了。

伯夷列传

《史记》

〔题解〕

此篇是伯夷和叔齐的合传，为《史记》七十列传之首。伯夷本是商末孤竹君的长子，早期辅佐商纣王。后来由于商纣王暴虐残忍，滥杀无辜，伯夷无奈离开朝廷，投奔姬昌。姬昌死后，其子武王即位，随之快速灭掉了商朝。伯夷认为臣子伐君实为不义之举，毅然和叔齐去首阳山隐居，发誓从此不吃周朝之粟，最后双双饿死在首阳山。此文章是司马迁为历史上此类命运悲惨的义士良臣的发声之作。与其他列传不同的是，此篇以议论兼抒情取胜，在表达效果上更发人深省，意味深长。就思想上而言，司马迁认识到了高士清流和其天道命途之间的矛盾，抨击了传统的天道观，引发了深刻的历史思考。

夫学者载籍极博①，犹考信于六艺。《诗》《书》虽缺，然虞、夏之文可知也。尧将逊位②，让于虞舜，舜、禹之间，岳牧咸荐③，乃试之于位，典职数十年④，功用既兴⑤，然后授政，示天下重器。王者大统，传天下若斯之难也[⑥]。而说者曰："尧让天下于许由[⑦]，许由不受，耻之逃隐。及夏之时，有卞随、务光者[⑧]。"此何以称焉？太史公曰：余登箕山[⑨]，其上盖有许由冢云。孔子序列古之仁圣贤人，如吴太伯、伯夷之伦详矣。余以所闻，由、光义至高，其文辞不少概见，何哉？

〔注释〕

①夫（fú）：句首语助词。载籍：书籍。

②逊位：让位。

③岳：指四岳。古代传说中的四个部落首领。牧：九州长官。咸：都，全。

④典职：掌管政事。

⑤功用：功效，效用，这里指政绩。

⑥难：谨慎。

⑦尧让天下：出自《庄子·让王》，尧让位给许由，许由逃到颍水。后又让他做牧长，许由接受不了，就到颍水边冲洗耳朵。

⑧卞随、务光：也是《庄子·让王》中的人物，商汤灭夏桀后，想把天下让给他们，结果他们投河而死。

⑨箕（jī）：地名，今在河南登封。

〔译文〕

有学问的人读的书籍非常广泛，但还是要从《六经》中去考证。《诗经》《尚书》虽然残缺不全，但是有关虞、夏的文章是可以知晓的。尧帝把位置让给虞舜，舜和禹中的四方首领与九州长官都来推荐，于是试着把帝位给他并考察试用，掌管政事几十年，政绩卓著，之后把政权交给他，昭告治理天下是贵重的宝器。帝王是天下主宰，传位天下是要谨慎的啊。有传言说："尧曾经把天下传给许由，许由没有接受并认为这是耻辱，之后就逃避归隐去了。到了夏代，又有卞随、务光这样的人（没有接受商汤让位给他们）。”这有什么可以称颂的呢？太史公说：我登箕山，听说上面可能有许由的坟墓。孔子评述古代的仁人、圣人、贤者，比如吴太伯、伯夷这类人都非常详尽。我认为我所听说的许由、务光的道义已经很高了，但是记载他们的文字却很少见到，这是为什么呢？

孔子曰：“伯夷、叔齐，不念旧恶，怨是用希①。”“求仁得仁，又何怨乎？”余悲伯夷之意，睹轶诗可异焉②。其传曰：伯夷、叔齐，孤竹君之二子也③。父欲立叔齐。及父卒，叔齐让伯夷。伯夷曰：“父命也。”遂逃去。叔齐亦不肯立而逃之。国人立其中子。于是伯夷、叔齐闻西伯昌善养老④，“盍往归焉⑤！”及至，西伯卒，武王载木主⑥，号为文王，东伐纣。伯夷、叔齐叩马而谏曰：“父死不葬，爰及干戈⑦，可谓孝乎？以臣弑君，可谓仁乎？”左右欲兵之。太公曰⑧：“此义人也。”扶而去之。武王已平殷乱，天下宗周，而伯夷、叔齐耻之，义不食周粟，隐于首阳山，采薇而食之。及饿且死，作歌，其辞曰：“登彼西山兮⑨，采其薇矣⑩。以暴易暴兮，不知其非矣。神农、虞、夏忽焉没兮，我安适归矣？于嗟徂兮⑪，命之衰矣。”遂饿死于首阳山。由此观之，怨邪非邪？

〔注释〕

①怨是用希：是，因此。用，因。希，稀少。此句意谓因此而心中少有

怨恨。

②轶(yì):通“佚”,散落,遗失。

③孤竹君:出自《庄子》,说伯夷和叔齐是他的两个儿子。

④西伯昌:周文王。

⑤盍(hé):何不。归:投奔。

⑥武王载木主:武王,周武王,文王的儿子。木主,牌位。

⑦爰及:于是,就。干戈:这里指战争。

⑧太公:指姜尚,姜子牙。

⑨西山:指首阳山。

⑩薇:菜名,野豌豆,可食。

⑪于(xū)嗟:语气词,表感叹。徂(cú):通“殂”,死。

〔译文〕

孔子说:“伯夷、叔齐,不记旧的仇恨,因此恩怨也就少了。”“追求仁义就得到仁义,又有什么可怨恨的呢?”我同情伯夷的意志,亲眼所见他们的诗散落未被记载,感到很惊异。他们的传记说:伯夷、叔齐是孤竹君的两个儿子。父亲想要立叔齐为王,到父亲去世后,叔齐想把王位让给伯夷。伯夷说:“这是父亲的遗命。”于是就逃走了。叔齐自己也不肯继承王位,也逃出去了。国人只好让二儿子做王。伯夷、叔齐听说西伯昌能赡养老人,就说“何不投奔他去呢”?等到了那里,西伯也去世了,武王把西伯昌的牌位放在兵车上,追为“文王”,向东讨伐纣王。伯夷、叔齐拦住马进谏说:“自己父亲去世不埋葬他,却发动战争,这难道是孝吗?作为臣子去杀害君王,这是仁吗?”武王身边的侍臣想要杀他。姜尚说:“这是仁义之人啊。”命人搀扶着他们离去。周武王平定了商纣的暴乱,天下以周为共主,而伯夷、叔齐认为这是可耻的,出于道义不吃周朝的粮食,在首阳山隐居,采野菜吃。到了饿得快死的程度，作了一首歌，歌词是："登西山啊，采摘野菜。用暴力取代暴力啊，不知道是不对的。神农氏、虞、夏瞬间消失，我要归往哪里？我要死了，这是命运不济啊！"最终饿死于首阳山中。如此看来，这是怨恨还是不怨恨呢？

或曰："天道无亲①，常与善人②。"若伯夷、叔齐，可谓善人者非邪？积仁洁行，如此而饿死。且七十子之徒，仲尼独荐颜渊为好学。然回也屡空③，糟糠不厌④，而卒蚤夭⑤。天之报施善人，其何如哉？盗跖日杀不辜⑥，肝人之肉，暴戾恣睢⑦，聚党数千人，横行天下，竟以寿终，是遵何德哉？此其尤大彰明较著者也。若至近世，操行不轨，专犯忌讳，而终身逸乐，富厚累世不绝。或择地而蹈之⑧，时然后出言，行不由径⑨，非公正不发愤，而遇祸灾者，不可胜数也。余甚惑焉，傥所谓天道，是邪非邪？

〔注释〕

①无亲：没有偏爱，没有私心。

②与：帮助。

③屡空：经常穷困。

④糟糠：酒滓、谷皮等粗劣食物，贫者以之充饥。不厌：吃不饱。

⑤卒：终于。蚤：通"早"。夭：过早地死亡。

⑥盗跖（zhí）：春秋时期的大盗，姬姓展氏，名跖，又名柳下跖、柳展雄。

⑦暴戾（lì）：残酷，凶恶。恣睢（suī）：放纵暴戾。

⑧择地而蹈之：选择处所，指行动慎重。

⑨行不由径：走路不抄近道。径，小路，捷径。

〔译文〕

有的人说："上天没有私心，经常帮助好人。"像伯夷、叔齐，是不是好人呢？积累仁德，品行高洁，最终以致饿死。孔子七十多个弟子，唯独举荐颜回最为好学。但是颜回却经常处于穷困之中，连粗劣的食物都吃不饱，最终还是早早死去了。老天爷要报答的好人，是怎样的呢？盗跖每天杀害无辜的人，吃人的肝，残酷放肆，勾结党羽几千人横行天下，竟然可以寿终正寝，这是遵循了什么德行呢？这是非常出名且明显的例子啊。如果到近代，一个人的德行不正，故意违法犯忌，而一生仍然享乐，富贵几世绵延不绝。有的人选好地方才敢行动，适当的时候才敢说话，走路不抄近道，不到主持公正的时候不发声，然而遇到的灾难祸害却数不清。我非常疑惑，所谓的天道是正确的还是邪恶的呢？

子曰："道不同，不相为谋。"亦各从其志也。故曰："富贵如可求，虽执鞭之士，吾亦为之。如不可求，从吾所好。""岁寒，然后知松柏之后凋。"举世混浊①，清士乃见。岂以其重若彼，其轻若此哉？"君子疾没世而名不称焉②。"贾子曰："贪夫徇财③，烈士徇名，夸者死权，众庶冯生④。"同明相照，同类相求⑤。"云从龙，风从虎，圣人作而万物睹⑥。"伯夷、叔齐虽贤，得夫子而名益彰；颜渊虽笃学，附骥尾而行益显⑦。岩穴之士⑧，趋舍有时⑨，若此类名湮灭而不称⑩，悲夫。闾巷之人⑪，欲砥行立名者，非附青云之士，恶能施于后世哉⑫！

〔注释〕

①举世混浊:出自《楚辞·渔父》:“举世皆浊我独清,众人皆醉我独醒。”

②疾:担心。

③徇:通“殉”,为某种目的而牺牲生命。

④冯(píng):通“凭”,凭借,依靠。

⑤“同明相照”两句:出自《易经·系辞》。

⑥作:著述,写。睹:看见,了解。

⑦附骥尾:受人提拔。

⑧岩穴之士:隐士。

⑨趋:取,向前。舍:隐退。

⑩堙(yīn)灭:埋没。

⑪闾巷之人:普通百姓。

⑫恶(wū):怎么能。

〔译文〕

孔子说:“思想不一样,不能在一起商量事情。”应该各自跟随自己的志向。所以说:“富贵如果可以得到的话,我即使做驾车执鞭的人,也是乐意的。如果得不到的话,那我就坚持自己的爱好。”“天气严寒,才能知道松柏是最后凋谢的。”整个社会都混浊了,才能显示出品行高洁的人。难道不是把富贵安乐看得很重,而把贫穷看得很轻吗?“君子所担心的是死后名声得不到彰显。”贾谊说:“贪婪的人为了财物而牺牲自己的性命,有节烈的名士为了名声而牺牲自己,贪图虚名的人因贪图权势而死,众庶百姓祈求生存。”同样明亮的东西,会互相映照;同属一类的事物,会相互吸引。“云跟着龙,风随着虎,圣人兴起万事万物才显现出来。”伯夷、叔齐虽然是贤人，但得到孔子的赞赏后才名声更大；颜回尽管勤奋好学，跟在孔子身后德行才更加显现。隐士有时出仕有时隐退，名声埋没而得不到称颂，是多么可悲啊！普通百姓，想要砥砺前行，立声扬名的，不依附于有能力的人，怎么能影响后世呢！

管晏列传

《史记》

〔题解〕

此篇是春秋名相管仲和晏婴的合传。管仲和晏婴都是齐国著名政治家。但因记述他二人的书较多,故司马迁不再赘述,只“论其轶事”。管仲(前723—前645),春秋时期齐国丞相。他与鲍叔牙自幼交情笃厚。长大后二人各辅其主,而管仲失利被囚,鲍叔牙向齐桓公推举管仲,解救管仲于危难之中。百年后,齐国又有晏婴(?—前500),他待人谦逊有礼,举荐自己的车夫为大夫。司马迁以此二人同朋友之间的珍贵情谊,来赞扬“君子重知己”和知人善遇的贤德。司马迁在叙事中刻画人物,于细微之处见人格,使得文章中人物活灵活现,情景如在眼前。

管仲夷吾者,颍上人也①。少时常与鲍叔牙游②,鲍叔知其贤。管仲贫困,常欺鲍叔③,鲍叔终善遇之,不以为言。已而鲍叔事齐公子小白④,管仲事公子纠。及小白立为桓公,公子纠死,管仲囚焉。鲍叔遂进管仲⑤。管仲既用,任政于齐,齐桓公以霸,九合诸侯⑥,一匡天下⑦,管仲之谋也。

〔注释〕

①颍上:春秋地名,今安徽颍上县。

②游:交往。

③欺:占便宜。

④已而:不久。

⑤进:推荐。

⑥九:泛指多。合:会和,会盟。

⑦匡(kuāng):正,统一。

〔译文〕

管仲,名夷吾,是颍上人。年轻的时候与鲍叔牙交往密切,鲍叔牙知道他贤能。管仲家里穷困,经常占鲍叔牙的便宜,鲍叔牙始终善待管仲,不因此而抱怨。不久,鲍叔牙侍奉齐国公子小白,管仲侍奉公子纠。等到公子小白成了齐桓公,公子纠死了,管仲也被囚禁起来。鲍叔牙于是向齐桓公推荐了管仲。管仲被重用之后,在齐国执政,齐桓公称霸,多次与诸侯国会盟,一统天下,这些都出自管仲的策略。

管仲曰:"吾始困时,尝与鲍叔贾①,分财利多自与,鲍叔不以我为贪,知我贫也。吾尝为鲍叔谋事而更穷困,鲍叔不以我为愚,知时有利不利也。吾尝三仕三见逐于君,鲍叔不以我为不肖,知我不遭时也。吾尝三战三走②,鲍叔不以我为怯,知我有老母也。公子纠败,召忽死之③,吾幽囚受辱,鲍叔不以我为无耻,知我不羞小节而耻功名不显于天下也。生我者父母，知我者鲍子也。”

〔注释〕

①贾(gǔ)：做生意，经商。

②走：逃跑。

③召忽：春秋时期齐国人，曾与管仲一起辅助公子纠。死之：为之死。

〔译文〕

管仲说：“我当初贫困时，曾经和鲍叔牙合伙经商，分钱财的时候自己总是多点儿，鲍叔牙知道我不是贪心，而是因为太贫困了。我曾经替鲍叔牙谋划事情，反而使他更加困窘，鲍叔牙不认为是我愚蠢，他知道这是时机时好时坏。我曾经多次做官但多次被君主驱逐，鲍叔牙不认为我不成器，知道我没有遇到好时候。我曾经多次打仗但多次逃跑，鲍叔牙不认为我胆子小，知道我还有老母亲需要照顾。公子纠失败，召忽死去，我被囚禁起来遭受耻辱，鲍叔牙不认为我没有廉耻，知道我是不因小节为耻，而以功名不显现于天下为耻。生我的人是我的父母，了解我的人是鲍叔牙呀。”

鲍叔既进管仲，以身下之①。子孙世禄于齐，有封邑者十余世，常为名大夫。天下不多管仲之贤而多鲍叔能知人也②。

〔注释〕

①以身下之：自己的职位反而在管仲之下。

②多：称道，称赞。

〔译文〕

鲍叔牙推荐了管仲之后，就甘愿自己位居其下。他的子孙世代享受齐国的俸禄，有封邑的有十几代，常常是著名的大夫。天下人不称赞管仲的贤能，反而称赞鲍叔牙能识别人才。

管仲既任政相齐，以区区之齐在海滨，通货积财，富国强兵，与俗同好恶。故其称曰："仓廪实而知礼节，衣食足而知荣辱，上服度则六亲固①。四维不张②，国乃灭亡。下令如流水之源，令顺民心。"故论卑而易行③。俗之所欲，因而予之；俗之所否，因而去之。

〔注释〕

①上：居上位的人。服：施行。度：制度。六亲：说法不一，汉应劭认为指父母、兄弟和妻子。固：稳定。

②四维：礼、义、廉、耻。

③论卑：政令浅易，符合民情。

〔译文〕

管仲在齐国做相执政后，凭借小小的齐国地处海滨的有利条件，流通货物，积聚财富，使国家富裕而军队强大，与百姓同好恶。因此管仲说："粮仓充足百姓才可以去懂礼，吃饱穿暖百姓才可以明白羞耻，身居高位的人亲自施行，那么六亲关系才稳固。礼义廉耻不彰显，国家就会灭亡。下达命令要像水流的源头，要顺应民心。"因此政令简易符合民情就容易施行。百姓想要的，就给他们；百姓讨厌的，就把它剔除掉。

其为政也，善因祸而为福，转败而为功。贵轻重[①]，慎权衡。桓公实怒少姬[②]，南袭蔡，管仲因而伐楚，责包茅不入贡于周室[③]。桓公实北征山戎，而管仲因而令燕修召公之政。于柯之会，桓公欲背曹沫之约，管仲因而信之，诸侯由是归齐。故曰："知与之为取[④]，政之宝也。"

〔注释〕

①贵：重视。轻重：轻重缓急的事情。

②实：本来。

③包茅：古代祭祀时用以滤酒的菁茅。因以裹束菁茅置匣中，故称。

④与：给予。

〔译文〕

管仲执政的时候，善于把祸患转为福源，把失败转化为成功。重视事情的主次，慎重权衡利弊。桓公本来是因为怨恨少姬，南下攻打蔡国，管仲趁此而攻打楚国，责备楚国没有向周室进贡菁茅。齐桓公本来要向北征伐山戎，管仲却因此命令燕国实施召公的治国之政。柯地会盟，桓公想要背弃与曹沫的约定，管仲劝他要守信，诸侯因此归顺齐国。因此说："懂得给予是为了最终得到，这才是为政的法宝。"

管仲富拟于公室[①]，有三归、反坫[②]，齐人不以为侈。管仲卒，齐国遵其政，常强于诸侯。后百余年而有晏子焉。

〔注释〕

①拟:相比。

②三归:台名,管仲的采邑。反坫(diàn):土筑的平台。互相敬酒后,把空酒杯放还在坫上,为周代诸侯宴会时的一种礼节。

〔译文〕

管仲的财富可以与国君相比,有封邑、归台,齐国人不认为他奢侈。管仲去世后,齐国遵循他的政略,一直比其他诸侯国强大。此后一百余年,又有了晏子。

晏平仲婴者,莱之夷维人也。事齐灵公、庄公、景公,以节俭力行重于齐。既相齐,食不重肉,妾不衣帛。其在朝,君语及之,即危言[①];语不及之,即危行。国有道,即顺命;无道,即衡命。以此三世显名于诸侯。

〔注释〕

①危:正直,慎言。

〔译文〕

晏平仲,名婴,齐国莱地夷维人。历仕齐灵公、齐庄公、齐景公,他因节约勤俭、身体力行被齐国人看重。做宰相后,吃饭不吃两样以上的肉,妻妾不穿丝绸做的衣服。上朝时,国君提到的话,晏子能直言不讳;国君没有说到,晏子就小心谨慎地行动。国家能行正道,则听从命令;不行正道就违逆命令。因为这样,几代名震于诸侯。

越石父贤，在缧绁中[①]。晏子出，遭之涂[②]，解左骖赎之[③]，载归。弗谢[④]，入闺[⑤]。久之，越石父请绝。晏子戄然[⑥]，摄衣冠谢曰："婴虽不仁，免子于厄，何子求绝之速也？"石父曰："不然。吾闻君子诎于不知己而信于知己者[⑦]。方吾在缧绁中，彼不知我也。夫子既已感寤而赎我[⑧]，是知己；知己而无礼，固不如在缧绁之中。"晏子于是延入为上客[⑨]。

〔注释〕

①缧绁（léixiè）：捆绑犯人的绳索，引申为牢狱，犯罪。

②涂：同"途"，道路。

③骖：驾车时位于两边的马。

④弗谢：晏子下车没有向越石父告辞。

⑤入闺：进入内室、宫室。

⑥戄（jué）然：吃惊的样子。

⑦诎（qū）：通"屈"，遭受委屈。信（shēn）：通"伸"，伸张。

⑧感寤：受感动而醒悟。

⑨延：聘请，邀请，招揽。

〔译文〕

越石父有才能，但身陷牢狱之中。晏子外出时，在路上遇到他，解开左边的马把他赎出来，载着他回齐国。晏子下车后没有与越石父告辞，就走进内室。很长时间过后，越石父请求绝交。晏子吃了一惊，整理衣服道歉说："我晏婴虽然不够仁义，但是将你从困境中解脱出来，为什么你如此迅速地请求绝交呢？"越石父说："不是这样的。我听说君子在不了解自己的人中受委屈，而在了解自己的人中获得尊重。我还处于牢狱之中的时候，他们不了解我。你既然醒悟了并把我赎了出来，那就是了解我；了解我却对我无礼，还不如让我仍在牢狱之中呢。"于是晏子邀请他做贵客。

晏子为齐相，出，其御之妻从门间而窥其夫。其夫为相御，拥大盖，策驷马，意气扬扬，甚自得也。既而归，其妻请去。夫问其故。妻曰："晏子长不满六尺，身相齐国，名显诸侯。今者妾观其出，志念深矣，常有以自下者①。今子长八尺，乃为人仆御，然子之意自以为足，妾是以求去也。"其后夫自抑损②。晏子怪而问之，御以实对。晏子荐以为大夫。

〔注释〕

①自下：谦逊退让，敬重他人。
②抑损：谦逊，谦让。

〔译文〕

晏子做齐国宰相，外出时，为他驾车的车夫的妻子从门缝里偷偷看她丈夫。她丈夫给宰相驾车，坐在大车盖下，挥鞭赶着马，得意扬扬，很是高兴。完成工作后回到家里，他的妻子请求离开他。丈夫询问原因。妻子说："晏子身高不过六尺，做齐国宰相，在诸侯之间扬名。如今我看他外出，思虑深重，常常谦虚，居于人下。如今你身长八尺，是人家驾车的仆人，却心满意足，得意扬扬，我因此要请求离去。"此后她丈夫也谦逊起来。晏子很奇怪地问车夫，车夫如实回答。晏子就推荐他做了大夫。

太史公曰：吾读管氏《牧民》《山高》《乘马》《轻重》《九府》及《晏子春秋》，详哉其言之也。既见其著书，欲观其行事，故次其传①。至其书，世多有之，是以不论，论其轶事。

〔注释〕

①次：编次，编排。

〔译文〕

太史公说：我读管仲的《牧民》《山高》《乘马》《轻重》《九府》和《晏子春秋》，详细地记载了他们的言论。见了他们的著作，想要看他们的做事风格，因此编列他们的传记。至于有关他们的书，世上有很多，因此就不讨论了，只谈谈他们的一些轶事。

管仲世所谓贤臣，然孔子小之①。岂以为周道衰微，桓公既贤，而不勉之至王，乃称霸哉？语曰："将顺其美②，匡救其恶，故上下能相亲也。"岂管仲之谓乎？

〔注释〕

①小之：小看。
②顺：顺承。

〔译文〕

管仲是世所公认的贤能的臣子，然而孔子却小看他。难道是因为周朝统治衰微，桓公即使贤明，管仲不勉励他称王，却辅佐他称霸吗？古语说："因势利导地成就别人的美德，匡正挽救他的过错，因此上下都能相处融洽。"难道说的就是管仲吗？

方晏子伏庄公尸哭之，成礼然后去，岂所谓"见义不为无勇"者邪？至其谏说，犯君之颜，此所谓"进思尽忠，退思补过"者哉！假令晏子而在，余虽为之执鞭，所忻慕焉[①]。

〔注释〕

①忻（xīn）慕：高兴而仰慕。

〔译文〕

当初晏子趴在庄公的尸体上痛哭，完成礼节之后离开，难道就是所说的"遇到正义不去做，没有勇气"的人吗？至于他的劝谏之说，能敢于冒犯君主的威严，这就是所谓的"在朝就竭尽忠心，退朝就反思弥补过错"的人吧。假如晏子还在，我即使做那个给他驾车的人，也是非常高兴并且仰慕的啊。

屈原列传

《史记》

〔**题解**〕

屈原(约前340—约前278),名平,战国时期楚国诗人、政治家。屈原曾任楚国三闾大夫,后因谗言被迫去职,流放于江湖。但他始终心系君王和朝政。他在江南流放区听闻楚国都城被攻陷的消息之后,便毅然身投汨罗,以死殉国。此文选自《史记·屈原贾生列传》中有关屈原的部分,且删减了屈原《怀沙赋》全文。屈原的生平遭遇和高洁人格,引起了司马迁的同情和自我观照,大有“形影相吊”之感。由屈原推及司马迁的人生经历和心志,亦有相似之处。在文章中,司马迁夹叙夹议,对屈原其文、其志的评论准确敏锐,颇有见地。同时,司马迁并非冷漠沉静地重述历史人物和事件,而是以饱满有情的眼光观照历史中的人物。因此全文表现出司马迁深重的忧思喟叹和历史感伤,使得文章有屈原《离骚》之色彩,呈现出文气充沛、婉雅凄怆的风格特点。

屈原者,名平,楚之同姓也。为楚怀王左徒①。博闻强志[②]，明于治乱，娴于辞令。入则与王图议国事，以出号令；出则接遇宾客，应对诸侯。王甚任之。

〔**注释**〕

①左徒：战国时楚国官名，外交官，地位仅次于令尹。

②博闻强志：见闻广博，记忆力强。

〔**译文**〕

屈原，名平，是楚国王室的同姓。担任楚怀王的左徒。他见闻广博，记忆力强，擅长外交辞令。在朝廷能和楚怀王谋划商量国家大事，来发出号令；对外接待礼遇宾客，应付诸侯。楚怀王非常信任他。

上官大夫与之同列[①]，争宠而心害其能[②]。怀王使屈原造为宪令[③]，屈平属草稿未定[④]。上官大夫见而欲夺之，屈平不与，因谗之曰："王使屈平为令，众莫不知。每一令出，平伐其功[⑤]，曰以为'非我莫能为也'。"王怒而疏屈平。

〔**注释**〕

①上官大夫：指靳尚。同列：同一班列，同等地位。

②害：嫉妒。

③造：著述，编写。

④属：起草。

⑤伐：夸耀。

〔译文〕

上官大夫靳尚和屈原同等地位，在怀王面前竞争受宠，但内心嫉妒屈原的才能。怀王任命屈原制定法令，写完了草稿还没有审定。上官大夫靳尚看见想要夺走，屈平不给他，他就进谗言说："大王让屈平制定法令，这众所周知。每一条法令出来，屈平自己夸耀功劳，说'除了我，其他人是做不到的'。"怀王很生气，就疏远了屈平。

屈平疾王听之不聪也①，谗谄之蔽明也，邪曲之害公也②，方正之不容也，故忧愁幽思而作《离骚》。"离骚"者，犹离忧也。夫天者，人之始也；父母者，人之本也。人穷则反本③，故劳苦倦极，未尝不呼天也；疾痛惨怛④，未尝不呼父母也。屈平正道直行，竭忠尽智，以事其君，谗人间之⑤，可谓穷矣。信而见疑，忠而被谤，能无怨乎？屈平之作《离骚》，盖自怨生也。《国风》好色而不淫，《小雅》怨诽而不乱。若《离骚》者，可谓兼之矣。上称帝喾，下道齐桓，中述汤、武，以刺世事。明道德之广崇⑥，治乱之条贯⑦，靡不毕见⑧。其文约⑨，其辞微，其志洁，其行廉。其称文小而其指极大⑩，举类迩而见义远⑪。其志洁，故其称物芳；其行廉，故死而不容。自疏濯淖污泥之中⑫，蝉蜕于浊秽⑬，以浮游尘埃之外，不获世之滋垢，皭然泥而不滓者也⑭。推此志也，虽与日月争光可也。

〔注释〕

①疾:痛心。聪:明辨是非。

②邪曲:指品行不正的人。

③穷:困窘。反本:返归本性。

④惨怛:悲伤。

⑤间:挑拨离间。

⑥广崇:广大崇高。

⑦条贯:条理,系统。

⑧靡(mǐ):没有,无不。见(xiàn):同“现”。

⑨约:简约。

⑩指:同“旨”,主题内容。

⑪迩(ěr):近。

⑫自疏:谓自求与之疏远。濯淖(zhuónào):泥淖。

⑬蝉蜕(tuì):蝉蜕皮,指超脱尘世。

⑭皭(jiào)然:洁白的样子。

〔译文〕

屈平痛心楚怀王的心智不能明辨是非,被进谗言谄媚之人所蒙蔽,被品行不正的人伤害了公道,端方正直的人不被容纳,因此忧愁苦闷而写成《离骚》。所谓“离骚”,就是遭受忧患。天,是人的始端;父母,是人的根本。人在困窘之时就会返归本性,因此劳累疲倦之极,没有不呼天喊地的;病痛非常伤心时,没有不叫喊父母的。屈平在正确的道路上前行,竭尽忠诚与才智来侍奉君主,被小人挑拨,堪称极其困窘。真诚却被怀疑,尽忠却遭诽谤,能没有怨言吗?屈平写《离骚》,就是抒发这样的怨恨之情。《国风》虽然有很多写男女之情的作品,但不至于淫乱，《小雅》虽有很多怨恨诽谤之事但不暴乱。像《离骚》这样的，可以说二者都有了。文中引用远古的帝喾，近世齐桓，还有商汤、周武王，来讽刺时政。阐明道德的广大崇高，条分缕析治乱兴衰，讲得有条有理、条理分明。它文辞简约，旨意精微，志向高洁，行为廉明。虽然文章描写的事物细小，但它的意旨却很宏大，所举的例子都是眼前习见的事物，但蕴含的意义深远。他志趣高洁，因此用芳花香草来比拟自己；他品行正直，因此至死也不为世所容。自己身处污泥浊水之中，就像蝉蜕皮一样，从污浊中解脱出来，超脱尘世之外，不受世人的污染，洁白无瑕，出淤泥而不染。他的这种志向，可以与日月争辉了。

屈原既绌[①]，其后秦欲伐齐。齐与楚从亲[②]，惠王患之，乃令张仪佯去秦，厚币委质事楚，曰："秦甚憎齐，齐与楚从亲，楚诚能绝齐，秦愿献商、於之地六百里[③]。"楚怀王贪而信张仪，遂绝齐，使使如秦受地。张仪诈之曰："仪与王约六里，不闻六百里。"楚使怒去，归告怀王。怀王怒，大兴师伐秦。秦发兵击之，大破楚师于丹、淅[④]，斩首八万，虏楚将屈匄[⑤]，遂取楚之汉中地[⑥]。怀王乃悉发国中兵，以深入击秦，战于蓝田[⑦]。魏闻之，袭楚至邓[⑧]。楚兵惧，自秦归。而齐竟怒，不救楚，楚大困。明年[⑨]，秦割汉中地与楚以和。楚王曰："不愿得地，愿得张仪而甘心焉。"张仪闻，乃曰："以一仪而当汉中地，臣请往如楚。"如楚，又因厚币用事者臣靳尚[⑩]，而设诡辩于怀王之宠姬郑袖。怀王竟听郑袖，复释去张仪。是时屈原既疏，不复在位，使于齐，顾反[⑪]，谏怀王曰："何不杀张仪?”怀王悔,追张仪,不及。

〔注释〕

①绌(chù):同“黜”,放逐。

②从(zòng)亲:合纵结盟。从,同“纵”。

③商、於(wū):今陕西至河南一带。

④丹、淅:古水名,今河南淅川附近。

⑤屈匄(gài):战国时楚国将军。

⑥汉中:今湖北西北部、陕西东南部一带。

⑦蓝田:秦县名,今陕西蓝田西。

⑧邓:春秋时蔡地,后属楚,在今河南邓州一带。

⑨明年:第二年,指楚怀王十八年(前311)。

⑩用事者:掌权的人。

⑪顾反:回来。反,通“返”。

〔译文〕

屈原被放逐,之后秦国计划攻打齐国。齐国与楚国有友好盟约,秦惠文王很担心,于是命张仪假装叛逃秦国,带着充足的财物来进贡楚国,说:“秦国特别憎恨齐国,但齐国与楚国却是友好邻邦,楚国如果能够和齐国断绝往来,秦国愿意把商、於六百里的土地献给楚国。”贪图小利的楚怀王竟相信了张仪,立即和齐国断交,并派使者去秦国交割土地。张仪骗使者说:“我和楚王约好的是六里地,不是六百里地。”楚国使者气愤地回去告诉楚怀王。楚怀王大怒,大规模发动军队准备讨伐秦国。秦国发动兵力回击,在丹水、淅水大破楚军,消灭八万人,俘虏了楚国的将领屈匄,并夺取了楚国汉中一带。怀王就发动楚国的全部军队,孤军深入,攻打秦国,在蓝田决战。魏国听说后,便偷袭楚国，一直攻到邓州。楚兵害怕，就急忙从秦国撤军。而齐国也因恨楚国绝交而不营救楚国，因此楚国陷入困境。第二年，秦国割让汉中地与楚国讲和。楚王说："我不愿得到土地，只要张仪就满足了。"张仪听说后说："用我一个张仪来换整个汉中，我愿意前往楚国。"到了楚国，他又拿着丰厚的礼物去贿赂掌握实权的靳尚，用花言巧语骗取怀王宠姬郑袖的信任。怀王竟然听从郑袖的话，又把张仪释放了。这时屈平被疏远，不在朝廷，出使齐国回来以后，劝阻怀王说："您为什么不杀了张仪呢?"怀王后悔，派人追赶张仪，却没有追上。

其后，诸侯共击楚①，大破之，杀其将唐眛②。时秦昭王与楚婚，欲与怀王会。怀王欲行，屈平曰："秦，虎狼之国，不可信，不如毋行③。"怀王稚子子兰劝王行："奈何绝秦欢!"怀王卒行。入武关④，秦伏兵绝其后，因留怀王⑤，以求割地。怀王怒，不听。亡走赵，赵不内⑥。复之秦，竟死于秦而归葬。

〔注释〕

①共击楚：诸侯联合攻打楚国发生在楚怀王十八年（前301）。
②唐眛（mò）：有版本作"唐昧"或"唐蔑"。
③毋：不，无，不要。
④武关：古代著名关隘，位于今陕西丹凤。
⑤留：拘留，扣留。
⑥内：通"纳"，接纳。

〔译文〕

之后诸侯国联合起来攻打楚国，大败楚军，杀楚国将领唐昧。当时秦昭襄王和楚国通婚,想要和怀王见面。怀王打算前往,屈平说:“秦国,是虎狼之国,不可以相信,不如不去。”怀王的小儿子子兰蛊惑怀王去见秦王,说:“怎么能拒绝秦王的好意!”最终,怀王还是去了。怀王刚进入武关,秦国的伏兵就断绝了他的后路,并将他扣留,以此逼迫他割地。怀王很愤怒,严词拒绝。他逃到赵国,赵国不敢接纳他。又回到了秦国,最后死在秦国,尸体运回楚国下葬。

长子顷襄王立,以其弟子兰为令尹。楚人既咎子兰以劝怀王入秦而不反也。屈平既嫉之,虽放流,眷顾楚国,系心怀王,不忘欲反。冀幸君之一悟,俗之一改也。其存君兴国,而欲反覆之①,一篇之中,三致意焉。然终无可奈何,故不可以反。卒以此见怀王之终不悟也。

〔注释〕

①欲反覆之:从弱变强。

〔译文〕

楚怀王的长子顷襄王即位,任命他的弟弟子兰为令尹。楚人责怪子兰劝怀王去秦国,怀王却最终死在秦国。屈平也非常痛恨子兰,即使流放在外,仍然怀恋楚国,心系怀王,从没有忘记要回到楚国。希望有一天国君能够醒悟,改掉不良习俗。他希望君王复兴楚国,期望楚国由弱变强的美好愿望,每篇文章中都多次提到。然而最终无可奈何,无法回到楚国。最后也没有等到楚怀王的醒悟。

人君无愚智、贤不肖，莫不欲求忠以自为，举贤以自佐。然亡国破家相随属[①]，而圣君治国累世而不见者，其所谓忠者不忠，而所谓贤者不贤也。怀王以不知忠臣之分，故内惑于郑袖，外欺于张仪，疏屈平而信上官大夫、令尹子兰。兵挫地削，亡其六郡，身客死于秦，为天下笑。此不知人之祸也。《易》曰："井渫不食[②]，为我心恻，可以汲。王明，并受其福。"王之不明，岂足福哉？令尹子兰闻之，大怒，卒使上官大夫短屈原于顷襄王[③]。顷襄王怒而迁之。屈原至于江滨，被发行吟泽畔[④]，颜色憔悴[⑤]，形容枯槁[⑥]。渔父见而问之曰："子非三闾大夫欤[⑦]？何故而至此？"屈原曰："举世混浊而我独清，众人皆醉而我独醒，是以见放。"渔父曰："夫圣人者，不凝滞于物[⑧]，而能与世推移。举世混浊，何不随其流而扬其波？众人皆醉，何不餔其糟而啜其醨[⑨]？何故怀瑾握瑜[⑩]，而自令见放为？"屈原曰："吾闻之，新沐者必弹冠，新浴者必振衣。人又谁能以身之察察[⑪]，受物之汶汶者乎[⑫]！宁赴常流而葬乎江鱼腹中耳，又安能以皓皓之白[⑬]，而蒙世之温蠖乎！"乃作《怀沙》之赋。于是怀石，遂自投汨罗以死。

〔注释〕

①随属：一个接一个。

②渫（xiè）：淘洗干净。

③短：说坏话。

④被：通"披"，披散着。

⑤颜色：脸色。

⑥形容：形体容貌。

⑦三闾大夫：战国楚官名，主持宗庙祭祀，兼管贵族昭、屈、景三姓贵族子弟教育的闲散职事。

⑧凝滞：拘泥。

⑨餔（bū）：吃。糟：酒滓。啜（chuò）：喝。醨（lí）：薄酒。

⑩瑾、瑜：美玉名，这里指高洁。

⑪察察：清洁，洁白。

⑫汶汶（mén）：玷污，污辱。

⑬皓皓：洁白。温蠖（huò）：污浊，昏聩。

〔译文〕

作为国君，无论愚蠢或聪明、有才或无才，无不想要求得忠良之士来辅助自己，举荐贤能的人来辅佐自己的。然而国破家亡一个接着一个，而圣明的君主治理国家世世代代却几乎看不到，原因在于所谓的忠臣并不忠，贤臣并不贤。怀王因为不知道忠臣的界限，因此在内被郑袖诱惑，在外被张仪欺骗，疏远屈平而信任靳尚、子兰。军队挫败，土地被割，丧失六个郡，自己也客死秦国，被天下所耻笑。这就是不会用人酿成的大祸。《易经》说："被淘洗干净的井，却没有人来喝水，我心里难过，因为它可以喝。国君如果圣明，大家都可以享受这样的福分。"君主不够圣明，怎么能得到福分呢？令尹子兰听说屈原对他很不满后大发雷霆，结果指使上官大夫在顷襄王面前说屈原的坏话。顷襄王一怒之下就把他流放了。屈原到了江边，披着头发在草地上边走边吟唱，他脸色憔悴，形体消瘦。一个渔父见了问他："你不是三闾大夫吗？是什么原因让你落魄至此？"屈原说："世上的人都污浊只有我是干净的，大家都沉醉其中只有我是清醒的，因此被流放。”渔父接着说：“圣哲之人啊，不拘泥于事物并能够跟着世俗转移。世上的人都污浊，为什么不随着河流扬着波走？所有的人都沉醉其中，为什么不吃残羹薄酒呢？为什么要保持玉一样的品德，却使自己被流放呢？”屈原说：“我听说刚洗过头的人一定要弹去帽子上的灰尘，刚沐完浴的人一定要把衣服上的灰尘抖掉。怎么能使洁白干净的身子遭受世俗的污染呢！我宁可跳入江中，葬身于鱼腹中，又怎么能让洁白干净的身子蒙受世俗的污浊呢！”因此写下《怀沙》这篇赋。之后抱着石头，自沉汨罗江而死。

屈原既死之后，楚有宋玉、唐勒、景差之徒者①，皆好辞而以赋见称。然皆祖屈原之从容辞令，终莫敢直谏。其后楚日以削，数十年竟为秦所灭。自屈原沉汨罗后百有余年，汉有贾生②，为长沙王太傅③。过湘水，投书以吊屈原。

〔注释〕

①宋玉、唐勒、景差：均为屈原之后楚国的著名辞赋家。

②贾生（前200—前168）：名谊，西汉政论家、文学家，洛阳（今属河南）人。曾任太中大夫。因好议论国家大事，遭大臣排挤，贬为长沙王太傅。后为梁怀王太傅。有《吊屈原赋》《鵩鸟赋》和政论文《过秦论》《陈政事疏》《论积贮疏》等名作。

③太傅：辅导太子的官，西汉时称为太子太傅。

〔译文〕

屈原死后，楚国先后涌现出宋玉、唐勒、景差等人，都因擅长辞赋而闻名。然而都只继承了屈原从容的辞风，但最终都不敢直言进谏。以后楚国渐渐衰落，几十年以后被秦国灭掉。从屈原自沉汨罗江之后一百多年，汉代有贾谊，做长沙王太傅。他路过湘水的时候，将自己的作品投入江中以悼念屈原。

太史公曰："余读《离骚》《天问》《招魂》《哀郢》，悲其志。适长沙，过屈原所自沉渊①，未尝不垂涕，想见其为人。及见贾生吊之，又怪屈原以彼其材游诸侯，何国不容，而自令若是！读《鹏鸟赋》②，同死生，轻去就③，又爽然自失矣④。"

〔注释〕

①过：有版本作"观"。

②《鹏鸟赋》：为贾谊谪居长沙时的作品。

③去：离去。就：担任官职。

④爽然自失：茫然无主，无所适从。

〔译文〕

司马迁说："我读《离骚》《天问》《招魂》《哀郢》，为他的志向不能实现而悲伤。到了长沙，路过屈原自杀的汨罗江，禁不住泪流满面，不禁想起他的所作所为。等见到贾谊悼念他，又责备屈原如果用自己的才能游说诸侯，哪个国家不接纳呢，而自己为什么一定要这样呢！读了贾谊的《鹏鸟赋》，他将生死同等看待，超然世外，又感觉自己无所适从了。"

滑稽列传

《史记》

〔题解〕

《史记·滑稽(gǔjī)列传》是记载淳于髡、优孟和优旃三人故事的合传。淳于髡是战国时齐之赘婿,有辩才,曾以譬喻和隐语讽谏齐威王。优孟,战国时楚国人。优旃,秦时辩士。二人皆善谑喜谈,能言善辩,都曾以双关、反语等委婉讽谏君王。此文只选录了开头的短序和淳于髡传。文章再现了"滑稽之流"以生动诙谐的话语讽谏君王的情境,人物的性格和才能在故事中自然而然地显现,流露了司马迁对"滑稽之流"的智慧和才能的赞赏。在艺术上,司马迁以淳于髡之口刻画淳于髡之人格,让人物自己开口说话,反映人物的性格特点和价值,使得人物活灵活现,富有真实性。

孔子曰:"六艺于治一也。《礼》以节人①,《乐》以发和②,《书》以道事,《诗》以达意③,《易》以神化④,《春秋》以道义⑤。"太史公曰:"天道恢恢⑥,岂不大哉!谈言微中,亦可以解纷。"

〔注释〕

①节人：谓约束人的思想行为，使遵礼而行。

②发和：谓触发和睦之心。

③达意：表达心意，表达意愿。

④神化：神妙地潜移默化。语出《周易·系辞下》。

⑤道义：阐发微言大义。

⑥天道恢恢：天道公平，作恶就要受惩罚。恢恢，宽广的样子。

〔译文〕

孔子说："六艺在治理国家方面的作用是一样的。《礼》用来约束人的思想行为，《乐》用来阐发和谐，《尚书》阐发做事的道理，《诗经》传达百姓的意愿，《易经》神妙地使民众潜移默化，《春秋》申明微言大义。"太史公说："天道公平，作恶就要受到惩罚，这难道不大吗？说话隐微曲折而切中要害，也可以解决纷扰。"

淳于髡者①，齐之赘婿也。长不满七尺，滑稽多辩②，数使诸侯，未尝屈辱。齐威王之时喜隐③，好为淫乐长夜之饮，沉湎不治，委政卿大夫。百官荒乱，诸侯并侵，国且危亡，在于旦暮，左右莫敢谏。淳于髡说之以隐曰："国中有大鸟，止王之庭，三年不蜚又不鸣④，王知此鸟何也？"王曰："此鸟不蜚则已，一蜚冲天；不鸣则已，一鸣惊人。"于是乃朝诸县令长七十二人，赏一人，诛一人，奋兵而出。诸侯振惊，皆还齐侵地。威行三十六年。语在《田完世家》中。

〔注释〕

①淳于髡(kūn):姓淳于,名髡。战国时期政治家、思想家,齐威王拜其为政卿大夫。

②滑稽(gǔjī):能言善辩,机智诙谐。

③隐:隐语,谜语。

④蜚:通“飞”。

〔译文〕

淳于髡,是齐国招赘的女婿。身高不过七尺,风趣好辩,多次出使诸侯国,从未受过屈辱。当时齐威王喜欢猜谜语,经常深夜纵情声色,饮酒作乐,沉于其中无法自拔,把政事都交给卿大夫处理。朝廷一片混乱,各诸侯国也争相侵略,国家的生死就在旦夕之间,王公大臣没有敢于劝谏的。淳于髡用谜语进谏道:“国都中有一只大鸟,停留在大王的宫廷中,三年不飞不叫,您知道这是什么鸟吗?”齐威王说:“这个鸟不飞则罢,如果飞就会一下飞到九霄云外;它不叫则罢,一叫便会使人震惊。”于是齐威王召见各县令长官七十二个人,一人领赏,一人被杀,全军出兵。诸侯国都感到震惊,纷纷把侵占的土地归还给齐国。齐威王雷厉风行治国三十六年,事迹在《田完世家》中。

威王八年,楚大发兵加齐[①]。齐王使淳于髡之赵请救兵,赍金百斤,车马十驷。淳于髡仰天大笑,冠缨索绝[②]。王曰:“先生少之乎?”髡曰:“何敢!”王曰:“笑岂有说乎?”髡曰:“今者臣从东方来,见道旁有禳田者[③],操一豚蹄,酒一盂,而祝曰:‘瓯窭满篝[④],污邪满车[⑤],五谷蕃熟[⑥]，穰穰满家。’臣见其所持者狭而所欲者奢，故笑之。”于是齐威王乃益赍黄金千镒，白璧十双，车马百驷。髡辞而行，至赵。赵王与之精兵十万，革车千乘[⑦]。楚闻之，夜引兵而去。

〔注释〕

①加：强加，侵凌，凌辱。

②冠缨：帽带。结于颔下，使帽固定于头上。索绝：尽绝。

③穰田：向神祈求庄稼丰收。穰，通“禳”。

④瓯（ōu）：盆盂一类的瓦器。窭（lóu）：窭子。篝：上大下小而长，可以盛物的竹笼。

⑤污邪（yē）：地势低下的田。

⑥蕃：茂盛，兴旺。

⑦革车：古代兵车的一种。

〔译文〕

齐威王八年，楚国大规模发兵攻打齐国。齐王派淳于髡去赵国搬救兵，带了黄金百斤，马车十辆。淳于髡仰天大笑，笑得帽子都掉在了地上。齐威王问：“你这是嫌少吗？”淳于髡说：“怎么敢呢！”齐威王又问：“那么你的笑里，肯定有什么含义吧！”淳于髡说：“今天我从东面过来，看见路边有个祈求丰收的人，拿着一个猪蹄，一坛酒，祈祷道：‘高地上收获的谷物要放满满的竹笼子，低地里的庄稼要能载满一车，五谷都丰收，粮食堆满仓。’我见到他拿的祭品少而奢求的东西多，因此发笑。”于是齐威王就增加到黄金千镒，白色玉璧十对，驷马车子百辆。淳于髡辞别起行，来到了赵国。赵王给齐国调遣精兵十万，兵车千乘。楚国听说后，连夜退兵而去。

威王大说，置酒后宫，召髡赐之酒。问曰："先生能饮几何而醉？"对曰："臣饮一斗亦醉，一石亦醉。"威王曰："先生饮一斗而醉，恶能饮一石哉①！其说可得闻乎？"髡曰："赐酒大王之前，执法在傍，御史在后，髡恐惧俯伏而饮，不过一斗径醉矣。若亲有严客②，髡帣韝鞠𨁂③，侍酒于前，时赐余沥④，奉觞上寿⑤，数起，饮不过二斗径醉矣。若朋友交游⑥，久不相见，卒然相睹⑦，欢然道故，私情相语，饮可五六斗径醉矣。若乃州闾之会⑧，男女杂坐，行酒稽留⑨，六博投壶⑩，相引为曹⑪，握手无罚，目眙不禁⑫，前有堕珥，后有遗簪⑬，髡窃乐此，饮可八斗而醉二参。日暮酒阑，合尊促坐⑭，男女同席，履舄交错⑮，杯盘狼藉，堂上烛灭，主人留髡而送客。罗襦襟解，微闻芗泽⑯，当此之时，髡心最欢，能饮一石。故曰酒极则乱，乐极则悲，万事尽然。言不可极，极之而衰。"以讽谏焉。齐王曰："善。"乃罢长夜之饮，以髡为诸侯主客。宗室置酒，髡尝在侧。

〔注释〕

①石：古代重量单位。一石为十斗。

②亲：父母。亦偏指父或母。严客：贵客。

③帣(juàn)：通"卷"，束袖的绳，这里指衣服束紧。韝(gōu)：古代射箭时佩戴的皮制袖套。鞠𨁂(jì)：恭敬地承受。𨁂，长跪。

④余沥：剩酒。

⑤奉(pěng):捧着。觞:盛酒器。上寿:谓向人敬酒,祝福长寿。

⑥交游:交际。

⑦卒然:忽然,突然。

⑧若乃:至于。州闾之会:泛指乡里聚会。

⑨行酒:依次斟酒。稽留:延迟,停留。

⑩六博:古代一种掷采下棋的比赛游戏。投壶:宾主依次用矢投向盛酒的壶口,以投中多少决胜负,负者饮酒。

⑪曹:辈。

⑫目眙(chì):目直视貌。

⑬堕珥、遗簪:耳环与簪子都掉落在地上。

⑭合尊:共同饮酒。尊,酒器。促坐:靠近坐。

⑮履舄(xì):古代单底鞋称履,复底鞋称舄,故以履舄泛称鞋。

⑯芗:通“香”,香气。

〔译文〕

齐威王非常高兴,在后宫大摆酒席,召见淳于髡,并赐他酒。齐威王问:“你喝多少才能喝醉?”淳于髡回答说:“我喝一斗会醉,喝一石也会醉。”齐威王问:“你喝一斗就醉了,怎么能喝一石呢?其中的原因可以告诉我吗?”淳于髡说:“大王您赐酒在前,执行酒令的官员站在旁边,御史大夫站在后面,我淳于髡诚惶诚恐地趴在地上喝,不超过一斗就醉了。如果父亲或母亲有重要客人,我会卷起衣袖,长跪于地,在酒前等候,不时地赐我这剩酒,我捧着酒给人敬酒,起起坐坐,也就喝二斗酒就醉了。如果朋友交往,很久没有见过,突然遇到,特别快乐地讲述往事,说一些私密的话,五六斗酒就会醉。至于乡里间的聚会,男女坐在一起,依次喝酒,不受时间限制,玩着投壶、六博的游戏,互相组队,握手言欢,不受惩罚,男女眉目传情不受禁止,前面有遗落的耳环，后面有掉落的发簪，我也很开心，喝八斗酒已有二三分醉意。太阳将落，酒宴将结束，大家相互靠近，共同饮酒，鞋子乱堆一地，杯子盘子一片狼藉，堂屋的蜡烛熄灭，主人挽留我而送走其他客人。绫罗短袄的衣襟渐渐解开，略微闻到香气，这个时候我是最开心的，能喝一石。所以说喝到极点就会乱了阵脚，快乐到极点就会心生悲伤，所有的事物都是这样的。话不可以说得太过，太过就会有负面效应。”以此来劝说齐王。齐王说：“好。”于是停止无节制的宴饮之乐，任命淳于髡为接待诸侯的官员。宗室设酒宴，淳于髡经常在旁边作陪照应。

报任安书

司马迁

〔题解〕

《报任安书》,又名《报任少卿书》。任安(前124—前202),字少卿,西汉时人。曾任郎中、益州刺史和北军使者护军。征和二年(前91),朝中发生巫蛊案,江充趁机诬陷戾太子(刘据),戾太子发兵欲诛杀江充等,与丞相(刘屈氂)大战于长安。乱中任安接受戾太子的发兵命令,但他因"持两端"而按兵未动。战乱平定后汉武帝认为任安"怀诈,有不忠之心"而将其腰斩。任安生前曾写信给司马迁,希望他能在汉武帝面前替他求情。司马迁在任安临刑前,写了此信答复他。司马迁以悲愤之情,在信中诉说了自己因为李陵辩解而受冤刑的全过程。同时,信中的激昂愤慨之音,表现了司马迁虽身受屈辱但心志刚强、不屈不挠的精神,亦表现了司马迁期"发愤著书"以"偿前辱之责"的决心。因此,此文是研究司马迁的思想和历史处境的重要资料。整篇文章兼叙事、议论和抒情于一体,感情充沛,文气贯通,一纸道尽司马迁的委曲心志。

太史公牛马走司马迁①，再拜言。

〔注释〕

①太史公：司马迁时任太史令，故称太史公。牛马走：自谦之辞，像牛马一样奔走。

〔译文〕

卑贱的太史公司马迁向您施礼，给您回信。

少卿足下①：曩者辱赐书，教以慎于接物②，推贤进士为务，意气勤勤恳恳。若望仆不相师③，而用流俗人之言。仆非敢如此也。仆虽罢驽④，亦尝侧闻长者之遗风矣⑤。顾自以为身残处秽，动而见尤⑥，欲益反损，是以独抑郁而无谁语。谚曰："谁为为之？孰令听之？"盖钟子期死，伯牙终身不复鼓琴。何则？士为知己者用，女为说己者容。若仆大质已亏缺矣⑦，虽材怀随、和⑧，行若由、夷⑨，终不可以为荣，适足以发笑而自点耳⑩。

〔注释〕

①少卿足下：任安，字少卿。足下：古代下称上或同辈相称的敬辞。

②"曩者辱赐书"两句：曩（nǎng）：先时，以前。辱赐书：指对方赐书是委屈身份下就。接物：待人接物。

③望：怨恨，责备。师：听从对方的教诲。

④罢驽（pínú）：衰老的劣等马。常用以自谦，言愚钝无能。

⑤遗风：前代或前人遗留下来的风教。

⑥尤：责备，怪罪。

⑦大质：指身体。

⑧随、和：随侯珠与和氏璧的并称。

⑨由、夷：许由和伯夷。

⑩适足：只会带来。自点：自污，自辱。

〔译文〕

少卿足下：先前承蒙您给我写信，教我谨慎地待人接物，把推举贤能、举荐人才作为第一要务，情意恳切。好像责备我没有听从您的教诲，而听了世俗之人的话。我并非敢于这样。即使我愚钝无能，也曾经侧面听说过有德之人留下的风教。只是自以为身体遭受了摧残，处于污秽耻辱的境地，稍有举动就会受到责备，想做有益之事反而会招来损害，因此内心压抑没有谁可以诉说。古语说："为谁做事，谁来听命于你？"钟子期死后，俞伯牙再也不弹琴了。这是为什么呢？贤士为了解自己的人效力，女子为喜欢自己的人打扮。像我这样的人，身体残缺，即使才能像随侯珠、和氏璧那样稀有珍贵，品行和许由、伯夷一样高尚，终究不能再以此为荣耀，恰恰只会引人嘲笑，自取其辱罢了。

书辞宜答，会东从上来，又迫贱事①，相见日浅，卒卒无须臾之间②，得竭志意。今少卿抱不测之罪，涉旬月③，迫季冬④，仆又薄从上雍⑤，恐卒然不可为讳，是仆终已不得舒愤懑以晓左右⑥，则长逝者魂魄私恨无穷⑦。请略陈固陋⑧。阙然久不报，幸勿为过。

〔注释〕

①贱事：小事，私事。

②卒卒:匆促急迫的样子。

③涉:经过。旬月:满月。

④季冬:冬季的最后一个月,农历的十二月。

⑤薄:迫近。从上:跟着皇上。

⑥晓左右:让左右知晓。左右,指任安,敬辞。

⑦长逝者:即将死去的人,指任安。

⑧固陋:闭塞,浅陋。

〔译文〕

您的书信本应该尽早回复,正赶上我陪同皇上东巡回来,又忙于自己的一些紧急的小事,与您见面的日子很少,匆匆忙忙没有一点时间来详细地表达我的心意。如今您遭遇无法预料之罪,再过一个月,逼近冬末,我又要跟着皇上去雍地,害怕突然之间会有不好的事情发生,那样我最终也就不可能向你抒发我内心的愤懑了,那么你死后的灵魂会有无穷的怨恨。请允许我稍微陈述一下我的浅陋之言。很长时间没给您回信,希望您可以见谅。

仆闻之:修身者,智之符也[①];爱施者,仁之端也;取予者,义之表也;耻辱者,勇之决也[②];立名者,行之极也。士有此五者,然后可以托于世,而列于君子之林矣。故祸莫憯于欲利[③],悲莫痛于伤心,行莫丑于辱先,诟莫大于宫刑。刑余之人,无所比数[④],非一世也,所从来远矣。昔卫灵公与雍渠同载,孔子适陈;商鞅因景监见,赵良寒心;同子参乘,袁丝变色:自古而耻之。夫中材之人,事有关于宦竖,莫不伤气,而况于慷慨之士乎!如今朝廷虽乏人,奈何令刀锯之余[5],荐天下之豪俊哉!

〔注释〕

①符:表现。

②决:判决,裁决。

③憯(cǎn):悲惨。

④无所比数:不能相比。

⑤刀锯之余:受过刑罚的人,指司马迁。

〔译文〕

我听说:修身养性,是智慧的体现;爱人和助人,是仁者的开端;懂得取舍,是道义的表现;深明耻辱,是勇敢者的先决条件;立身扬名,是行为的最终目的。士人有这五种品德,之后就可以立身于社会,并进入君子之列了。因此祸患没有比贪财更悲惨的,悲痛莫过于痛心,行为丑恶莫过于侮辱祖先,而为世人所诟病莫过于遭受宫刑。受过宫刑的人无法和其他人相比,不只当今之世,自古以来就是这样。从前卫灵公和宦官雍渠坐一辆车,孔子见了就去了陈国;商鞅凭借景监的推荐而被秦孝公重用,赵良感到寒心;太监赵同和汉文帝同坐一辆车,袁丝的脸色都变了:自古以来就都以宦官为耻辱。那些才能平庸的人,事情只要牵扯到宦官,没有不感到耻辱的,更何况是那些心高气傲的人士呢?现在朝廷虽然缺乏人才,怎么可能让一个受过刑罚的人来推荐天下豪杰俊士呢?

仆赖先人绪业[1],得待罪辇毂下[2],二十余年矣。所以自惟:上之,不能纳忠效信[3],有奇策材力之誉,自结明主；次之，又不能拾遗补阙[4]，招贤进能，显岩穴之士；外之，不能备行伍[5]，攻城野战，有斩将搴旗之功；下之，不能积日累劳，取尊官厚禄，以为宗族交游光宠。四者无一遂[6]，苟合取容[7]，无所短长之效[8]，可见于此矣。向者，仆亦尝厕下大夫之列[9]，陪奉外廷末议[10]。不以此时引纲维[11]，尽思虑，今已亏形为扫除之隶[12]，在阘茸之中[13]，乃欲仰首伸眉，论列是非，不亦轻朝廷、羞当世之士邪？嗟乎！嗟乎！如仆尚何言哉！尚何言哉！

〔注释〕

①绪业：事业，遗业。

②待罪：做官。辇毂下：皇帝的车子下。

③纳：献纳。效：献出。纳忠效信：献出忠心和诤言。

④拾遗补阙：捡取遗漏，弥补缺失

⑤备行(háng)伍：行军打仗。五人为伍，五伍为行。

⑥遂：成就。

⑦苟合取容：苟且迎合，取悦于人。

⑧短长之效：偏义复词，偏长，没有取得好的成绩。

⑨厕：忝列，这里为谦辞。

⑩外廷：皇帝处理朝政的地方。

⑪引纲维：伸张纲纪。

⑫扫除之隶：打扫卫生的仆人。

⑬阘(tà)茸：地位低下，卑微，或碌碌无为。

〔译文〕

我依靠先人留下的遗业，才能在皇帝身边为官二十多年。所以自己思考：对上不能尽心报效诚信，没有妙计和特殊才能受到称誉,得到皇上的信任;其次,不能为皇上查漏补缺,招纳贤才,发现隐士;对外,不能行军打仗,攻城野战,有斩将夺旗的功劳;再往低处说,不能凭日积月累的辛劳,获取高官厚禄,让宗族和朋友引以为荣。这四者没有一样如愿以偿,只能勉强求合以博取皇帝的欢心,故而很难有优异的表现,我的情况由此可见一斑了。以前,我也曾经忝列于士大夫的行列,在朝堂发表一些无关轻重的言论。没有借此机会依据朝廷的法度,竭尽自己的才智,如今已经身体残废沦为打扫卫生的奴隶,身处卑贱的境况中,还想要昂首扬眉,评论是非,无异于轻视朝廷、羞辱当今的士人。唉!唉!像我这样的人,还有什么话可说呢!还有什么话可说呢!

且事本末未易明也。仆少负不羁之才,长无乡曲之誉,主上幸以先人之故,使得奏薄伎[①],出入周卫之中。仆以为戴盆何以望天[②],故绝宾客之知[③],亡室家之业,日夜思竭其不肖之才力,务一心营职,以求亲媚于主上。而事乃有大谬不然者!

〔注释〕

①奏薄伎:贡献微小的才能。奏,贡献。

②戴盆望天:李善注“言人戴盆则不得望天,望天则不得戴盆,事不可兼施”。以戴盆望天比喻事难两全。

③知(zhì):同“智”,才智。

〔译文〕

况且事情的原始本末不容易弄明白。我小时候自负高才,不受拘束,长大后没有受到乡里的赞誉,幸而皇上因为我父亲的缘故，使我有奉献微薄之力的机会，得以出入宫禁中。我认为戴着盆怎么还能看到天呢，所以断绝了朋友交往，忘记了自己家里的事情，每天都在想竭尽我微薄的才力，专心致志，忠于职守，以求讨得皇上的欢心。但事情竟然会大错特错，并没有按预期的趋势发展。

夫仆与李陵俱居门下，素非能相善也。趋舍异路，未尝衔杯酒，接殷勤之余欢。然仆观其为人，自守奇士①，事亲孝，与士信，临财廉，取与义，分别有让，恭俭下人，常思奋不顾身，以徇国家之急②。其素所蓄积也，仆以为有国士之风③。夫人臣出万死不顾一生之计，赴公家之难，斯已奇矣。今举事一不当，而全躯保妻子之臣随而媒蘖其短④，仆诚私心痛之。且李陵提步卒不满五千，深践戎马之地，足历王庭⑤，垂饵虎口⑥，横挑强胡⑦，仰亿万之师⑧，与单于连战十有余日，所杀过当⑨，虏救死扶伤不给。旃裘之君长咸震怖⑩，乃悉征其左、右贤王，举引弓之人，一国共攻而围之。转斗千里，矢尽道穷，救兵不至，士卒死伤如积。然陵一呼劳军，士无不起，躬自流涕，沫血饮泣⑪，更张空拳⑫，冒白刃，北向争死敌者。陵未没时，使有来报，汉公卿王侯皆奉觞上寿。后数日，陵败书闻，主上为之食不甘味，听朝不怡。大臣忧惧，不知所出。仆窃不自料其卑贱，见主上惨怆怛悼⑬，诚欲效其款款之愚。以为李陵素与士大夫绝甘分少⑭，能得人之死力，虽古之名将，不能过也。身虽陷败,彼观其意,且欲得其当而报于汉。事已无可奈何,其所摧败,功亦足以暴于天下矣⑮。仆怀欲陈之,而未有路,适会召问,即以此指,推言陵之功,欲以广主上之意,塞睚眦之辞⑯。未能尽明,明主不晓,以为仆沮贰师⑰,而为李陵游说,遂下于理⑱。拳拳之忠,终不能自列⑲。因为诬上⑳,卒从吏议㉑。家贫,货赂不足以自赎㉒,交游莫救视,左右亲近不为一言㉓。身非木石,独与法吏为伍,深幽囹圄之中㉔,谁可告诉者！此真少卿所亲见,仆行事岂不然乎？李陵既生降,颓其家声,而仆又佴之蚕室㉕,重为天下观笑。悲夫！悲夫！事未易一二为俗人言也。

〔注释〕

①奇士:非常之士,德行或才智出众的人。

②徇:通"殉",谓有所求而不惜身。

③国士之风:一国中才能最优秀的人物。

④媒蘖其短:媒蘖,本义为酒母。比喻借端诬枉构陷,酿成其罪。

⑤王庭:匈奴设幕立朝的地方。

⑥垂饵虎口:往虎口送食,比喻置身险地。

⑦横挑:勇敢地挑战。

⑧仰:仰攻。李陵被困于山谷中,所以说是仰攻。

⑨所杀过当:杀敌人数超过自己军队人数。

⑩旃(zhān):同"毡",匈奴穿的衣服。

⑪沬(huì)血饮泣:沬,洗脸。沬血,流血洗面。饮泣,泪流满面,进入口中。形容极度悲痛。

⑫拳(quān):弩弓。

⑬怛(dá)悼:悲伤。

⑭绝甘分少:拒绝甘美的食物,与众人分享东西,谓自己不图享受,待人优厚。

⑮暴:暴露,彰显。

⑯睚眦(yázì):瞋目怒视,瞪眼看人,借指微小的怨恨。

⑰沮:诋毁,毁谤。贰师:指汉贰师将军李广利。

⑱理:掌刑狱的官署。

⑲自列:自陈,自白。

⑳诬上:欺骗皇上。

㉑吏议:指司法官吏关于处分定罪的拟议。

㉒自赎:以资财入官赎罪或立功以赎罪。司马迁所犯之罪,按汉代法律可以赎。

㉓左右亲近:常在左右的人。指为君主所亲信之臣。

㉔囹圄(língyǔ):监狱。

㉕佴(èr):推入。一说为停留,安置。一说为随后,相次。蚕室:受宫刑者所居之狱室。

〔译文〕

我和李陵都在朝廷,向来没有密切的关系。各自取舍也不相同,从来没有在一起喝酒,没有互相讨好。然而我看他的为人出众,侍奉父母非常孝顺,与朋友交往守信用,遇到财物很廉洁,取舍合乎道义,长幼有别,谦让有礼,对人也特别谦恭礼让,经常准备着不顾及自身安危来解国家之急。他平常所表现的,我认为有国士风度。臣子能够冒着巨大的危险,不顾自己的生命,奔赴国家的危难,这已经很少见了。如今行事一旦犯了错误,那些只知道保全妻子和孩子的臣子就跟着诬陷他的短处,我真的打心底里感到痛苦。况且李陵率领的兵士不到五千人,深入敌军阵地,踏足匈奴的王庭,就像把肉送到老虎嘴里那样危险,勇敢地挑战强大的匈奴，仰攻众多的敌人，与单于连续作战十几天，所杀掉的敌人远超自己军队的人数，匈奴军队救死扶伤都来不及。匈奴的君主都感到震惊和恐怖，于是征调各匈奴部落首领，发动全部能拉弓的民众，举国一齐攻打并包围他。李陵辗转了数千里，箭射光了，无路可走，救兵还没有赶到，士兵死伤无数。然而李陵大呼一声号召将士，士兵没有不起来的，他们流着眼泪和鲜血，强忍着痛苦，拉开空弓，冒着白刃，向北拼死杀敌。李陵的军队没有全军覆没时，有使者向皇帝报告，大汉的王侯公卿都捧着酒杯为皇上祝贺。过了几天，李陵战败的消息传回朝廷，皇上因为这个吃不下饭，上朝也不开心。臣子们担心，不知道怎么办。我没有考虑自己卑贱的身份，见皇上悲伤凄凉，确实想要尽我一点点愚忠。我认为李陵向来和士大夫交往，不争名利，乐于分享，能够得到士兵拼尽全力报效，即使是古代的名将也没有超过他的。如今他虽然陷入困境，我看他的意志，是想要在适当的时候报答汉朝。事情到了无可奈何的地步，他所摧垮、击败敌人的功绩，足以昭告天下。我心怀这样的想法要说出来，但没有机会，恰逢皇上问到，就按这个意思推断论说李陵的功劳，想要宽慰皇上，以堵塞那些小人的言论。但是词不达意，皇上不理解，以为我诋毁李广利，为李陵说情，于是就把我交给刑官处置。我报效皇帝的忠心，最终也没能使别人明白。因为犯了欺君之罪，最终皇上批准了对我的判决。家里贫穷，没有足够的钱财把我从牢狱中赎出来，朋友也不能解救我，皇上身边近臣也无人替我说一句话。我并非木头和石头之身，却要与执法的官吏在一起，被幽禁在深深的牢狱之中，又可以和谁诉说呢！这正是你亲眼所见的，我为人处事难道不是这样的吗？李陵已经偷生降敌，败坏了家族的名声，而我又被推入蚕室遭受宫刑，为天下人所耻笑。可悲！可悲！这些事不是很容易和世俗之人说清的。

仆之先非有剖符丹书之功[1]，文史星历[2]，近乎卜祝之间[3]，固主上所戏弄，倡优所畜[4]，流俗之所轻也。假令仆伏法受诛，若九牛亡一毛，与蝼蚁何以异？而世俗又不与能死节者次比，特以为智穷罪极，不能自免，卒就死耳。何也？素所自树立使然也[5]。人固有一死，死或重于泰山，或轻于鸿毛，用之所趋异也。太上不辱先，其次不辱身，其次不辱理色[6]，其次不辱辞令，其次诎体受辱，其次易服受辱[7]，其次关木索、被箠楚受辱[8]，其次剔毛发、婴金铁受辱[9]，其次毁肌肤、断肢体受辱，最下腐刑极矣！传曰："刑不上大夫。"此言士节不可不勉励也。猛虎在深山，百兽震恐，及在槛阱之中[10]，摇尾而求食，积威约之渐也。故士有画地为牢[11]，势不可入；削木为吏[12]，议不可对，定计于鲜也。今交手足，受木索，暴肌肤，受榜箠，幽于圜墙之中[13]。当此之时，见狱吏则头抢地[14]，视徒隶则心惕息[15]。何者？积威约之势也。及以至是，言不辱者，所谓强颜耳[16]，曷足贵乎！且西伯，伯也，拘于羑里[17]；李斯，相也，具于五刑[18]；淮阴，王也，受械于陈[19]；彭越、张敖，南面称孤，系狱抵罪；绛侯诛诸吕[20]，权倾五伯[21]，囚于请室[22]；魏其[23]，大将也，衣赭衣，关三木[24]；季布为朱家钳奴[25]；灌夫受辱于居室[26]。此人皆身至王侯将相，声闻邻国，及罪至罔加[27]，不能引决自裁[28]，在尘埃之中。古今一体，安在其不辱也？由此言之，勇怯，势也；强弱，形也。审矣，何足怪乎？夫人不能早自裁绳墨之外，以稍陵迟，至于鞭箠之间[29]，乃欲引节[30]，斯不亦远乎！古人所以重施刑于大夫者[31]，殆为此也。

〔注释〕

①剖符丹书：剖符，帝王分封诸侯、功臣时，将竹符剖分为二，君臣各执其一。丹书，用丹砂写在铁券上的誓词，是帝王赐给功臣的世袭免罪证件。

②星历：天文历法。

③卜祝：专管占卜、祭祀的人。

④倡优：戏子。畜：畜养。

⑤树立：建树。

⑥理色：道理，脸色，犹言道义和面子。

⑦易服：换上受刑的衣服。

⑧关木索、被箠楚：戴上刑具、遭受拷打。木索，枷锁。箠楚，棍杖之类。

⑨婴：缠绕。金铁：这里指铁质刑具。

⑩槛阱（jiànjǐng）：指圈养牲畜的笼子。

⑪画地为牢：相传上古时在地上画圈，令罪人立圈中以示惩罚。

⑫削木为吏：犹言刻木为吏。

⑬圜墙：指监狱。

⑭抢地：触地，撞地。

⑮徒隶：狱卒。

⑯强颜：厚颜，不知羞耻。

⑰羑（yǒu）：古地名。

⑱五刑：秦汉时五刑为黥、劓、斩左右趾、枭首、菹其骨肉。

⑲械：枷杻、镣铐之类的刑具。

⑳绛侯：汉初功臣周勃封为绛侯。诸吕：吕后的亲信吕产、吕禄等。

㉑五伯：指春秋五霸。伯，同“霸”。

㉒请室：清洗罪过之室。

㉓魏其：魏其侯窦婴。

㉔三木：古代加在犯人颈、手、足上的三件刑具。

㉕钳奴：髡钳为奴者。

㉖灌夫：字仲孺，颍川颍阴人。罢官闲居中，因使酒骂座，被斩杀。

㉗罔：同“网”，比喻法网。

㉘引决：自杀。自裁：自己裁决，也指自杀。

㉙鞭箠：鞭打。箠，同“棰”。

㉚引节：守节自杀。

㉛重：慎重，谨慎。

〔译文〕

我的祖先没有享受免罪特权的功劳，作为史官，掌管文献、历史、天文、历法，与占卜祭祀的人的地位是一样的，本来为皇上所愚弄，当作乐师、优伶来畜养，是世俗所轻视的。假如我犯了法受到诛杀，就像九牛上掉了一根毛一样，和蝼蚁有什么区别？况且世人又不把我与为气节而死的人相比，只会认为我智力穷尽，罪大恶极，不能自己开脱，最终死去。这是为什么呢？平时所从事的职业就会使人这样想。人总有一死，有人死得比泰山还重，有人死得比鸿毛还轻，这是因为他们为何而死有所不同。一个人最重要的是不侮辱自己的祖先；其次是自身不受侮辱；再次是不被别人的脸色侮辱；再次是不被别人的言辞所侮辱；再次是使自己长跪受辱；再次是穿上囚服遭受侮辱；再次是戴上枷锁被拷打；再次是剃去头发，戴上刑具而受辱；再次是毁坏肌肤，截断肢体而受辱；最低下的是腐刑，这是极致了。古书上说：“士大夫不可以上刑。”这说的是士大夫的气节，不可以不砥砺。凶猛的老虎在深山之中，百兽都感到害怕；等到它进入笼子里，就摇着尾巴向人求食，这是由于威势逼迫才逐渐造成的。因此士大夫即使看见地上画圈的牢狱也决不进入，即使遇到木头削成的狱吏也决不与他对答，而是下定决心，在受辱前就自杀。如今我的手脚交叉，被绳索捆绑，皮肉露在外面，受棍子锤子鞭打，幽禁在狱中。在这个时候，看见牢狱的官吏就叩头，看见狱卒就内心恐惧，小心翼翼地呼吸。这是为什么呢？这是威势逼迫造成的状态。到了这步田地，还说不受侮辱的，就是不知羞耻罢了，有什么值得尊重的呢？像西伯昌，是诸侯的领袖，曾被拘禁在羑这个地方；李斯，是丞相，承受了五刑；淮阴侯韩信，居王位，也在陈地戴上了刑具；彭越、张敖向南称王，也被捕入狱遭到惩罚；绛侯周勃诛杀诸吕，权势超过春秋五霸，也被囚禁于反省之室；魏其，是一名大将，却穿上赭色囚衣，脖子、手上、脚上都带了刑具；季布做了朱家的带刑具的奴隶；灌夫在居室受辱。这些人都官至王侯将相，相邻的国家都能听闻他们的名声，到了犯罪落入法网的时候，却不能自杀，而被关进监狱。从古至今都是一样的，哪里有不受屈辱的呢？这样看来，勇敢或怯懦，是由地位造成的；或强或弱，是由形势所决定的。这不是很清楚吗，又有什么值得奇怪的？况且人不能早早地自杀逃脱法网，衰颓到被鞭打的时候，才想要守节自杀，不是太晚了吗？古人之所以慎重对士大夫用刑，就是这个原因吧。

夫人情莫不贪生恶死，念父母，顾妻子，至激于义理者不然，乃有所不得已也。今仆不幸，早失父母，无兄弟之亲，独身孤立，少卿视仆于妻子何如哉？且勇者不必死节，怯夫慕义，何处不勉焉！仆虽怯懦，欲苟活，亦颇识去就之分矣，何至自沉溺缧绁之辱哉[1]！且夫臧获婢妾[2]，犹能引决，况仆之不得已乎？所以隐忍苟活，幽于粪土之中而不辞者[3]，恨私心有所不尽，鄙陋没世[4]，而文采不表于后也。

〔注释〕

①沉溺：陷入。
②臧获：古代对奴婢的贱称。
③粪土：形容恶劣的环境，指牢狱。
④鄙：以为羞耻。

〔译文〕

人之常情，都是贪生怕死，挂念父母，担心妻子，至于被道义所激发的人却不这样，他们是不得已而为之。如今我深受不幸，很早父母就去世了，也没有兄弟来相互亲近，一个人孤独地生活在世上，你认为我对妻子和儿子怎么样呢？勇敢的人不一定要为名节而死，胆怯的人羡慕道义，在什么情况下不能勉励自己呢？我即使胆怯想要苟活于世，也很懂得进退取舍的分寸，何至于甘心陷入牢狱之中忍受屈辱呢！奴婢嫔妾还知道自杀，何况我处在不得已的情况下呢？之所以强忍着委屈勉强活下去，在污秽的牢狱之中也不愿死，是因为遗憾自己心中还有没做完的事情，如果就这样屈辱死去，自己的文章就不能扬名于后世。

古者富贵而名磨灭，不可胜记，唯倜傥非常之人称焉[1]。盖文王拘而演《周易》；仲尼厄而作《春秋》；屈原放逐，乃赋《离骚》；左丘失明，厥有《国语》；孙子膑脚，《兵法》修列；不韦迁蜀，世传《吕览》；韩非囚秦，《说难》《孤愤》；《诗》三百篇，大底圣贤发愤之所为作也。此人皆意有所郁结，不得通其道，故述往事、思来者。乃如左丘无目，孙子断足，终不可用，退而论书策，以舒其愤，思垂空文以自见。

〔注释〕

①倜傥：卓越不凡，洒脱不拘。

〔译文〕

古时候富贵一时而名字不传后世的人不可计数，只有卓越不凡的人才为世人所称道。因此周文王被囚禁而推演出《周易》；孔子身处困境而著述《春秋》；屈原被驱逐，才有《离骚》；左丘明失明，才有《国语》；孙膑被截去双足，才写出兵法；吕不韦被贬到蜀地，才有后世所传的《吕氏春秋》；韩非子被囚禁在秦国，才有《说难》《孤愤》；《诗经》三百多篇，大多都是圣人贤才抒发愤懑而创作的。这些人内心都有抑郁不平的地方，不能实现自己的理想，因此记述过去的事情，希望后人了解他的想法。就像左丘明失去双眼，孙膑断了脚，永远不会被重用了，隐退著书来表达自己的愤懑，期望留下文章来向世人表露自己的心意。

仆窃不逊，近自托于无能之辞，网罗天下放失旧闻，略考其行事①，综其终始，稽其成败兴坏之纪②，上计轩辕，下至于兹，为十表，本纪十二，书八章，世家三十，列传七十，凡百三十篇。亦欲以究天人之际，通古今之变，成一家之言。草创未就，会遭此祸，惜其不成，是以就极刑而无愠色[③]。仆诚以著此书，藏之名山，传之其人，通邑大都，则仆偿前辱之责，虽万被戮，岂有悔哉！然此可为智者道，难为俗人言也！

〔注释〕

①略考其行事：有版本作“略考其事”。

②稽（jī）：考核，查考。

③愠色：怨怒的神色。

〔译文〕

我不自量力，近来运用拙劣的文辞，搜集天下散佚的传闻，大略地考证它的事实，综合考察事件的终始，研究它之所以兴盛、衰落、成功、失败的道理。上自轩辕黄帝，下到当朝，写成表十篇，本纪十二篇，书八篇，三十篇世家，七十篇列传，一共一百三十篇。我想借此探究天道与人道的关系，贯通古今变化，终成我一家之说。草草开始还没有写完，就遇到这样的灾祸，惋惜它没有写完，因此便接受极端残酷的刑罚，没有怨怒。我如果真的能写完这部书，把它藏在名山之中，把它传到通都大邑，给和我有同样想法的人看，那么我就算偿还了受侮辱的债，即使被千刀万剐，还有什么后悔的呢！然而这只能和有见识的人说，很难和世俗之人说的。

且负下未易居，下流多谤议[①]。仆以口语遇遭此祸，重为乡党所戮笑[②]，以污辱先人，亦何面目复上父母之丘墓乎？虽累百世，垢弥甚耳！是以肠一日而九回，居则忽忽若有所亡，出则不知其所往。每念斯耻，汗未尝不发背沾衣也！身直为闺阁之臣③，宁得自引深藏于岩穴邪④？故且从俗浮沉，与时俯仰⑤，以通其狂惑⑥。今少卿乃教以推贤进士，无乃与仆私心剌谬乎⑦？今虽欲自雕琢⑧，曼辞以自饰⑨，无益，于俗不信，适足取辱耳。要之⑩，死日然后是非乃定。书不能悉意，略陈固陋。谨再拜。

〔注释〕

①下流：身份卑微。

②所戮笑：有版本此句无“戮”字。

③闺阁：指宫禁。

④自引：自己引退。

⑤与时俯仰：随着社会潮流或进或退。俯仰，抬起落下。

⑥狂惑：指内心的悲愤不平。

⑦无乃：恐怕……。剌(là)谬：相悖。

⑧雕琢：刻意修饰文辞。

⑨曼辞：美好的词。

⑩要之：总之。

〔译文〕

况且背负罪名就不容易立身处世，地位卑贱就常常受人诽谤。我因为几句话就遭遇这样的灾祸，被家乡人深深耻笑，侮辱了祖先，又有什么脸面去扫父母的坟墓呢？即使百代以后，耻辱也不会消失，只会更加严重。因此我每天都被痛苦煎熬着，在家里恍恍惚惚好像失去了什么,外出的话又不知道要去哪里。每当想到这个耻辱,没有不从背上冒汗沾湿衣襟的。我简直成了宦官,又有什么资格引退、隐居深山呢?所以只能跟着流俗浮沉,或进或退,来消解内心的愤懑。如今您竟然让我推举贤士,不是与我的自我评价相违背吗?如今我即使想给自己修饰一番,用美好的言辞来安慰自己,也没有用处,世俗是不会相信的,只会招致羞辱罢了。总之到了死后,是非才会裁定。书信不能完全表达我的心意,只不过简略地陈述一下我固执、浅陋的观点。恭敬地向您施礼!

过秦论

贾　谊

〔题解〕

本篇见于《昭明文选》。作者贾谊(前200—前168),西汉政论家、辞赋家。汉文帝时,贾谊任太中大夫。他在政治上提出许多建议,但由于触及权贵利益,不为朝廷所容,备受排挤,遂被贬为长沙王太傅,后抑郁而终。贾谊《过秦论》意在指出秦之过失,总结其亡国之教训,以鉴戒当朝统治者。贾谊在文章中将政论性和文学性相结合,全面论述了秦国从国力强盛到衰败灭亡的原因。贾谊一方面在议论中运用夸张、排比和比喻等多种修辞手法,笔法铺陈直述,文风大胆,汪洋恣肆,大有战国策士辩臣之风采。另一方面,文章的结构严谨,前后对照,以客观理性的笔触,揭示出秦国由盛转衰的根本原因是"仁义不施"。文章层次分明,逻辑紧密,历史材料丰富,语言气势很足,有较强的说服力。此外,贾谊此篇首创了"史论"的体裁,对汉代以后中国古代散文的创作和发展产生了深远的影响。

秦孝公据崤函之固①,拥雍州之地②,君臣固守,以窥周室，有席卷天下[3]、包举宇内、囊括四海之意，并吞八荒之心[4]。当是时也，商君佐之[5]，内立法度，务耕织，修守战之具；外连横而斗诸侯[6]。于是秦人拱手而取西河之外[7]。

〔注释〕

①秦孝公：战国时秦国的国君，他任用商鞅变法，使秦国变得强大。崤函（xiáohán）：崤山和函谷关。固：险要的地理位置。

②雍州：包括今陕西中部和北部、甘肃除去东南部的大部分地区、青海的东南部和宁夏回族自治区一带地方。

③席：像卷席子一样。

④八荒：原指八方荒远的偏僻地方，此指代"天下"。

⑤商君：即商鞅，战国时卫人。姓公孙，名鞅。因封于商，号曰商君。

⑥连横：也作"连衡"，使六国分别同秦国联合，从而将其各个击破的一种策略。斗诸侯：使诸侯互相争斗。

⑦西河：又称作河西，今陕西东部黄河西岸地区。

〔译文〕

秦孝公占据着崤山和函谷关的险要地势，拥有雍州的土地，君臣牢固地守卫着来伺机夺取周王室的权力，有着席卷天下、吞并八方的意图。正当这时，商鞅辅佐他，对内建立法规制度，发展耕作纺织，修造防守和进攻的器具；对外实行连横策略，使诸侯互相争斗。因此，秦人不费力气地夺取了黄河以西的土地。

孝公既没，惠文、武、昭襄蒙故业[1]，因遗策[2]，南取汉中，西举巴、蜀，东割膏腴之地，北收要害之郡。诸侯恐惧,会盟而谋弱秦,不爱珍器重宝肥饶之地,以致天下之士,合从缔交[3],相与为一。当此之时,齐有孟尝,赵有平原,楚有春申,魏有信陵。此四君者[4],皆明智而忠信,宽厚而爱人,尊贤而重士,约从离横,兼韩、魏、燕、楚、齐、赵、宋、卫、中山之众。于是六国之士,有宁越、徐尚、苏秦、杜赫之属为之谋,齐明、周最、陈轸、召滑、楼缓、翟景、苏厉、乐毅之徒通其意,吴起、孙膑、带佗、倪良、王廖、田忌、廉颇、赵奢之伦制其兵[5]。尝以十倍之地,百万之众,叩关而攻秦。秦人开关延敌,九国之师[6],遁逃而不敢进。秦无亡矢遗镞之费[7],而天下诸侯已困矣。于是从散约解,争割地而赂秦。秦有余力而制其弊,追亡逐北,伏尸百万,流血漂橹[8]。因利乘便,宰割天下,分裂山河。强国请服,弱国入朝。施及孝文王、庄襄王,享国之日浅,国家无事[9]。

〔注释〕

①惠文、武、昭襄:即惠文王、武王、昭襄王。惠文王是孝公的儿子,武王是惠文王的儿子,昭襄王是武王的异母弟。

②因:沿袭。

③合从(zòng):与“连横”相对,是联合六国以共同对付秦国的策略。从,通“纵”。

④四君:指齐孟尝君田文、赵平原君赵胜、楚春申君黄歇、魏信陵君魏无忌。

⑤上述二十人为当时谋略、外交、军事上的杰出人才,有些人事迹已不详。倪良,也作兒(ní)良。

⑥九国:就是上文的韩、魏、燕、楚、齐、赵、宋、卫、中山。

⑦镞(zú):箭头。

⑧橹(lǔ):大盾牌。

⑨施(yì):延续。

〔译文〕

秦孝公死后,惠文王、武王、昭襄王承继先前的基业,沿袭前代的策略,向南夺取汉中,向西攻取巴、蜀,向东割取肥沃的土地,向北占领非常重要的地区。诸侯恐慌害怕,集会结盟,商议削弱秦国,不吝惜奇异贵重的器物和肥沃富饶的土地,用来招纳天下的优秀人才,采用合纵的策略缔结,互相帮助,成为一体。在这个时候,齐国有孟尝君,赵国有平原君,楚国有春申君,魏国有信陵君。这四位公子,都见识英明有智谋,心诚而讲信义,待人宽宏厚道而爱惜人民,尊重贤才而重用士人,他们用合纵之约击破秦的连横之策,联合韩、魏、燕、楚、齐、赵、宋、卫、中山的民众。在这时,六国中有才能的人,有宁越、徐尚、苏秦、杜赫等人为他们出谋划策,齐明、周最、陈轸、召滑、楼缓、翟景、苏厉、乐毅等人沟通他们的意见,吴起、孙膑、带佗、倪良、王廖、田忌、廉颇、赵奢等人统率他们的军队。他们曾经凭十倍于秦的土地,上百万的军队,直抵函谷关来攻打秦国。秦人打开函谷关口迎战敌人,结果九国的军队却躲避逃跑不敢入关。秦人没有耗费一兵一卒,天下的诸侯就已困顿不堪了。于是合纵计策失败了,各诸侯国纷纷割地来贿赂秦国。秦有剩余的力量制服他们,追赶逃走的败兵,杀敌百万,横尸道路,流淌的血液可以漂浮盾牌。秦国凭借这一有利的形势,割宰天下诸侯的土地,重新划分山河的区域。强大的国家主动表示臣服,弱小的国家入秦朝拜。延续到孝文王、庄襄王,统治的时间不长,秦国并没有发生什么大事。

及至始皇，奋六世之余烈，振长策而御宇内，吞二周而亡诸侯①，履至尊而制六合②，执敲朴而鞭笞天下③，威振四海。南取百越之地④，以为桂林、象郡；百越之君，俯首系颈，委命下吏。乃使蒙恬北筑长城而守藩篱⑤，却匈奴七百余里。胡人不敢南下而牧马，士不敢弯弓而报怨。于是废先王之道，燔百家之言⑥，以愚黔首；隳名城⑦，杀豪杰，收天下之兵，聚之咸阳，销锋镝⑧，铸以为金人十二，以弱天下之民。然后践华为城，因河为池⑨，据亿丈之城，临不测之溪，以为固。良将劲弩守要害之处，信臣精卒陈利兵而谁何。天下已定，始皇之心，自以为关中之固⑩，金城千里⑪，子孙帝王万世之业也。

〔注释〕

①二周：指东周和西周。

②履至尊：登上皇帝的宝座。六合：指天下。

③敲朴：用刑的杖，短曰敲，长曰朴。

④百越：古代越族居住在江、浙、闽、粤各地，每个部落都有名称，而统称百越，也叫百粤。

⑤蒙恬（tián）：秦国的将领。

⑥燔（fán）百家之言：指秦始皇焚书坑儒。燔，焚烧。言，言论，这里指著作。

⑦隳（huī）名城：毁坏高大的城墙。

⑧销锋镝（dí）：销毁掉兵器。销，熔化金属。镝，有版本作“鍉”。

⑨河：黄河。池：护城河。

⑩关中：秦以函谷关为门户，关中即指秦雍州地。

⑪金城：坚固的城池。金，比喻坚固。

〔译文〕

到了秦始皇的时候，光大了六代君王遗留下来的事业，挥动长鞭驾驭天下，吞并了东周、西周，消灭了各诸侯国，登上皇帝的宝座来统治天下，用严酷的刑罚来奴役天下的百姓，威风震慑四海。他向南攻取百越的土地，把它划为桂林郡和象郡；百越的君主低着头，颈上系着绳子表示投降，把自己的性命交给司法官吏。秦始皇于是又命令蒙恬在北方修筑长城，固守边境，把匈奴赶退七百多里。胡人不敢到南边来放牧，勇士不敢拉弓射箭来报仇。秦始皇接着就废除先代帝王的治世之道，焚烧诸子百家的著作，来愚昧百姓；毁坏有名的城池，杀掉英雄豪杰；收缴天下的兵器，集中在咸阳，加以销毁，用它们铸造十二个铜人，以便削弱百姓的反抗力量。然后凭借华山为城墙，依据黄河为护城河，这城墙高达万丈，这护城河深不可测，使这些山河险阻成为坚固屏障。优秀的将领手执强弩，守卫着要害的地方，可靠的官员和精锐的士卒，拿着锋利的兵器，盘问过往行人。天下已经平定，秦始皇心里认为这关中的险固地势、方圆千里的坚固的城防，是子子孙孙称帝称王直至万代的基业。

始皇既没，余威震于殊俗。然而陈涉瓮牖绳枢之子[①]，氓隶之人[②]，而迁徙之徒也[③]；材能不及中庸[④]，非有仲尼、墨翟之贤[⑤]，陶朱、猗顿之富[⑥]；蹑足行伍之间[⑦]，而俛起阡陌之中[⑧]，率罢弊之卒[⑨]，将数百之众，转而攻秦；斩木为兵，揭竿为旗，天下云集而响应，赢粮而景从[⑩]。山东豪俊遂并起而亡秦族矣。

〔注释〕

①陈涉：即陈胜，秦末农民起义领袖。瓮牖（yǒu）绳枢：以破瓮做窗户，用草绳替代户枢系门板，形容家穷。

②氓隶：农村中地位低下的人。氓，古时指农村居民。隶，奴隶。

③迁徙之徒：被发配戍边的人，指陈涉在秦二世年间被征发戍守渔阳。

④中庸：一般人。

⑤仲尼：孔子名丘，字仲尼。墨翟：墨子名翟。

⑥陶朱：春秋越国人范蠡辅佐越王勾践灭吴后，弃官至陶（今山东曹县）经商致富，称陶朱公。猗（yī）顿：春秋鲁人，以经营畜牧及盐业，十年成巨富。

⑦蹑足行伍（hángwǔ）：置身于戍卒的队伍中。蹑，蹈，用脚踏地。行伍，古代军队编制，以五人为伍，二十五人为行，故以"行伍"代指军队。

⑧俛：通"勉"，勉力，努力。阡陌（qiānmò）：本是田间小道，这里代指民间。

⑨罢（pí）弊：有版本作"罢散"。罢，同"疲"。

⑩赢粮而景从：担着干粮如影随形地跟着。赢，担负。景，同"影"。

〔译文〕

秦始皇去世之后，他的余威仍然震慑着风俗不同的边远地区。可是，陈涉不过是个破瓮做窗户、草绳做户枢的贫家子弟，是氓、隶这样的人，是被迁谪戍边的卒子；才能不如普通人，并没有孔丘、墨翟那样的贤德，也不像陶朱、猗顿那样富有；跻身于戍卒的队伍中，奋起于田间小道上，率领着疲劳的士兵，带着几百人的队伍，转过头来进攻秦国；砍下树木做武器，举起竹竿当旗帜，天下豪杰像云一样聚集，如回声似的响应他，许多人都背着粮食，如影随形地追随他。崤山以东的英雄豪杰于是一齐起事，消灭了秦朝。

且夫天下非小弱也，雍州之地，崤函之固，自若也。陈涉之位，不尊于齐、楚、燕、赵、韩、魏、宋、卫、中山之君也；锄耰棘矜①，不铦于钩戟长铩也②；谪戍之众，非抗于九国之师也；深谋远虑，行军用兵之道，非及曩时之士也③。然而成败异变，功业相反。试使山东之国与陈涉度长絜大④，比权量力，则不可同年而语矣。然秦以区区之地，致万乘之权⑤，序八州而朝同列⑥，百有余年矣；然后以六合为家，崤函为宫；一夫作难而七庙隳⑦，身死人手，为天下笑者，何也？仁义不施而攻守之势异也。

〔注释〕

①耰（yōu）：一种碎土平田的农具。棘：酸枣木。矜（qín）：矛柄。

②铦（xiān）：锋利。钩：短兵器，似剑而曲。戟：以戈和矛合为一体的长柄兵器。铩：长矛。

③及：动词，赶得上，追得上。曩（nǎng）：以前，过去的。

④度（duō）长絜（xié）大：比较长短大小。

⑤万乘：兵车万辆，表示军事力量强大。

⑥序八州：给八州按次第排列座次。序，座次，次序，这里是排列次序的意思。八州，指兖州、冀州、青州、徐州、豫州、荆州、扬州、梁州。有版本作“招八州”。朝同列：使六国诸侯都来朝见。

⑦七庙：古代天子设七庙供奉祖先。

〔译文〕

况且秦国并没有变弱变小，雍州的地势，崤山和函谷关的险固，还是原来的样子。陈涉的地位，不比齐、楚、燕、赵、韩、魏、宋、卫、中山的国君更加尊贵；锄头木棍也不比钩戟长矛更锋利；戍边的士兵也不能和九国军队抗衡；深谋远虑，行军用兵的方法，也比不上先前九国的武将谋臣。然而成功和失败却发生了异常变化，功业完全相反。假使拿东方诸侯国跟陈涉比一比长短大小，较量一下权势力量，就更不能相提并论了。但是秦当初凭借着它的小小的地方，发展到兵车万乘的势力，管辖全国，使六国诸侯都来朝见，已经一百多年了；这之后把天下作为家业，用崤山、函谷关作为自己的内宫；陈涉一人起义国家就灭亡了，秦王子婴死在别人（项羽）手里，被天下人耻笑，这是为什么呢？就因为不施行仁政而使攻守的形势发生了变化啊。

前出师表

诸葛亮

〔**题解**〕

本文选自《三国志·蜀书·诸葛亮传》，是三国时蜀汉丞相诸葛亮写给蜀汉后主刘禅的奏疏。诸葛亮(181—234)，字孔明，号卧龙，三国时著名军事家和政治家。他是刘备的重要谋臣和军师，辅佐刘备建立了蜀国，并与吴、魏形成三国鼎立的局面。后刘备病死，诸葛亮随之辅佐后主刘禅，一生尽心竭力，死而后已，为蜀国做出了不可磨灭的功绩。建兴五年(227)，诸葛亮准备北伐曹魏，在临行前写下此篇，上奏刘禅。在文章中，诸葛亮一方面认为蜀国已经到了北伐曹魏的时日，欲带兵伐曹，期望征得后主的支持，以此完成刘备生前振兴汉室的遗愿。另一方面，诸葛亮以自述的口吻殷切诚挚地劝导后主刘禅勤于朝政，弘扬先帝刘备之遗德。诸葛亮以事说理，层层深入，忠贞之情，溢于言表，使得文章达到了感人肺腑的效果。

臣亮言：先帝创业未半而中道崩殂①。今天下三分②，益州疲敝③，此诚危急存亡之秋也④。然侍卫之臣不懈于内[⑤]，忠志之士忘身于外者[⑥]，盖追先帝之殊遇[⑦]，欲报之于陛下也。诚宜开张圣听，以光先帝遗德，恢宏志士之气，不宜妄自菲薄[⑧]，引喻失义[⑨]，以塞忠谏之路也。

〔注释〕

①先帝：这里指刘备。崩殂(cú)：死。崩，古代称帝王、皇后的去世。
②三分：天下分为三个国家，即魏、蜀、吴。
③益州：指蜀汉地区。疲敝：人力疲惫，民生凋敝。
④秋：时候。
⑤内：朝廷上。
⑥忘身：忘却自己的身体，指奋不顾身。
⑦殊遇：特殊的对待，即优待、厚遇。
⑧妄自菲薄：过分看轻自己。妄，随便。菲薄，微薄。
⑨引喻失义：说话不恰当，不符合大义。

〔译文〕

臣诸葛亮上言：先帝开创大业未完成一半，却中途去世了。现在天下分为三国，我们蜀汉国力薄弱，处境艰难，已到了国家危急存亡的关键时刻。然而侍卫大臣在内勤劳不懈，忠诚有志的将士们在战场上奋不顾身，这是他们追念先帝对他们特别的知遇之恩，想要报答在陛下身上。陛下实在应该广泛地听取别人的意见，把先帝遗留下来的美德发扬光大，振奋有志之人的勇气，不应过分地看轻自己，讲话时称引、譬喻不符合大义，以堵塞忠言进谏的道路啊。

宫中府中[①]，俱为一体，陟罚臧否[②]，不宜异同[③]。若有作奸犯科及为忠善者[④]，宜付有司论其刑赏[⑤]，以昭陛下平明之治⑥，不宜偏私，使内外异法也。

〔注释〕

①宫中：皇宫。府中：朝廷。

②陟(zhì)：提升，提拔。罚：惩罚。臧否(pǐ)：善恶，这里指评价人物的好坏。

③异同：这里主要侧重于异。

④作奸犯科：做坏事，触犯法律。

⑤有司：职有专司，就是专门管理某种事情的官。

⑥昭：显示。

〔译文〕

皇宫中和朝廷中都是一个整体，赏罚褒贬，不应该有所不同。假如有违法乱纪和忠心为善的人，都应该交给主管官吏评定对他们的惩罚和奖赏，来显示陛下公正严明的治理，而不应当有偏袒和私心，使宫内和朝廷奖罚方法不同。

侍中、侍郎郭攸之、费祎、董允等①，此皆良实②，志虑忠纯，是以先帝简拔以遗陛下③。愚以为宫中之事，事无大小，悉以咨之④，然后施行，必能裨补阙漏⑤，有所广益。

〔注释〕

①侍中、侍郎郭攸之、费祎(yī)、董允：郭攸之、费祎是侍中，董允是侍郎。侍中、侍郎，都是官名。

②良实：善良诚实。

③简拔：选出。遗(wèi)：交付。

④悉：全，都。

⑤必能裨补阙漏：一定能够弥补缺失和不足之处。裨，弥补。阙，通

"缺",缺失。

〔译文〕

侍中、侍郎郭攸之、费祎、董允等人,都是善良诚实的人,他们心志忠诚,思虑纯正,所以先帝把他们选拔出来以辅佐陛下。我认为宫中的事,无论大小,都应咨询一下他们,然后再实施,一定能够弥补缺失和疏漏之处,可以获得很多的好处。

将军向宠,性行淑均①,晓畅军事②,试用于昔日③,先帝称之曰"能",是以众议举宠以为督。愚以为营中之事④,事无大小,悉以咨之,必能使行阵和睦⑤,优劣得所。

〔注释〕

①性行淑均:性情品德善良平正。
②晓畅:通晓。
③试用:任用。
④营:军营,军队。
⑤行(háng)阵:指部队。穆:通"睦"。

〔译文〕

将军向宠,性格和品行善良平正,通晓军事,从前任用的时候,先帝曾称赞他有才干,因此大家评议推荐他做中部督。我认为军队中的事情,无论大小,都拿来跟他商讨,一定能使军队团结和睦,不同才能的人各得其所。

亲贤臣①,远小人,此先汉所以兴隆也②;亲小人,远贤臣，此后汉所以倾颓也[3]。先帝在时，每与臣论此事[4]，未尝不叹息痛恨于桓、灵也[5]。侍中、尚书、长史、参军[6]，此悉贞亮死节之臣[7]，愿陛下亲之、信之[8]，则汉室之隆[9]，可计日而待也[10]。

〔注释〕

①亲：亲近。

②先汉：西汉。

③后汉：东汉。

④每：每次，常常。

⑤桓、灵：东汉末年的桓帝和灵帝。他们都因信任宦官，加深了政治的腐败。

⑥尚书、长史、参军：都是官名。尚书指陈震，长史指张裔，参军指蒋琬。

⑦此悉贞亮死节之臣：这些都是坚定可靠、能够以死报国的忠臣。死节，能够以死报国。

⑧信：相信，信任。

⑨隆：兴盛。

⑩计日：数着日子。

〔译文〕

亲近贤臣，疏远小人，这是西汉之所以兴盛的原因；亲近小人，疏远贤臣，这是东汉之所以衰败的原因。先帝在世的时候，每次和我谈论这些事情，没有一次不为桓、灵二帝的做法深感叹息。侍中、尚书、长史、参军，这些人都是坚贞诚实、能够以死报国的忠臣，希望陛下亲近他们，信任他们，那么汉朝的复兴就指日可待了。

臣本布衣[1]，躬耕于南阳[2]，苟全性命于乱世[3]，不求闻达于诸侯[4]。先帝不以臣卑鄙[5]，猥自枉屈[6]，三顾臣于草庐之中[7]，谘臣以当世之事，由是感激，遂许先帝以驱驰[8]。后值倾覆[9]，受任于败军之际，奉命于危难之间，尔来二十有一年矣[10]。

〔注释〕

①布衣：平民百姓。

②南阳：东汉郡名，即今河南南阳。

③苟：苟且。全：保全。

④闻达：闻名显达。

⑤卑鄙：身份低微，见识短浅。

⑥猥（wěi）：辱，这里有降低身份的意思。

⑦顾：拜访。

⑧驱驰：驱车追赶，这里指愿意效劳。

⑨后值倾覆：后来遇到严重的溃败。值，遇到。

⑩有：通“又”，用在整数和零数之间。

〔译文〕

我本来是平民百姓，在南阳务农亲耕，只想在乱世中苟且保全性命，不奢求在诸侯之中扬名显身。先帝不因为我身份卑微、见识短浅，而委屈自己，三次来到茅庐拜访我，咨询我对时局大事的意见，由此使我感激，答应为先帝奔走效劳。后来遇到严重的溃败，在兵败的时候接受任务，在危机患难之间奉行使命，从那时以来已经有二十一年了。

先帝知臣谨慎，故临崩寄臣以大事也[1]。受命以来，夙夜忧叹[2]，恐托付不效，以伤先帝之明，故五月渡泸[3]，深入不毛[4]。今南方已定，兵甲已足[5]，当奖帅三军，北定中原，庶竭驽钝[⑥]，攘除奸凶[⑦]，兴复汉室，还于旧都[⑧]。此臣所以报先帝而忠陛下之职分也。至于斟酌损益[⑨]，进尽忠言，则攸之、祎、允之任也。

〔注释〕

①故：所以。

②夙夜忧叹：早晚、整天担忧叹息。夙，清晨。夜，晚上。

③泸：水名，即金沙江。

④不毛：不长草，这里指荒凉人少的地方。

⑤兵：武器。甲：装备。

⑥驽（nú）钝：像劣马那样迟钝，比喻才能平庸，这是诸葛亮的自谦。

⑦攘（rǎng）除：拔除，铲除。

⑧旧都：指东汉都城洛阳或西汉都城长安。

⑨斟酌损益：斟酌情理，有所兴办。斟酌，考虑。损益，增减。

〔译文〕

先帝知道我做事小心谨慎，所以临终时把国家大事托付给我。接受遗命以来，我早晚忧愁叹息，唯恐先帝托付给我的事没有做到，有损先帝的贤明，所以我五月渡过泸水，深入到不毛之地。如今南方已经平定，武器装备都已经充足，应当勉励率领全军将士，向北方进军，平定中原，希望用尽我平庸的才能，铲除奸邪凶恶的敌人，振兴汉朝，回到曾经的国都。这就是我报答先帝，尽忠陛下的职责。至于考虑政事是否可行，毫不保留地向陛下提出忠诚的建议，那就是郭攸之、费祎、董允等人的责任了。

愿陛下托臣以讨贼兴复之效[①]，不效，则治臣之罪，以告先帝之灵[②]。若无兴德之言[③]，则责攸之、祎、允等之慢[4]，以彰其咎[5]。陛下亦宜自谋，以咨诹善道[6]，察纳雅言[7]，深追先帝遗诏。臣不胜受恩感激。

〔注释〕

①效：取得成效。
②告：报告，告慰。
③兴德之言：发扬盛德的言论。兴，发扬。德，道德。言，言论。
④慢：怠慢，指不尽职。
⑤彰其咎：揭示他们的过失。彰，表明，揭示。
⑥咨诹（zōu）善道：询问（治国的）好道理。诹，询问。
⑦察纳：明察采纳。察，明察。雅言：正确的言论，合理的意见。

〔译文〕

希望陛下把讨伐曹魏，兴复汉室的任务托付给我，如果没有成功，就惩治我的罪过，以此告慰先帝的在天之灵。如果没有发扬盛德的建议，就责罚郭攸之、费祎、董允等人的怠慢，来揭示他们的过失。陛下也应自行谋划，征求、询问治国的好方法，明察并采纳正确的言论，深切追念先帝临终留下的教诲。我感激不尽。

今当远离，临表涕零[1]，不知所言。

〔注释〕

①临：面对。涕：眼泪。零：落下。

〔译文〕

现在我将要告别陛下远行了，面对这份奏表，禁不住热泪纵横，不知道该说些什么话。

陈情表

李　密

〔题解〕

此文选自《昭明文选》。陈情即表述作者的衷情，表是古代臣子写给皇帝的奏章。作者李密(224—287)，字令伯，西晋武阳(今四川眉山彭山区)人。李密曾在蜀汉做官，后蜀汉灭亡，晋武帝欲征他做太子洗马，他以赡养年老病衰的祖母为由，委婉谢绝了晋武帝。在文章中，李密细致详尽地叙述了自己的身世，说明了自己多次辞谢征召的原因。文章写得合情合理，字字入情，无一虚言，处处体现了李密的才辩和孝廉。晋武帝以孝治天下，而李密巧妙地以孝为由，血泪铸成此文，得以打动武帝。据说“晋武览表，嘉其诚款，赐奴婢二人，使郡县供祖母奉膳”。足见此文具有打动人心的力量。

臣密言：臣以险衅①，夙遭闵凶②。生孩六月，慈父见背③。行年四岁，舅夺母志④。祖母刘愍臣孤弱⑤，躬亲抚养⑥。臣少多疾病，九岁不行，零丁孤苦，至于成立⑦。既无伯叔，终鲜兄弟⑧，门衰祚薄⑨，晚有儿息。外无期功强近之亲⑩，内无应门五尺之僮⑪，茕茕孑立⑫，形影相吊。而刘夙婴疾病⑬，常在床蓐，臣侍汤药，未曾废离⑭。

〔注释〕

①险衅(xìn)：凶险祸患。险，艰难，祸患。衅，灾祸。

②夙：早时，年幼的时候。

③见背：离开我，死的委婉说法。

④舅夺母志：舅舅强行改变母亲想要守节的想法，母亲改嫁的委婉说法。

⑤愍(mǐn)：同“悯”，可怜，怜悯。孤：幼而无父。

⑥躬亲：亲自。

⑦成立：成人自立。

⑧鲜(xiǎn)：少，无。

⑨门衰祚(zuò)薄：家门衰微，福分浅薄。门，家族。祚，福分。

⑩期(jī)：服丧一年。功：服丧九月为大功，服丧五月为小功。这都指关系比较近的亲属。

⑪五尺之僮(tóng)：五尺高的童仆。僮，童仆。

⑫茕茕：孤单的样子。

⑬婴：缠绕，这里指生病。

⑭废：停止。

〔译文〕

臣李密言：我因命运不好，很早就遭遇到了祸患。刚出生六个月，父亲就不幸去世。我四岁的时候，舅父强迫母亲改变了守节的志向。我的祖母刘氏，怜悯我年幼丧父，又多病消瘦，便亲自抚养。我小的时候经常生病，九岁时还不能走路。孤苦无依，一直到长大成人。既没有叔叔伯伯，又没有什么兄弟，门庭衰落、福分浅薄，很晚才有儿子。在外面没有比较亲近的亲戚，在家里又没有照应门户的童仆，生活孤单没有依靠，只有自己的身体和影子相互安慰。但祖母又疾病缠身，常年卧床不起，我侍奉她吃药，从来没有停止离开过。

逮奉圣朝①，沐浴清化②。前太守臣逵，察臣孝廉③，后刺史臣荣，举臣秀才④。臣以供养无主，辞不赴命⑤。诏书特下，拜臣郎中⑥，寻蒙国恩⑦，除臣洗马⑧。猥以微贱⑨，当侍东宫⑩，非臣陨首所能上报⑪。臣具以表闻，辞不就职。诏书切峻⑫，责臣逋慢；郡县逼迫，催臣上道；州司临门，急于星火⑬。臣欲奉诏奔驰，则以刘病日笃⑭，欲苟顺私情，则告诉不许。臣之进退，实为狼狈。

〔注释〕

①逮：及，到。圣朝：指晋朝。
②沐浴清化：沐浴清平的政治教化。
③察：考察和推举。孝廉：汉代以来选拔人才的一种科目。
④举：推荐。秀才：汉代以来选拔人才的一种科目。
⑤辞：推辞。
⑥拜：授予官职。
⑦寻：不久。
⑧除：拜官受职。洗（xiǎn）马：即太子洗马，太子的侍从官。
⑨猥（wěi）：自谦之词。
⑩东宫：太子居住的地方，代指太子。
⑪陨首：头落地，指杀身。陨，落下。
⑫切峻：急切而严厉。
⑬急于星火：比星火都急。
⑭笃：加重，这里指病重。

〔译文〕

到了圣朝建立,我蒙受着清明的政治教化。前些时候有名叫逵的太守,察举我为孝廉,后来又有名叫荣的刺史,推举我为秀才。我因为没有人供奉赡养祖母,推辞没有接受任命。朝廷又特地下了诏书,任命我为郎中,不久又蒙受国家恩命,任命我为太子的侍从。像我这样卑微低贱的身份,担当侍奉太子的职务,这实在不是我杀身所能报答朝廷的。我将以上苦衷上表报告,加以推辞不去就职。但是诏书急切严峻,责备我怠慢逃避命令;郡县长官催促我立刻上路;州司长官登门督促,比流星坠落还要迅速。我很想奉旨为皇上奔走效劳,但祖母刘氏的病却一天比一天重;想要姑且顺从自己的私情,但报告申诉不被允许。我是进退两难,十分狼狈。

伏惟圣朝以孝治天下①,凡在故老②,犹蒙矜育③,况臣孤苦,特为尤甚。且臣少仕伪朝④,历职郎署⑤,本图宦达⑥,不矜名节⑦。今臣亡国贱俘,至微至陋,过蒙拔擢⑧,宠命优渥,岂敢盘桓⑨,有所希冀⑩!但以刘日薄西山⑪,气息奄奄,人命危浅⑫,朝不虑夕。臣无祖母,无以至今日;祖母无臣,无以终余年。母孙二人,更相为命⑬,是以区区不能废远⑭。

〔注释〕

①伏惟:敬辞,俯状思量。

②故老:年老而德高的旧臣。

③矜育:怜惜养育。

④伪朝:蔑称,指被灭亡的蜀汉。

⑤郎署：郎官的衙署。

⑥宦达：官职显达。宦，做官。达，显贵。

⑦不矜：不看重。矜，自夸。

⑧拔擢（zhuó）：提拔。

⑨盘桓：犹疑不决。

⑩希冀：企图。

⑪日薄西山：太阳靠近西山，比喻人的寿命将尽。

⑫危浅：活不长，指生命垂危。危，微弱。浅，指不长。

⑬更（gēng）相：相互。

⑭区区：拳拳，形容自己的私情。

〔**译文**〕

我想圣朝是用孝道来治理天下的，凡是旧臣，还蒙受怜悯养育，何况我孤单凄苦的程度更为严重呢。况且我年轻的时候做蜀汉的官，担任尚书郎，本来就希望仕途显达，并不顾惜名声节操。现在我不过是一个低贱的亡国俘虏，实在十分卑微，受到过分提拔，恩宠优厚，怎敢犹豫不决而另有所图呢？只是因为祖母刘氏已经是日薄西山的样子，气息微弱，生命垂危，朝不保夕。我如果没有祖母，无法达到今天的地位；祖母如果没有我的照料，也无法度过她的余生。祖孙二人，互相依靠而维持生命，因此我不能因为这些事情停止侍养而远离她。

臣密今年四十有四，祖母刘今年九十有六，是臣尽节于陛下之日长，报刘之日短也。乌鸟私情[①]，愿乞终养[②]。臣之辛苦[③]，非独蜀之人士及二州牧伯所见明知[④]，皇天后土[⑤]，实所共鉴。愿陛下矜悯愚诚[⑥]，听臣微志[⑦]，庶刘侥幸[⑧]，保卒余年。臣生当陨首，死当结草[⑨]。

臣不胜犬马怖惧之情⑩，谨拜表以闻⑪。

〔注释〕

①乌鸟私情：乌鸦反哺之情。

②终养：养老至终。

③辛苦：辛酸悲苦。

④二州：指梁州（在今陕西汉中地区）、益州（在今四川）。牧：州的长官。

⑤皇天后土：天地神明。

⑥矜愍：怜恤。

⑦听：任由，准许，成全。

⑧庶：或许，表示希望或推测。

⑨结草：指报恩。

⑩不胜（shēng）：禁不住。胜，承受。犬马怖惧之情：谦辞，用犬马比喻自己。

⑪闻：使……知道。

〔译文〕

我今年四十四岁，祖母刘氏九十六岁，这样看来我在陛下面前尽忠尽节的日子还很长，而在祖母刘氏面前尽孝尽心的日子已经很短。我怀着乌鸦反哺的私情，乞求能够准许我完成对祖母养老送终的心愿。我的辛酸苦楚，并不仅仅是蜀地的百姓及益州、梁州的长官所能明白知晓的，连天地神明也是看得到的。希望陛下能怜悯我愚昧的诚心，满足我微不足道的心愿，使祖母刘氏能够侥幸地保全她的余生。我活着应当杀身报效朝廷，死了也要结草衔环来报答陛下的恩情。我怀着像犬马一样不胜恐惧的心情，恭敬地呈上此表来使陛下了解我的心意。

兰亭集序

王羲之

〔题解〕

东晋是一个偏安的小朝廷,却也是一个风流不甘人后的时代。永和九年(353)的上巳节,大贵族、大书法家王羲之(303—361)追慕西晋石崇金谷高会的风流,约集了谢安、孙绰、王献之等四十余位名士和家族子弟,在风景秀美的兰亭(在今浙江绍兴)举行了一次雅集。流觞曲水,赋诗言志,共得诗三十余首,王羲之在微醉中写下了这一篇诗集序言。《兰亭集序》是书法名帖,号称"天下第一行书",虽然真迹不存,仍令后世书家心摹手追,沾溉无穷。《兰亭集序》又是文学名篇,因为否定庄子的思想倾向,其真伪一度受到学者的质疑。然而,其清新明丽的风景描写,从宇宙和历史观照人生而产生的痛切感慨,面对短暂生命而采取的洒脱真率的人生态度,都是魏晋风流的典型表现,实可与陶渊明的诗文相对读。

永和九年[①],岁在癸丑,暮春之初[②],会于会稽山阴之兰亭[③],修禊事也[④]。群贤毕至,少长咸集。此地有崇山峻岭，茂林修竹，又有清流激湍，映带左右[5]，引以为流觞曲水[6]，列坐其次。虽无丝竹管弦之盛，一觞一咏，亦足以畅叙幽情。

〔注释〕

①永和：晋穆帝的年号。

②暮春：晚春，阴历三月。

③会（kuài）稽山阴：会稽为郡名，山阴为县名，均在今浙江绍兴。

④修禊（xì）：古人于上巳节到水边熏香沐浴，以祛除不祥。上巳节原为三月第一个巳日，曹魏以后，定为三月三日。

⑤映带：围绕。

⑥流觞（shāng）曲（qū）水：让酒杯在溪水中漂流，漂到谁的面前，谁就取杯饮酒。

〔译文〕

永和九年（353），就是癸丑这一年暮春三月的上巳节，为了修禊的古俗，我们在会稽郡山阴县的兰亭聚会。很多当世名流都来了，长辈和晚辈都有。这里有高峻的山岭，茂密的树林和竹林，又有湍急清澈的溪流，环绕在四周。我们坐在水边，任凭酒杯在溪水中漂浮，大家随意尽兴饮酒。虽然没有丝竹管弦的演奏可以欣赏，但是喝酒吟诗，也足以抒发心中的情感了。

是日也，天朗气清，惠风和畅[1]。仰观宇宙之大，俯察品类之盛[2]，所以游目骋怀[3]，足以极视听之娱，信可乐也[4]。

〔注释〕

①惠风:和风。

②品类:天地万物。

③游目骋怀:让眼睛游观,使情怀驰骋。

④信:实在。

〔译文〕

这一天,天空晴朗,空气清新,微风吹来,温暖又舒畅。我们抬头眺望着广阔无垠的天地,又俯下身来分辨着蓬勃纷繁的众生,就这样自由观览,又涤荡心胸,没有什么比这更好的视听享受了,的确是一桩乐事。

夫人之相与①,俯仰一世②。或取诸怀抱③,晤言一室之内④;或因寄所托⑤,放浪形骸之外⑥。虽取舍万殊⑦,静躁不同,当其欣于所遇,暂得于己⑧,快然自足,曾不知老之将至。及其所之既倦,情随事迁,感慨系之矣!向之所欣,俯仰之间,已为陈迹,犹不能不以之兴怀,况修短随化⑨,终期于尽⑩。古人云⑪:“死生亦大矣!”岂不痛哉!

〔注释〕

①相与:相处。

②俯仰:抬头和低头,形容时间短暂。

③取诸怀抱:发自内心。

④晤(wù)言:对面交谈。一室之内:在礼法的范围内。

⑤因寄所托：把感情寄托在喜欢的事物上。

⑥放浪：放纵。形骸：身体。

⑦万殊：非常不同。

⑧暂得于己：短暂的满足。

⑨修短随化：寿命的长短由老天决定。

⑩期：抵达。

⑪古人云：以下是《庄子·德充符》引用孔子的话。

〔译文〕

人生在世，俯仰之间就度过了一生。有的人愿意敞开心扉，在礼法的限度内，向二三好友吐露自己的志向；有的人则专心做自己的事情，不顾世俗的议论，过一种无拘无束的生活。即使处世方式非常不同，性情或安静或急躁也不一样，当他为自己的境遇感到愉快，暂时获得了满足，都陶醉得忘记了老年就要到来。等到他对已经得到的感到疲倦，感情随着世事一起发生了变化，就不能不感慨了！过去曾经热爱的，转眼就变成了旧日陈迹，尚且不能不因此产生感慨，更何况寿命的长短由上苍决定，终有一天会到达尽头。古人说："死生是件大事啊！"怎能不悲痛呢！

每览昔人兴感之由，若合一契①，未尝不临文嗟悼，不能喻之于怀②。固知一死生为虚诞，齐彭殇为妄作③。后之视今，亦犹今之视昔。悲夫！故列叙时人，录其所述，虽世殊事异，所以兴怀，其致一也④。后之览者，亦将有感于斯文。

〔注释〕

①契：一种分成两半的信物，双方各执一半。

②喻:明白,想得开。

③“固知一死生为虚诞”两句:“一死生”“齐彭殇”,是《庄子·齐物论》的说法。彭,彭祖,传说中长寿八百岁的老人。殇,夭折的小孩。虚诞,妄作,都是虚妄夸大的意思。

④致:情致,思想。

〔译文〕

每次看到前人感慨的缘由,竟然和我的感受完全一致,不能不对着文章感到悲伤,心中郁结,不能释怀。本来就应该知道,庄子所说的等同生死以及不区别长寿和夭折是虚妄的。将来后人看我们,正和现在我们看古人一样。悲痛啊!因此一一记下聚会的人名,收录他们的诗作,即使时代不同,处境各异,引起感慨的缘由,都是一样的。后代看到这本《兰亭集》的读者,也会为我这篇序文而感慨吧。

归去来辞

陶渊明

〔题解〕

陶渊明(365—427),一名潜,字元亮,私谥靖节先生,浔阳柴桑(今江西九江)人。东晋著名诗人。他年轻时做过江州祭酒、彭泽令等小官,并曾与桓玄、刘裕等政治强人相周旋,后来认识到官场险恶,难以实现人生抱负,就抽身出来,躬耕陇亩,自食其力。虽然屡遭天灾人祸,也坚定不移。他是当时有名的隐士,钟嵘《诗品》称他为“隐逸诗人之宗”。他的诗在平淡自然、清新悠远的外表下,蕴含着极大的生命热情和精神痛苦,经过苏轼等人的标举,在宋代以后产生了持久而深刻的影响。他的文章只有寥寥数篇,却不乏佳作。本文是他的一篇辞赋,作于初辞彭泽令之时。作者设想了辞官归家的路程和归家后田园生活的种种情景,流露出巨大的精神解脱之感。他徜徉在田园与丘壑之间,游目骋怀,啸傲自得,仿佛找到了生命的归宿。但面对着美好而孤独的春天,又痛感生命短暂,于是发出了委运任化、乐天安命的呼唤,希望从容达观地度过自己的余生。欧阳修曾盛赞此文:“晋无文章,唯陶渊明《归去来辞》一篇而已!”

归去来兮[1]！田园将芜胡不归[2]？既自以心为形役[3]，奚惆怅而独悲[4]？悟已往之不谏[5]，知来者之可追[6]。实迷途其未远[7]，觉今是而昨非[8]。舟遥遥以轻飏[9]，风飘飘而吹衣。问征夫以前路[10]，恨晨光之熹微[11]。

〔注释〕

①来：语助词。

②芜：荒废。胡：为什么。

③形：身体。役：劳役。

④奚：为什么。惆怅：因失意而难过。

⑤悟：觉悟。已往：过去的事。谏：劝止。

⑥来者：未来的事。追：补救。

⑦迷途：指出来做官。

⑧是：正确。非：错误。

⑨遥遥：摇摆不定。飏（yáng）：飞扬，船行轻快。

⑩征夫：行人。前路：前面的路程。

⑪恨：遗憾。熹微：天色微明。

〔译文〕

快回到家乡去吧！家里的田地都要荒芜了，为什么还不回去呢？我的心灵已经被形体所役使，为什么还要如此失意而独自悲伤呢？终于明白过去的错误已经不可挽回，好在未来的事情还可以重新安排。我迷了路但走得还不算太远，衷心感到现在的做法是对的而过去都是错的呀。我的小船在水上轻轻漂荡着，微风吹来，吹起了我的衣裳。我向行人打听前面的道路，只是觉得天亮得太慢了。

乃瞻衡宇[①]，载欣载奔[②]。僮仆欢迎，稚子候门[③]。三径就荒[④]，松菊犹存。携幼入室，有酒盈樽[⑤]。引壶觞以自酌[⑥]，眄庭柯以怡颜[⑦]。倚南窗以寄傲[⑧]，审容膝之易安[⑨]。园日涉以成趣[⑩]，门虽设而常关。策扶老以流憩[⑪]，时矫首而遐观[⑫]。云无心以出岫[⑬]，鸟倦飞而知还。景翳翳以将入[⑭]，抚孤松而盘桓[⑮]。

〔注释〕

①瞻：远望。衡宇：横木为门的房屋。

②载（zài）：则，又。

③稚子：幼子，小孩。

④三径：院中小路。汉朝蒋诩（xǔ）隐居后，在舍前开辟了三条小路，只与求仲、羊仲来往。就：接近。

⑤盈樽（zūn）：满杯。

⑥引：拿起。壶觞（shāng）：酒器。

⑦眄（miǎn）：斜眼看。柯：树枝。怡颜：使容颜喜悦。

⑧傲：傲世。

⑨审：仔细思量。容膝：仅能容下双膝的小屋。

⑩涉：涉足，走到。

⑪策：拄着。扶老：搀扶老人，手杖的别名。流憩（qì）：走走歇歇。

⑫矫（jiǎo）：举。遐：远。

⑬无心：无意地。岫：山洞。

⑭景（yǐng）：日光。翳翳（yì）：阴暗。

⑮盘桓：徘徊。

〔译文〕

一看到自己家的茅屋，就高高兴兴地奔跑过去。仆人欢快地迎接我，孩子们都等候在门前。院子里的小路快要荒芜了，而松树仍然挺拔，菊花正在盛开。我拉着孩子们的手进了屋，酒杯已经盛满了美酒。我端起酒杯自斟自饮，瞥着庭中树木露出愉快的神色。倚着南窗寄托我的傲世之情，环顾着我的小屋心里感到非常满足。每天都到园中去走走十分有乐趣，虽然也安了一道柴门，却常常关着。我拄着拐杖走走停停，时时抬头向远方眺望。我就像那白云无心地从山洞里流出，又像那倦飞的鸟儿飞回了巢中。天色越来越暗淡，太阳就要落山了，我还在孤松下徘徊，心中激动不已。

归去来兮，请息交以绝游①！世与我而相违②，复驾言兮焉求③？悦亲戚之情话④，乐琴书以消忧。农人告余以春及⑤，将有事于西畴⑥。或命巾车⑦，或棹孤舟⑧。既窈窕以寻壑⑨，亦崎岖而经丘⑩。木欣欣以向荣⑪，泉涓涓而始流⑫。善万物之得时⑬，感吾生之行休⑭！

〔注释〕

①息交：停止与人交往。绝游：断绝交游。

②世：世事。相违：有版本作“相遗”。

③驾：驾车外出。言：语助词。

④情话：知心话。

⑤春及：春天到了。

⑥有事：指耕种之事。畴（chóu）：田地。

⑦或：有时。巾车：有车帷的小车。

⑧棹（zhào）：船桨，此意为划船。

⑨窈窕：幽深曲折。壑：山沟。

⑩丘：小土山。
⑪欣欣向荣：草木茂盛。
⑫涓涓：小水缓流。
⑬善：喜欢，羡慕。有版本作“羡”。得时：适合时令，顺应天时。
⑭行休：就要结束。

〔译文〕

还是回到家乡去吧，请原谅我和你们断绝来往！这纷纭的世事都与我的志趣不合，我还驾车去追求什么呢？就让我沉浸在和亲戚的知心谈话里，弹弹琴读读书，从此忘记了忧愁。农民告诉我春天已经到了，西边的土地上就要耕地播种。我有时驾着有布篷的小车，有时划着一条小船。有时探寻那幽深曲折的山谷，有时又爬过高低起伏的山丘。树木已经是欣欣向荣了，泉水也开始欢快地流动着。万物都在美好的春天里繁荣滋长，我却渐渐衰老下去，好像生命就要走到尽头，怎能不感慨呢！

已矣乎①！寓形宇内复几时②？曷不委心任去留③？胡为遑遑欲何之④？富贵非吾愿，帝乡不可期⑤。怀良辰以孤往⑥，或植杖而耘耔⑦。登东皋以舒啸⑧，临清流而赋诗。聊乘化以归尽⑨，乐夫天命复奚疑⑩！

〔注释〕

①已矣乎：算了吧！
②寓形：寄托我的生命。宇内：天地间，世界上。
③曷（hé）：为什么。委心：随心所欲。去留：生死。
④胡为：为什么。遑遑（huáng）：恐慌。之：去。
⑤帝乡：仙人所处的地方。期：希望。

⑥怀：珍惜。良辰：美好的季节。

⑦植杖：把手杖立在地上。耘（yún）：除草。耔（zī）：培土。《论语·微子》载隐者"植其杖而芸"。耘即是芸。

⑧皋（gāo）：高地。舒啸：放声歌啸。

⑨聊：姑且。乘化：随顺自然的运转而变化。归尽：到死。

⑩疑：疑虑。

〔译文〕

算了吧！我本来就是寄托在天地之间，还能奢望多长久的生命呢？为什么不随心所欲从容达观地面对生死呢？为什么还恓恓惶惶地营求，这是想要干什么呢？世间富贵本就不是我所追求的，往生仙界也是没有指望的。应该珍惜这些良辰美景，我可以独自漫游，有时像古代的隐士那样，把拐杖立在地上，就专心地去锄草、培土。登上东边的山坡，面对世界，放声长啸，在清清的溪水边，满心欢喜，赋诗唱歌。姑且就顺随着自然生生不息的变化，走到我生命的尽头，安然接受天命的安排，高高兴兴的，还有什么疑虑呢？

桃花源记

陶渊明

〔**题解**〕

“桃花源”是陶渊明虚拟的一方精神乐土。一个无名渔人意外闯入了一片洞天福地,发现此地丰衣足食,民风淳朴,既没有残酷的战争,也没有沉重的税负。这里“阡陌交通,鸡犬相闻”,仿佛老子设想的“小国寡民”;而“良田美池”“怡然自乐”,又像是孟子的“仁政”世界。但这些都并不能消弭渔人的名利之心,他出了桃源就去报告官府,而桃源世界也就此关闭了通往现实世界的大门。这是厌闻乱世之音的陶渊明的精神向往,在一片和平静穆中潜藏着愤世之心。在陶渊明身后,桃花源吸引着一代又一代的人去实地寻访,并被不同思想背景的人附会成仙境或乌托邦。与内容相应,这篇文章的语言也淳朴自然,又不失丰润,常使人有身临其境之感,而读毕又不能不唏嘘感慨。

晋太元中①,武陵人捕鱼为业②。缘溪行③,忘路之远近。忽逢桃花林,夹岸数百步④,中无杂树,芳草鲜美,落英缤纷⑤。渔人甚异之⑥。复前行,欲穷其林⑦。

〔注释〕

①太元:东晋孝武帝的年号。

②武陵:郡名,在今湖南常德。为业:以……为生。

③缘:沿着。

④夹岸:两岸。

⑤落英:落花。

⑥异之:以之为异,感到诧异。

⑦穷:穷尽。

〔译文〕

东晋太元年间,有个武陵人以捕鱼为业。有一天他沿着溪水划船,忘记走了多远。忽然遇到一大片桃花林,在小溪两岸几百步之内,都没有别的树木,芳草嫩绿,落花缤纷。渔人感到非常诧异。他继续向前走,想要看尽这片桃花林。

林尽水源,便得一山。山有小口,仿佛若有光。便舍船,从口入。初极狭,才通人。复行数十步,豁然开朗[1]。土地平旷[2],屋舍俨然[3],有良田美池桑竹之属[4]。阡陌交通[5],鸡犬相闻[6]。其中往来种作[7],男女衣着,悉如外人[8]。黄发垂髫[9],并怡然自乐[10]。

〔注释〕

①豁然:开阔的样子。开朗:宽广明亮。

②平:平坦。旷:宽阔。

③俨(yǎn)然:整齐的样子。

④属:类别。

⑤阡陌：田间小路，南北走向的叫阡，东西走向的叫陌。交通：交错相通。

⑥鸡犬相闻：村落间可以听到鸡鸣狗叫。

⑦种作：耕种劳作的人。

⑧悉：都。外人：桃源外的人。

⑨黄发垂髫（tiáo）：老人和小孩。黄发，古人认为老人的头发会由白转黄。垂髫，古时小孩不束发，头发下垂。

⑩怡然：愉快。

〔译文〕

渔人走到了溪水的源头，不再有桃花了，却发现了一座山。山上有一个小小的洞口，隐约透出光亮。渔人就舍弃了船，从洞口走了进去。开始很狭窄，只能通过一个人。又走了几十步，眼前忽然出现了一个明亮开阔的世界。土地平坦宽广，房屋整整齐齐，遍布肥沃的农田、养殖鱼虾的池塘，以及桑树、竹子之类的植物。田间小路互相交错，鸡鸣狗吠此起彼伏。在田间来来往往耕种劳作的男人女人，衣着打扮和桃源外的世界完全一样。老人和小孩都开开心心的。

见渔人，乃大惊，问所从来①。具答之②。便要还家③，设酒杀鸡作食。村中闻有此人，咸来问讯④。自云先世避秦时乱，率妻子邑人来此绝境⑤，不复出焉，遂与外人间隔⑥。问今是何世，乃不知有汉，无论魏、晋⑦。此人一一为具言所闻⑧，皆叹惋。余人各复延至其家⑨，皆出酒食。停数日，辞去。此中人语云："不足为外人道也⑩。"

〔注释〕

①所从来：从哪里来。

②具：如实。

③要(yāo)：同“邀”，邀请。

④咸：都。问讯：打听消息。

⑤妻子：妻子和儿女。邑人：同乡的人。绝境：与外界隔绝的地方。

⑥间隔：隔绝。

⑦无论：不要说。

⑧具言：详细地说。

⑨延：邀请。

⑩不足：不值得，是“不要”的委婉说法。

〔译文〕

桃源里有一个人发现了渔人，非常惊讶，问他从哪里来。渔人如实做了回答。这人就邀请他到家中做客，备酒杀鸡来款待他。村里面其他人听说了，也都来打听消息。他们说他们的先祖为了躲避秦朝时候的战乱，率领家人和乡亲们来到这个与世隔绝的地方，就再也没有出去，于是和外面的人彻底断绝了来往。他们问渔人现在是什么朝代，他们竟然都不知道有汉朝，更不要说魏、晋了。渔人把自己知道的事情都一一说给他们，他们听了都很感慨。这些人又各自把渔人邀请到家中，都拿出美酒佳肴款待他。停留了几天，渔人告辞。他们叮嘱渔人：“我们这里的事情没有必要对外面的人说。”

既出，得其船，便扶向路①，处处志之②。及郡下③，诣太守④，说如此。太守即遣人随其往，寻向所志，遂迷,不复得路。

〔注释〕

①扶:沿着。向:从前的。
②志:做标记。
③及:到达。郡下:郡的行政中心。
④诣(yì):拜见。太守:郡的长官。

〔译文〕

渔人出了桃花源,找到自己的船,就沿着来路回去,处处都做了标记。到了郡城武陵,马上去拜见太守,报告了世外桃源的情况。太守立即派人随他前去查看,按照以前做的标记寻找,却迷了路,再也找不到桃花源了。

南阳刘子骥①,高尚士也②,闻之,欣然规往③。未果,寻病终④。后遂无问津者⑤。

〔注释〕

①南阳:郡名,在今河南南阳。
②高尚:高尚其事,不事王侯,是隐士的品行。
③规:计划。
④寻:不久。
⑤问津:问路,寻找。津,渡口。

〔译文〕

南阳人刘子骥,是一位品德高尚的隐士,他听说了桃花源的传说,就满怀希望地计划着前去寻访。他还没有去成,就因病去世了。此后就再也没有想去寻访的人了。

五柳先生传

陶渊明

〔题解〕

此文是陶渊明的一篇寓言性的自传。这位五柳先生仿佛是从《庄子》中走出的，姓甚名谁，何方人氏，都不为世所知，只是因为宅边植柳，就自号为五柳先生，何其潇洒自得！他好读书，只是为了精神愉悦，不希求借此获得功名富贵；他好饮酒，也一样自然随意，不在乎世俗的那套繁文缛节；他家境贫寒，但安然快乐，具有和颜回相似的精神修养。这样一个人，未必是作者生活的真实写照，而很可能是他青年时代的自我期许。作者对于五柳先生的品德有所标榜，还不脱魏晋时代的风气。文字省净，清新明快，也颇具玄学的意味。

先生不知何许人也①，亦不详其姓字②。宅边有五柳树，因以为号焉。闲静少言，不慕荣利。好读书，不求甚解③，每有会意④，便欣然忘食。性嗜酒⑤，家贫不能常得。亲旧知其如此⑥，或置酒而招之。造饮辄尽⑦，期在必醉⑧，既醉而退，曾不吝情去留⑨。环堵萧然⑩，不蔽风日，短褐穿结[⑪]，箪瓢屡空[⑫]，晏如也[⑬]。常著文章自娱，颇示己志。忘怀得失，以此自终[⑭]。

〔注释〕

①何许人：哪里人。

②详：清楚地知道。

③不求甚解：不像学究那样挖掘微言大义，有嘲讽经学求之过深的意思。

④会意：体会到书中的意味。

⑤嗜(shì)：深深地喜欢。

⑥亲旧：亲戚朋友。旧，老朋友。

⑦造：去。辄(zhé)：总是。

⑧期在必醉：希望一定喝醉。

⑨曾(zēng)不：竟不。吝情去留：在去留之间犹豫。

⑩环堵(dǔ)：四周只有墙壁，形容贫寒。堵，墙壁。萧然：空旷。

⑪短褐：粗布短衣。穿：破。结：缝补。

⑫箪(dān)：盛饭的竹器。瓢：葫芦的一半，用来盛水。屡空：经常断粮。《论语》记载颜回"屡空""一箪食，一瓢饮""不改其乐"。

⑬晏如：安然自若。

⑭自终：度过余生。

〔译文〕

没人知道这位先生是哪里人，也不清楚他的姓名字号。只是因为他的住宅边有五棵柳树，就把五柳先生当作自己的别号了。他的性格安闲宁静，很少说话，不向往虚荣富贵的生活。他喜好读书，却不像学究那样挖掘微言大义，每当体会到书中意味的时候，就沉浸其中，忘了吃饭。他生来特别喜欢饮酒，但因家里贫穷，常常买不起。有的亲戚朋友知道他的境况，就准备好酒菜请他去饮酒。他每次都把人家的酒喝光，喝醉了才好，喝醉了就回家，也不告辞。家里空空荡荡，只有四堵墙壁，还遮不住风和阳光，粗布短衣漏了洞，打了补丁，盛饭的竹器里经常是空的，可他还是自得其乐。他常写文章陶冶性情，不求为人所知，却也显露出自己的志趣。几乎忘记了得失，从容走到生命的终点。

赞曰①：黔娄之妻有言②："不戚戚于贫贱③，不汲汲于富贵④。"其言兹若人之俦乎⑤？衔觞赋诗⑥，以乐其志。无怀氏之民欤？葛天氏之民欤⑦？

〔注释〕

①赞：传记结尾的议论。
②黔（qián）娄：春秋时鲁国人。有版本此句无"之妻"二字。
③戚戚：忧愁。
④汲汲：急切。
⑤俦（chóu）：同类。
⑥衔觞（shāng）：举起酒杯。
⑦无怀氏、葛天氏：传说中的远古帝王名号。

〔译文〕

赞语说：黔娄的妻子曾经这样评价她的丈夫："不为贫贱而感到忧愁，不为富贵而急切忙碌。"这样看来五柳先生也是和黔娄一样的人吧？举起酒杯，吟诵诗篇，为能坚持自己的志趣而感到满足。你说他是无怀氏时代的人呢？还是葛天氏时代的人呢？

滕王阁序

王　勃

〔题解〕

此篇是初唐诗人王勃的名作。原题为《秋日登洪府滕王阁饯别序》,后人简称《滕王阁序》。王勃(650—676),字子安,绛州龙门(今山西稷山)人。"初唐四杰"之一。自幼聪慧,年少才高。近二十岁时应举及第,后落水而死。滕王阁,故址在今江西赣江边,唐高祖李渊之子滕王李元婴为刺史时所建,故名。唐高宗上元三年(676),王勃前往南方省亲,路中逢都督阎公于滕王高阁之中宴请宾客,入坐席中,写成此文。从内容上看,文章前半部分,王勃主要赞叹了宾主会客的名高才大和滕王阁前的壮丽美景,多有应酬色彩。后半部分则由景入情,抒发自己怀才不遇的境况和渴望有所建树的雄心。在艺术上,王勃多用对偶俳句,用典繁博,辞藻华美,精严庄饬,警句甚多。

豫章故郡①,洪都新府②。星分翼轸③,地接衡庐④。襟三江而带五湖⑤,控蛮荆而引瓯越⑥。物华天宝⑦,龙光射牛斗之墟⑧;人杰地灵,徐孺下陈蕃之榻⑨。雄州雾列[10]，俊彩星驰[11]。台隍枕夷夏之交[12]，宾主尽东南之美[13]。都督阎公之雅望[14]，棨戟遥临[15]；宇文新州之懿范[16]，襜帷暂驻[17]。十旬休暇[18]，胜友如云[19]；千里逢迎，高朋满座[20]。腾蛟起凤[21]，孟学士之词宗[22]；紫电清霜，王将军之武库[23]。家君作宰[24]，路出名区[25]；童子何知，躬逢胜饯[26]。

〔注释〕

①豫章：今江西南昌。有版本作“南昌”。

②洪都：汉豫章郡，唐改为洪州，设都督府。

③星分翼轸（zhěn）：古人习惯以天上星宿与地上区域对应，称为“某地在某星之分野”。翼、轸，星宿名，属二十八宿。

④衡：衡山。庐：庐山。

⑤襟：以……为襟。三江：太湖的支流松江、娄江、东江。带：以……为带。五湖：指太湖、鄱阳湖、青草湖、丹阳湖、洞庭湖。

⑥控：控制。蛮荆：古楚地，今湖北、湖南一带。引：连接。瓯（ōu）越：古越地，在今浙江瓯江流域一带。

⑦物华天宝：指物的精华乃天的宝物。

⑧龙光射牛斗之墟：晋初，牛、斗二星之间常有紫气照射。龙光，指宝剑的光辉。

⑨徐孺：名稚，字儒子，东汉豫章南昌人，当时隐士。东汉名士陈蕃为豫章太守，只有当徐稚来访时，才设一榻。陈蕃（fān）：字仲举，汝南平舆（今属河南）人。东汉时太尉，曾做过豫章太守。

⑩雄州：地大物博，占重要地位之州。

⑪俊彩：指人才出众。星驰：形容人才像繁星一样放射光芒。

⑫台隍（huáng）：这里指洪州。夷夏之交：古代将东南地区称为夷蛮之地，中原为华夏，洪州正处于中间，以这句话形容洪州地位的重要。

⑬东南之美：泛指各地的英雄才俊。

⑭都督：古代的军事长官，唐代分上、中、下三等。阎公：阎伯屿，时任洪州都督。雅望：崇高的名望。

⑮棨戟（qǐjǐ）：有缯衣或油漆的木戟，古代官吏所用的仪仗，出行时作为前导，后亦列于门庭。遥临：远道来临。

⑯宇文新州：复姓宇文的新州（在今广东境内）刺史，名未详。懿（yì）范：好榜样，道德楷模。

⑰襜帷（chānwéi）：车上的帷幕，这里代指新任州牧的车马。暂驻：暂时停留，指参加宴会。

⑱十旬休暇：唐制，十日为一旬，遇旬日则官员休沐，称为"旬休"。暇，通"假"。

⑲胜友：才华出众的友人。

⑳高朋：指贵宾。

㉑腾蛟起凤：宛如蛟龙腾跃、凤凰起舞，形容人很有文采。

㉒孟学士：名未详。学士是朝廷掌管文学撰著的官员。词宗：文坛宗主，也可能是指南朝文学家沈约。

㉓王将军：王姓的将军，名未详。武库：武器库。

㉔家君作宰：王勃之父担任交趾县的县令。家君，对自己父亲的称呼。

㉕出：经过。名区：指洪州。

㉖"童子何知"两句：自己年幼无知，（却有幸）参加这场盛大的宴会。

〔译文〕

这里是汉代的豫章郡城，如今称为洪都府。在星空上与翼、轸星宿相合，地形上与衡、庐两山相接。以三江作为衣襟，以五湖作为衣带，控制着荆楚，连接着瓯越。物产的精华是天上的宝气，宝剑的光芒直射牛和斗两个星宿的区域；人中俊杰凝聚着大地的灵气，陈蕃专为徐孺子设下几榻。雄伟的州城在云雾中若隐若现，俊才像繁星一样放射光芒。城池横亘在蛮夷和中原的交界处，宾客和主人都是东南一带的名人才子。都督阎公有着崇高的声望，远道而来，坐镇此处；宇文州牧是道德的楷模，赴任途中，车驾在此暂停。恰好遇上十天一次的休假，俊雅的人士云集；高贵的宾客都不远千里赶来，坐满了宴席。文坛盟主孟学士所作的文章就像腾起的蛟龙、飞舞的彩凤；王将军的兵器库中，藏有像紫电、青霜这样锋利的宝剑。由于家父在交趾做县令，我在探亲路上经过这名胜之地；我一个年幼无知的少年，居然有幸亲身参加这难得的盛宴。

时维九月①，序属三秋②。潦水尽而寒潭清③，烟光凝而暮山紫。俨骖騑于上路④，访风景于崇阿⑤。临帝子之长洲⑥，得仙人之旧馆⑦。层峦耸翠⑧，上出重霄⑨；飞阁流丹⑩，下临无地⑪。鹤汀凫渚⑫，穷岛屿之萦回⑬；桂殿兰宫⑭，列冈峦之体势⑮。

〔注释〕

①维：在。

②序：时序（春、夏、秋、冬）。三秋：古人称七、八、九月为孟秋、仲秋、季秋，三秋即季秋，九月。

③潦（lǎo）水：雨后的积水。

④俨：整齐的样子。骖騑（cānfēi）：驾车的马匹，左称骖，右称騑。上路：地势高的道路。

⑤访：看。崇阿（ē）：高丘，高山。

⑥临：到，与下文“得”同。帝子：指滕王李元婴，与下文“仙人”同。长洲：滕王阁前赣江中的沙洲。

⑦旧馆：指滕王阁。

⑧层：重叠。

⑨上出：上达。

⑩飞阁流丹：飞檐涂饰红漆。飞阁，架空建筑的阁道。流，形容彩画鲜艳欲滴。丹，丹漆。

⑪下临无地：因为滕王阁建立在江边上，所以登阁下望江面，不见陆地。

⑫鹤汀（tīng）凫（fú）渚（zhǔ）：鹤栖息的水边平地，野鸭聚集的小洲。汀，水边平地。凫，野鸭。渚，水中小洲。

⑬萦（yíng）回：曲折，盘旋回绕的样子。

⑭桂殿兰宫：用桂树和木兰修筑的宫殿，形容滕王阁的华美。

⑮列冈峦之体势：依着山冈的形体态势。

〔译文〕

时节正当九月，按节序来说已是深秋了。积水消退，寒潭变得格外清澈，空中烟霭凝聚，暮色里，远望山峦，仿佛笼罩在一片淡紫色的轻纱里。整顿车马行装，踏上宽敞的大路；在崇山峻岭中寻找独特的美景。来到昔日滕王李元婴的沙洲，得见滕王昔日居住过的亭馆。只见楼台层叠，像青翠的山峰耸入云霄；阁檐飞架，丹漆鲜艳得像色彩在流动，从楼阁往下望，不见地面。栖息着白鹤和野鸭的河洲，岛屿曲折萦回；用桂树和木兰建筑的楼馆，排列成起伏参差的形势。

披绣闼[①]，俯雕甍[②]，山原旷其盈视[③]，川泽纡其骇瞩[④]。闾阎扑地[⑤]，钟鸣鼎食之家[⑥]；舸舰弥津[⑦]，青雀黄龙之舳[⑧]。云销雨霁[⑨]，彩彻区明[⑩]。落霞与孤鹜齐飞[⑪]，秋水共长天一色。渔舟唱晚，响穷彭蠡之滨[⑫]；雁阵惊寒，声断衡阳之浦[⑬]。

〔注释〕

①披:打开。绣闼(tà):装饰华丽的门。

②雕甍(méng):雕饰华美的屋脊。

③旷:辽阔。盈视:全部映入眼帘。

④纡(yū):迂回曲折。有版本作“盱”,广大之意。骇瞩:对所见的景物感到惊骇。

⑤闾阎(lǘyán):里巷的门,这里代指房屋。扑地:遍地都是。

⑥钟鸣鼎食:古代贵族鸣钟列鼎而食,此指名门望族。

⑦舸(gě):船。弥津:一作“迷津”,塞满渡口。

⑧青雀黄龙:船的装饰形状,船头作鸟头型、龙头型。舳(zhú):这里代指船只。

⑨云销:有版本作“虹销”。销:通“消”,消散。

⑩彩彻区明:有版本作“彩彻区衢”。彩:日光。彻:通贯。区:天空。

⑪鹜:鸭子。

⑫穷:穷尽,引申为“直到”。彭蠡(lǐ):古代大泽,即今鄱阳湖。

⑬衡阳:今属湖南,境内有回雁峰,相传秋雁到此就不再南飞,待春而返。浦:水边、岸边。

〔译文〕

推开雕刻精细的阁门,俯视装饰华美的屋脊,往远处瞭望,江湖山原尽在眼底,只见山原辽阔,江湖屈曲,望之心动。地面上满满当当的里巷宅舍,大部分是钟鸣鼎食的富贵人家;渡口挤满了大大小小的船只,很多都雕成青雀黄龙的形状。正值云气消散,雨过天晴,彩虹贯通天之西东,天空清润。天边那绚丽而又流动的晚霞,与野鸭一起飞翔跳跃着,映照着秋天傍晚景象的湖水仿佛与那朗润的天空连成一片。天色已暗了,渔船上响起悠扬的歌声,那缥缈的歌声直抵鄱阳湖的彼岸;秋凉的天空传来雁群的惊叫，叫声回荡在衡阳的水边。

遥襟甫畅[1]，逸兴遄飞[2]。爽籁发而清风生[3]，纤歌凝而白云遏[4]。睢园绿竹[5]，气凌彭泽之樽[6]；邺水朱华[7]，光照临川之笔[8]。四美具[9]，二难并[10]。穷睇眄于中天[11]，极娱游于暇日。天高地迥[12]，觉宇宙之无穷；兴尽悲来，识盈虚之有数[13]。望长安于日下，目吴会于云间[14]。地势极而南溟深[15]，天柱高而北辰远[16]。关山难越[17]，谁悲失路之人[18]？萍水相逢[19]，尽是他乡之客。怀帝阍而不见[20]，奉宣室以何年[21]？

〔注释〕

①遥襟甫畅：有版本作“遥吟俯畅”。甫：顿时。

②遄（chuán）：急速。

③爽籁：清脆的排箫音乐。

④纤歌：柔细的歌声。凝：余音不绝。白云遏（è）：形容声音优美，能使行云驻足。

⑤睢（suī）园：即汉梁孝王所建菟园，梁孝王曾在园中聚集文人饮酒赋诗。

⑥凌：超过。彭泽：县名，在今江西湖口东，此代指陶潜。陶潜，即陶渊明，曾官彭泽县令，世称陶彭泽。樽：酒器。

⑦邺（yè）水：在邺下，今河北临漳。“三曹”常在此雅集作诗。朱华：荷花。

⑧光照临川之笔：临川，谢灵运曾任临川内史，代指谢灵运。王勃借此比喻宾客的才华。

⑨四美：指良辰、美景、赏心、乐事。

⑩二难：指贤主、嘉宾难得。

⑪睇眄(dìmiǎn):斜视,顾盼。中天:半空中。

⑫迥(jiǒng):远。

⑬盈虚:消长,指变化,包括贵贱、兴衰、穷通等。数:定数,命运。

⑭目:有版本作“指”,指点之意。吴会(kuài):吴郡,治所在今江苏苏州。云间:上海松江区(古华亭)的古称。

⑮南溟(míng):传说中极南的大海。

⑯天柱:传说中昆仑山高耸入天的铜柱。北辰:北极星,比喻国君。

⑰关山:险关和高山。

⑱失路:仕途不遇。

⑲萍水相逢:浮萍随水漂泊,聚散不定,比喻向来不认识的人偶然相遇。

⑳帝阍(hūn):天帝的守门人,这里指皇宫的宫门。

㉑宣室:汉未央宫正殿,为皇帝召见大臣议事之处。贾谊迁谪长沙四年后,汉文帝复召他回长安,于宣室中问鬼神之事,却不重用他。

〔译文〕

因登高远望,胸襟开始舒畅,奔放的兴致又急剧飞扬。箫管齐鸣,鼓荡起清风阵阵,歌声纤柔,吸引着白云驻足倾听。仿佛身处睢园的绿竹丛中,大家肆意饮酒,豪气盖过了善饮的彭泽县令;又像在邺水的荷花池边赞咏荷花,足以与昔日的临川才子相媲美。良辰、美景、赏心、乐事,自古难全,贤主、俊才千载难逢,今天却具备了。向远天极力眺望,在空暇的假日畅快游玩。天幕高远大地辽阔,令人认识到宇宙的无穷;悲伤与欢乐如影随形,内心不禁感到命运皆有定数。远眺长安,眼看它沉落到夕阳之下,遥看吴郡,惊觉已隐现在云雾之间了。地势倾斜,尽头是那幽深的南海,天柱高耸,那北极星远远地挂在北方天幕上。高山难越,有谁同情不得志的人?偶然相逢,大家都是他乡的客人。怀念着君王的宫门,却不被召见,什么时候才能像贾谊那样到宣室觐见君主呢?

嗟乎!时运不齐[1],命途多舛[2]。冯唐易老[3],李广难封[4]。屈贾谊于长沙[5],非无圣主[6];窜梁鸿于海曲[7],岂乏明时[8]?所赖君子见机[9],达人知命[10]。老当益壮[11],宁移白首之心[12]?穷且益坚,不坠青云之志[13]。酌贪泉而觉爽[14],处涸辙以犹欢[15]。北海虽赊[16],扶摇可接[17];东隅已逝[18],桑榆非晚[19]。孟尝高洁[20],空余报国之情[21];阮籍猖狂[22],岂效穷途之哭?

〔注释〕

①不齐:坎坷。王勃是指自己的仕途之路不是很顺利,怀才不遇。

②舛(chuǎn):错乱,这里指不幸。

③冯唐易老:冯唐在汉文帝、汉景帝时不被重用,汉武帝时被举荐,已是九十多岁。

④李广难封:李广,汉武帝时名将,多次作战,军功卓著,却始终未获封爵。

⑤贾谊:西汉著名政论家、文学家,汉文帝曾想任命他为公卿,但听信谗言,将他贬为长沙王太傅。

⑥圣主:指汉文帝,泛指圣明的君主。

⑦梁鸿:东汉人,作《五噫歌》讽刺朝廷,因此得罪汉章帝。海曲:海隅,指滨海。

⑧明时:指汉章帝时代,泛指圣明的时代。

⑨见机:有版本作"安贫"。机:通"几",预兆,细微的征兆。

⑩达人:通达事理的人。

⑪老当益壮:年纪虽大,但志气更旺盛,干劲更足。

⑫宁移：有版本作“宁知”。白首之心：年老时的雄心壮志。

⑬坠：坠落，引申为“放弃”。青云之志：比喻崇高的志向，或比喻隐居的情志。

⑭贪泉：在广州附近的石门，传说饮此水会贪得无厌。

⑮涸(hé)辙：干涸的车辙，比喻困厄的处境。

⑯北海：北边最远的海。赊(shē)：远。

⑰扶摇：旋风。

⑱东隅(yú)：日出处，指“早年”。

⑲桑榆：日落处，指“晚年”。

⑳孟尝：字伯周，东汉会稽上虞人。曾任合浦太守，以廉洁奉公著称，后因病隐居。桓帝时，虽有人屡次荐举，终不见用。

㉑报国之情：有版本作“报国之心”。

㉒阮籍：字嗣宗，晋代名士。不满世事，佯装狂放，常驾车出游乱走，路不通时就痛哭而返。

〔译文〕

唉！命运不好，前途如此坎坷。冯唐容易衰老，李广也难以封侯。使贾谊屈居长沙壮志难酬，并不是没有圣明的君主；使梁鸿逃亡隐居于海滨，难道不是在清明的时代吗？只不过是因为君子善于把握时机，通达事理的人懂得天命罢了。即使年纪老了也应当更加豪壮，哪能在白发苍苍时改变当初抱定的志愿？境遇不好应当更加坚定，绝不能抛弃当初的凌云壮志。即使喝了贪泉的水，神志也应当觉得清爽；即使身处干涸的车辙内，心情却依然欢乐。北海虽然遥远，乘旋风可以到达；初阳虽然已经逝去了，日暮时分亦为时未晚。孟尝品德高洁，空有报国的热情；阮籍的行为狂放不羁，怎能学他遇绝路就痛哭的行为？

勃，三尺微命[①]，一介书生。无路请缨[②]，等终军之弱冠[③]；有怀投笔[④]，慕宗悫之长风[⑤]。舍簪笏于百龄[⑥]，奉晨昏于万里[⑦]。非谢家之宝树[⑧]，接孟氏之芳邻[⑨]。他日趋庭[⑩]，叨陪鲤对[⑪]；今兹捧袂[⑫]，喜托龙门[⑬]。杨意不逢[⑭]，抚凌云而自惜[⑮]；钟期既遇[⑯]，奏《流水》以何惭[⑰]？

〔注释〕

①三尺：衣带下垂的长度，指幼小。微：卑贱。

②请缨：请求皇帝赐给长缨，意为要求杀敌报国立功。缨，系在马颈上用来驾车的皮条。

③等：相同。终军：据《汉书·终军传》，终军字子云，汉朝人。武帝时出使南越，自请"愿受长缨，必羁南越王而致之阙下"，时仅二十余岁。弱冠：古人二十岁行冠礼，表示成年。

④投笔：指弃文从武。

⑤宗悫（què）：据《宋书·宗悫传》，宗悫字元幹，南朝宋南阳人。年少时向叔父自述志向，云"愿乘长风破万里浪"。后因战功受封。

⑥簪（zān）：古人束发戴冠时用的长针。笏（hù）：古代大臣上朝拿着的手板，用玉、象牙或竹片制成。这里代指官职地位。百龄：百年，犹"一生"。

⑦奉晨昏：侍奉父母。晨昏，古人早晚要向父母请安。

⑧谢家之宝树：指谢玄，东晋谢安曾称赞其侄谢玄为"吾家之宝树"，意为家族里出类拔萃的人才。

⑨接孟氏之芳邻：据说孟轲的母亲为了儿子受到更好的环境教育而三迁择邻，最后定居于学宫附近。

⑩趋庭：快步走过庭院。

⑪叨（tāo）：惭愧，表示自谦。鲤对：孔子曾在其子孔鲤走过庭院时对他进行教育，后人称回答长辈为"鲤对"。

⑫捧袂(mèi):举起双袖,表示恭敬的姿势。

⑬龙门:民间传说鲤鱼跳过龙门化为龙,因此后人常以龙门比喻人德高望重。王勃指自己被都督邀请,十分感激喜悦,好像依傍龙门。

⑭杨意:指杨得意,汉武帝时的狗监,司马相如由他引荐给汉武帝。

⑮凌云:指司马相如作《大人赋》,据说司马相如的赋使汉武帝读后有飘飘欲仙之感。

⑯钟期:即钟子期,伯牙把他当知己,因此后人将钟子期作为知己的代称。

⑰流水:古琴曲名,据说伯牙所鼓。

〔译文〕

我年龄幼小,地位低微,只是个书生。尽管已到了与终军相同的年龄,却找不到门路去请求君主赐下长缨;内心怀着抛下笔墨杀敌报国的志愿,羡慕宗悫那乘风破浪的豪情。我抛弃了一生的功名,不远万里去朝夕侍奉父亲。我称不上谢家宝树般的子弟,却有幸与孟母芳邻般的诸君交游。不久我将到父亲身边,聆听父亲的教诲;今天我又有幸参加此盛会,高兴于能托身于龙门。假若遇不到杨得意那样能帮我引荐的人物,只好手抚文章而空自叹惜;既然已经见到了钟子期这样的知己,我便奏出《高山流水》的乐曲,又有什么羞惭呢?

呜呼!胜地不常①,盛筵难再②。兰亭已矣③,梓泽丘墟④。临别赠言,幸承恩于伟饯;登高作赋,是所望于群公。敢竭鄙怀⑤,恭疏短引⑥。一言均赋⑦,四韵俱成⑧。请洒潘江,各倾陆海云尔⑨:

滕王高阁临江渚⑩,佩玉鸣鸾罢歌舞⑪。

画栋朝飞南浦云[12]，珠帘暮卷西山雨[13]。
闲云潭影日悠悠，物换星移几度秋。
阁中帝子今何在？槛外长江空自流。

〔注释〕

①胜：名胜。常：长存。

②再：再次遇到。

③兰亭：位于浙江绍兴。晋穆帝永和九年（353）三月三日上巳节，王羲之与群贤宴集于此，行修禊礼，祓除不祥。

④梓（zǐ）泽：晋石崇的金谷园，故址在今河南洛阳西北。丘墟：变为废墟。

⑤竭：竭力。此句有版本作“敢竭鄙诚”。

⑥恭疏短引：恭敬地写下一篇小序，指本文。疏，条陈、撰写的意思。

⑦一言均赋：每人都写一首诗。

⑧四韵：指下面的八句诗。

⑨有版本无此句。潘江、陆海：潘岳才华如江，陆机才华如海，这里形容各宾客的文采。

⑩江渚：河边小洲。

⑪佩玉：古人在腰间佩带玉饰，行走时使之相击发声。鸣鸾（luán）：车上鸾铃的声音。

⑫南浦（pǔ）：地名。在江西南昌西南，章江至此分流。

⑬西山：山名。在江西新建西，一名南昌山，即古散原山。

〔译文〕

啊！名胜之地不能常存，盛大的宴会难以再次遇上。兰亭宴集已成陈迹，梓泽也变成了废墟。承蒙这个盛大宴会的恩赐，让我临别时作了这一篇序文；至于登高作赋，只有指望在座诸公了。我只是冒昧地尽我微薄的心意,作了短短的引言。各位都按各自分到的韵字赋诗,我的一首四韵小诗也已写成。请各位展现像潘岳、陆机一样江海般的文采吧:

巍峨高耸的滕王阁临着江心的沙洲,当初佩玉、鸾铃鸣响的歌舞已经消散了。早晨,南浦的白云飞过那参差的雕栏画栋,黄昏,西山的雨飞风起,将那沉默的珠帘卷起。闲静的白云将影子倒映在那澄澈的湖水中,悠悠然地在水面上游曳,沧海桑田,星移斗转,不知已度过几许春秋。昔日立于高阁中游赏的滕王如今在哪里呢?只有那栏杆外的滔滔江水一如既往地向远方奔流。

春夜宴桃李园序

李　白

〔题解〕

此篇是盛唐诗人李白(701—762)的名作,原题为《春夜宴诸从弟桃李园序》,是李白和弟兄们在桃李园中的诗歌宴会上所作。本文记述了李白在春意阑珊的夜晚于芬芳四溢的桃李园中,同弟兄们饮酒作诗、咏歌欢乐的场景。李白借此篇抒发光阴短暂、浮生如梦的感慨,但他并未沉浸在伤感的情绪中不能自拔。反之,李白豁达潇洒地认为应该趁着青春年华秉烛夜游,及时行乐。在思想上,作者对时空逝转、光阴不再的认识和感悟清醒而深刻,而作者洒脱的胸襟、乐观的态度又为人所赞叹。整篇文章散中有序,骈散相间,文风飘逸,一气呵成。

夫天地者,万物之逆旅也①;光阴者,百代之过客也。而浮生若梦②,为欢几何?古人秉烛夜游③,良有以也④。况阳春召我以烟景⑤,大块假我以文章⑥。会桃李之芳园,序天伦之乐事⑦。群季俊秀⑧,皆为惠连⑨;吾人咏歌,独惭康乐⑩。幽赏未已,高谈转清。开琼筵以坐花⑪,飞羽觞而醉月⑫。不有佳咏⑬,何伸雅怀?如诗不成,罚依金谷酒数⑭。

〔注释〕

①逆旅:客舍,常用以比喻人生之短促。

②浮生若梦:飘荡无定的人生像一场梦。

③秉烛夜游:意为及时行乐。秉,执。

④良有以:有原因,有道理。

⑤烟景:春天气候温润,景色似含烟雾。

⑥大块:大自然。假:借。文章:这里指绚丽的文采。

⑦序:通"叙",叙说。天伦:指父子、兄弟等亲属关系。

⑧群季:诸弟。季,同辈排行中最小的。

⑨惠连:谢惠连,南朝诗人,早慧,为大诗人谢灵运族弟,时称他们为"大小谢"。这里以惠连来称赞诸弟的文才。

⑩康乐:南朝刘宋时山水诗人谢灵运,袭封康乐公,世称谢康乐。诗人自谦无康乐之才。

⑪琼筵(yán):比喻珍美的筵席。坐花:坐在花间。

⑫飞羽觞:形容不断举杯喝酒。羽觞(shāng),古代一种酒器,作鸟雀状,有头尾羽翼。

⑬佳咏:有版本作"佳作"。

⑭金谷酒数:泛指宴会上罚酒的杯数。晋朝富豪石崇家有金谷园。石崇曾在园中组织雅集,即席赋诗,不会作的要罚酒三杯。

〔译文〕

天地,是世间万物的旅舍。光阴,是古往今来的过客。而人生漂浮不定,就如做梦一样,能有多少欢乐?古人手持蜡烛在夜晚游荡嬉戏,确实是有道理啊。况且温和清朗的春天用秀美的景色召唤我们,大自然将锦绣文采赐予我们。于是我们相会于美丽的桃李园内,畅谈兄弟间欢喜的事。诸位弟弟才情出众,都有谢惠连的才华;唯独我的作诗吟咏,却不如谢康乐,对此感到很羞愧。幽静的赏玩乐趣未了,纵情的议论又转向清雅。摆开豪华筵席,坐在花丛中间,快速地传递着酒杯,醉倒在月光之下。没有好诗篇,怎能抒发高雅的情怀?倘若有人作诗不成,则应按照当年石崇在金谷园宴客赋诗的先例,罚酒三杯。

陋室铭

刘禹锡

〔题解〕

此文是唐代诗人刘禹锡所作的名篇。刘禹锡(772—842),字梦得,洛阳(今河南洛阳)人。唐代著名文学家。曾任监察御史,因参加"永贞革新",被贬为朗州司马。后迁至连州等地做刺史,晚年又迁为太子宾客,被世人称为"刘宾客"。在文学史上,他与柳宗元齐名,二人并称"刘柳",与白居易并称"刘白",又有"诗豪"之称。"铭"是古代文体的一种,镌刻在石碑或器物上,用来歌功颂德或引以自戒。此文题为"陋室铭",但此室之景致却是芳草如茵,一片欣欣向荣的气象。周围来往的人物也非俗物浊流,而是高情雅趣的贤儒之辈,房子的主人亦是有德的高洁之士。此陋室因住"德馨"之辈,则可铭也。因此说,刘禹锡作此《陋室铭》实为自誉。就艺术层面而言,文章声色兼备,颇有意趣和雅致。

山不在高,有仙则名;水不在深,有龙则灵。斯是陋室[①],惟吾德馨[②]。苔痕上阶绿,草色入帘青。谈笑有鸿儒[③],往来无白丁[④]。可以调素琴[⑤],阅金经[⑥]。无丝竹之乱耳[7]，无案牍之劳形[8]。南阳诸葛庐[9]，西蜀子云亭[10]。孔子云：何陋之有[11]？

〔注释〕

①斯：此，这。陋室：指作者自己的房子。

②馨：香气传播远。

③鸿儒：大儒，这里指博学的人。

④白丁：平民，这里指没有什么学问的人。

⑤调（tiáo）素琴：弹奏没有纹饰的琴。

⑥金经：即《金刚经》。

⑦丝竹：琴瑟、箫管等乐器的总称。“丝”指弦乐器，“竹”指管乐器。这里指奏乐的声音。

⑧案牍（dú）：（官府的）公文、文书。劳：使……劳累。形：形体、身体。

⑨南阳诸葛庐：诸葛亮在出山之前，曾在南阳卧龙岗中隐居躬耕。庐，简陋的小屋子。

⑩子云亭：扬雄，字子云，西汉时文学家，其住所称“扬子宅”，即子云亭。

⑪何陋之有：即“有何之陋”。

〔译文〕

山不在于它的高低，有仙人居住就会显名；水不在于它的深浅，有龙潜伏就会显得有灵气。这虽然是一间简陋的房屋，但我的高尚品德却远近传闻。苔痕布满阶石，看上去一片碧绿；淡淡草色映入帘帷，只见满室葱青。与我往来谈笑的都是博学之士，没有浅薄无知之辈。我可以随心抚弄素琴，可以潜心阅读佛经。没有嘈杂的音乐扰乱心境，没有繁忙的公务劳神伤身。这间陋室就像南阳的诸葛庐，又像西蜀的子云亭。正如孔子所说：“这有什么简陋呢？”

阿房宫赋

杜　牧

〔题解〕

此文是晚唐诗人杜牧所作。杜牧(803—853),字牧之,京兆万年(今陕西西安东)人。二十六岁中进士,后任黄州等地方刺史,官至中书舍人。他是继杜甫之后的重要诗人,世称“小杜”。又与晚唐诗人李商隐齐名,二人并称“小李杜”。阿房宫,秦宫殿名,宫的前殿筑于秦始皇三十五年,遗址在今西安西阿房村,后被项羽焚毁。杜牧在《上知己文章启》中说:“宝历大起宫室,广声色,故作《阿房宫赋》。”由此可见,杜牧此赋,实为警世之作。文章的前半部分,杜牧主要以工笔之力描述了阿房宫的奢华壮观、玲珑精丽,再现了秦时宫廷之中夜夜笙歌、日日管弦舞乐的生活场景。文章的后半部分,杜牧沉痛地批判了统治者骄奢淫逸、挥霍无度,以及他们因沉迷声色给人民带来的灾难,进一步指出了统治者的耽乐享受、不务朝政是祸国殃民、自取灭亡的始端。此文大有借古喻今、警醒当朝君王的意思,体现出杜牧心系国家和民生的忧患意识。此文语言精巧,多用夸张、比喻和排比等修辞,笔法多变,摇曳多姿,引人深思。

六王毕[①]，四海一，蜀山兀[②]，阿房出。覆压三百余里，隔离天日。骊山北构而西折[③]，直走咸阳[④]。二川溶溶[⑤]，流入宫墙。五步一楼，十步一阁；廊腰缦回[⑥]，檐牙高啄[⑦]；各抱地势，钩心斗角[⑧]。盘盘焉，囷囷焉[⑨]，蜂房水涡，矗不知其几千万落。长桥卧波，未云何龙？复道行空[⑩]，不霁何虹？高低冥迷，不知西东。歌台暖响，春光融融；舞殿冷袖，风雨凄凄。一日之内，一宫之间，而气候不齐。

〔注释〕

①六王：指战国时齐、楚、燕、韩、赵、魏六国之君。毕：指为秦国所灭。

②蜀山：蜀地山岳的泛称。兀（wù）：突兀，指山上树林砍尽，只剩下光秃的山顶。

③骊山：在今陕西临潼东南。构：建筑。

④走：通向。咸阳：在今陕西咸阳东北，是当时秦朝的都城。

⑤二川：指渭水和樊川。渭水源出甘肃，流经陕西；樊川即樊水，在今陕西。溶溶：河水缓缓流动的样子。

⑥廊腰缦（màn）回：走廊长而曲折。廊腰，连接高大建筑物的走廊，好像人的腰部。缦，萦绕。回，曲折。

⑦檐牙高啄：（突起的）屋檐像禽鸟在仰首啄物。檐牙，指房檐的滴水瓦排列得和牙齿一样。

⑧钩心斗角：指宫室结构的参差错落。

⑨囷囷（qūn）焉：曲折回旋的样子。

⑩复道：楼阁间有上下两重通道，称复道。

〔译文〕

六国覆灭，秦始皇一统天下，砍光了蜀山的树木，阿房宫才得以建立起来。阿房宫占地三百多里，楼阁高耸雄伟甚至能遮天蔽日。从骊山北部开始构筑宫殿，曲折地往西边延伸，一直修建到秦京咸阳。有渭水和樊川两条河，水波荡漾，轻缓地流入宫墙。五步一栋楼，十步一座阁；走廊像柔软的绸带一般曲折萦回，牙齿般排列的飞檐像鸟嘴仰着头啄物；楼阁各依地势的高低倾斜而建筑，低处的屋角钩住高处的屋心，并排相向的屋角彼此相斗。盘绕回旋，建筑群像蜂房那样密集，像水涡套连着，高高地耸立着，不知道有几千万座。没有云彩，为何会有龙？原来是一座长桥横卧在水波上。不是雨过天晴，为什么会有彩虹？原来是沟通楼阁的复道在半空中。房屋忽高忽低，幽深迷离，使人分辨不清东西南北。台上歌声悠扬温柔，使人感到初春般的暖意；宫殿里舞女舞袖飘拂，却带来阵阵寒意，仿若身处风雨交加的环境里。就在同一天的同一座宫里，气候竟会如此不同。

妃嫔媵嫱①，王子皇孙，辞楼下殿，辇来于秦②，朝歌夜弦，为秦宫人。明星荧荧③，开妆镜也；绿云扰扰④，梳晓鬟也⑤；渭流涨腻⑥，弃脂水也；烟斜雾横，焚椒兰也⑦。雷霆乍惊，宫车过也；辘辘远听⑧，杳不知其所之也⑨。一肌一容，尽态极妍，缦立远视⑩，而望幸焉⑪。有不得见者，三十六年⑫。燕赵之收藏⑬，韩魏之经营，齐楚之精英，几世几年，剽掠其人⑭，倚叠如山。一旦不能有，输来其间。鼎铛玉石⑮，金块珠砾⑯，弃掷逦迤⑰，秦人视之，亦不甚惜。

〔**注释**〕

①妃：帝王的妾，太子王侯的妻。嫔：指宫中女官，这里指宫妃。媵

(yìng):后妃陪嫁的女子。嫱(qiáng):宫中女官,这里指宫妃。

②辇(niǎn):古代贵族乘坐的车,这里指乘车。

③荧荧:明亮的样子。

④扰扰:纷扰的样子。

⑤晓鬟(huán):指早上起来梳妆。鬟,古代妇女梳的环形发髻。

⑥涨腻:涨起了一层脂膏,含有胭脂、香粉。

⑦椒兰:两种香料植物,焚烧以熏衣物。

⑧辘辘:车行的声音。

⑨杳(yǎo):远。

⑩缦立:久立。缦,通“慢”。

⑪幸:古代皇帝到某处,叫“幸”。

⑫三十六年:秦始皇在位共三十六年。

⑬收藏:指收藏的金玉珍宝等物。下文的“经营”“精英”,都有金玉珍宝等物的意思。

⑭剽(piāo)掠其人:从人民那里抢来。剽,抢劫,掠夺。有版本作“取”。人,民,唐避唐太宗李世民讳,改民为人。

⑮鼎:古代烹煮用的器物,一般三足两耳。铛(chēng):平底浅锅,三足。

⑯珠砾:以珍珠为瓦砾。

⑰逦迤(lǐyǐ):连续不断的样子。

〔译文〕

曾经六国的妃嫔与公主们,辞别了自己国家的楼阁、宫殿,被一车车从远方送到秦国来,日夜为秦国贵族献歌奏乐,成了秦国的卑贱宫人。星光闪烁明亮,原来是因为她们打开了梳妆镜子;朵朵绿云缭绕纷繁,原来是她们早上起来正在梳妆;渭水河面上浮起一层垢腻,原来是因为她们梳洗过后倒掉的残脂剩粉;空中烟雾弥漫,原来是她们在焚烧椒兰香料。皇帝的宫车驶过,如雷霆之声，使人乍听大吃一惊；细听宫车渐行渐远的声音，也不知它将会去往哪里。宫人们用尽心思装点容貌，将自己打扮得极其娇媚妍丽，耐心地久立远视，盼望皇帝能得以驾临。可是有许多宫女整整等了三十六年，也从未见到皇帝的身影。燕、赵收藏的财宝，韩、魏聚敛的金玉，齐、楚搜求的珍奇，这都是六国贵族历经多少世代、多少年月从百姓那里掠夺来的，这些财宝堆积得像山一样。一旦国家灭亡，本国贵族再不能占有了，这些珍宝便统统被运进了阿房宫。在阿房宫里，把宝鼎看作铁锅，把美玉看作石头，视黄金为土块，视珍珠为沙石，即使将珍宝连续不断地随意丢弃，秦人看见了也不觉得多么可惜。

嗟乎！一人之心，千万人之心也。秦爱纷奢，人亦念其家。奈何取之尽锱铢[①]，用之如泥沙？使负栋之柱，多于南亩之农夫[②]；架梁之椽，多于机上之工女；钉头磷磷[③]，多于在庾之粟粒[④]；瓦缝参差，多于周身之帛缕[⑤]；直栏横槛[⑥]，多于九土之城郭[⑦]；管弦呕哑[⑧]，多于市人之言语。使天下之人，不敢言而敢怒。独夫之心[⑨]，日益骄固。戍卒叫[⑩]，函谷举[⑪]，楚人一炬[⑫]，可怜焦土！

〔注释〕

①锱铢（zīzhū）：古代重量单位，一锱等于六铢，一铢约等于后来一两的二十四分之一。锱、铢连用，极言其细微。

②南亩：谓农田。南坡向阳，利于农作物生长，古人田土多向南开辟，故称南亩。

③磷磷（lín）：形容物体有棱角。

④庾（yǔ）：露天的谷仓。

⑤帛缕：衣服上的丝缕。

⑥栏、槛（jiàn）：都指栏杆。

⑦九土：九州。城郭：城墙，城指内城的墙，郭指外城的墙。

⑧管弦：指箫笙、琴瑟等乐器。呕哑（ōuyā）：乐器发出的声音。

⑨独夫：残暴无道、众叛亲离的统治者，这里指秦始皇。

⑩戍（shù）卒叫：指陈胜、吴广在谪戍渔阳途中，振臂一呼，率众起义。

⑪函谷举：刘邦于公元前206年率军先入咸阳，推翻秦朝统治，并派兵守函谷关。举，被攻占。

⑫楚人一炬：公元前206年，项羽入咸阳，杀秦王子婴，放火烧阿房宫，三月不灭。楚人，指项羽，项羽先辈是楚国人，故称楚人。

〔**译文**〕

唉！统治者不能只顾满足自己的贪心，还要顾及成千上万百姓的感受。秦始皇喜爱奢侈，老百姓也顾念珍惜自己的家业。为什么搜刮百姓的资产连一分一厘都不放过，却像泥沙一样毫不珍惜地挥霍呢？阿房宫中承担重量的柱子，比农田里辛苦耕种的农夫还多；架在梁上的椽子，比织布机上辛苦工作的女工还多；用于建造宫殿的钉头，比粮仓里的粟粒还多；横直密布的瓦缝，比身上衣服的线缝还多；栏杆纵横，比天下城都的城墙还多；嘈杂的器乐声，比闹市中人的说话声还多。这使天下的老百姓敢怒而不敢言。秦始皇这个独夫，越来越骄横顽固。于是，陈胜、吴广揭竿而起，天下豪强积极响应，刘邦攻破函谷关，项羽放了一把大火，可惜曾经富丽堂皇的阿房宫变成了一片焦土！

呜呼！灭六国者，六国也，非秦也；族秦者①，秦也，非天下也。嗟夫！使六国各爱其人②，则足以拒秦；使秦复爱六国之人，则递三世可至万世而为君[③]，谁得而族灭也？秦人不暇自哀[④]，而后人哀之；后人哀之而不鉴之，亦使后人而复哀后人也。

〔注释〕

①族：使……灭族。

②使：假使。

③递：传递，这里指王位顺着次序传下去。

④不暇：来不及。哀：哀叹。

〔译文〕

唉！使六国灭亡的是他们自己，而不是秦国；使秦国灭族的是秦国本身，不是天下的百姓。唉！假使六国统治者都爱护本国百姓，那么就足以抵抗秦国的侵袭；假如秦国统治者同样能爱护六国的百姓，那么秦国就能从三世传下去，甚至可以传到万世做天下的君主，谁还能灭掉秦国呢？秦人来不及为自己的灭亡而哀叹，而由后世的人为他们哀叹；后世的人如果只是哀叹而不引以为戒，那么又要让更后世的人为他们哀叹了。

师　说

韩　愈

〔**题解**〕

韩愈(768—824),字退之,中唐著名的古文家和诗人,与柳宗元共同发起了"古文运动",反对吟风弄月的骈文,号召复兴儒家"道统"和散体文章。后人对他评价极高,如苏轼称其"文起八代之衰,道济天下之溺"。柳宗元在《答韦中立论师道书》中云:"今之世,不闻有师,有则哗笑之,以为狂人。独韩愈奋不顾流俗,犯笑侮,收召后学,作《师说》,因抗颜而为师。"可见韩愈在当时世人耻于为人师的社会背景下,甘愿冒天下之大不韪,以身论说师者的重要性和独特意义。在文章内容上,韩愈先后谈论了师者的作用和价值以及当时士大夫耻于相师的社会风气,最后举例得出教学相长的结论。其中不乏作者之真知灼见,"弟子不必不如师,师不必贤于弟子","道之所存,师之所存"等皆具有现实的社会意义和正面价值,故至今流传广远。韩愈以反问、设问等多种修辞,议论识辩,气势宏大。同时又以古今之例增其辩论力度,义正词严,愤慨激昂,具有较强的感染力。

古之学者必有师[①]。师者，所以传道受业解惑也[②]。人非生而知之者[③]，孰能无惑？惑而不从师，其为惑也[④]，终不解矣。生乎吾前[⑤]，其闻道也固先乎吾[⑥]，吾从而师之[⑦]；生乎吾后，其闻道也亦先乎吾，吾从而师之。吾师道也[⑧]，夫庸知其年之先后生于吾乎[⑨]？是故无贵无贱[⑩]，无长无少，道之所存，师之所存也[⑪]。

〔注释〕

①学者：求学的人。

②"师者"两句：老师，是用来传授道理、教授学业、解释疑难问题的人。所以，用来……的。道，指儒家之道。受，通"授"，传授。业，泛指古代经、史、诸子之学及古文写作。惑，疑难问题。

③人非生而知之者：人不是生下来就懂得道理。知，懂得。之，指知识和道理。

④其为惑也：他所存在的疑惑。

⑤生乎吾前：即生乎吾前者。乎，相当于"于"，与下文"先乎吾"的"乎"相同。

⑥闻：听见，引申为知道、懂得。

⑦从而师之：跟从（他），拜他为老师。

⑧吾师道也：我（是向他）学习道理。师，用作动词。

⑨夫庸知其年之先后生于吾乎：哪里去考虑他的年龄比我大还是小呢？庸，发语词，难道。知，了解、知道。

⑩是故：因此，所以。无：不论，不分。

⑪"道之所存"两句：哪里有道存在，哪里就有我的老师存在。

〔译文〕

古代求学的人一定是有老师的。老师，是用来传授道理、学业、解答疑难问题的。人不是生下来就懂得道理的，谁能没有疑惑？有疑惑，如果不跟从老师学习，那些成为疑难问题的，就最终不能解决了。生在我前面，他懂得的道理本来就早于我，我把他当作我的老师；生在我后面，如果他懂得的道理也比我早，我也应该把他当作我的老师。我是向他学习道理啊，哪管他的生年比我早还是比我晚呢？因此，无论地位高低贵贱，无论年纪大小，道理存在的地方，就是老师存在的地方。

嗟乎！师道之不传也久矣①！欲人之无惑也难矣！古之圣人，其出人也远矣②，犹且从师而问焉③；今之众人④，其下圣人也亦远矣⑤，而耻学于师⑥。是故圣益圣，愚益愚⑦。圣人之所以为圣，愚人之所以为愚，其皆出于此乎？爱其子，择师而教之；于其身也⑧，则耻师焉，惑矣⑨。彼童子之师，授之书而习其句读者也⑩，非吾所谓传其道解其惑者也。句读之不知，惑之不解，或师焉，或不焉⑪，小学而大遗⑫，吾未见其明也。巫医乐师百工之人⑬，不耻相师⑭。士大夫之族⑮，曰师曰弟子云者⑯，则群聚而笑之。问之，则曰："彼与彼年相若也⑰，道相似也。位卑则足羞，官盛则近谀⑱。"呜呼！师道之不复可知矣⑲。巫医乐师百工之人，君子不齿⑳，今其智乃反不能及㉑，其可怪也欤㉒！

〔注释〕

①师道：从师的传统。

②出人：超出众人之上。

③犹且:尚且。

④众人:普通人,一般人。

⑤下:不如。

⑥耻学于师:以向老师学习为耻。

⑦“是故圣益圣”两句:因此圣人更加圣明,愚人更加愚昧。益,更加,越发。

⑧于其身:对于他自己。身,自身,自己。

⑨惑矣:(真是)糊涂啊!

⑩授之书而习其句读(dòu):教给他书,(帮助他)学习其中的文句。之,指童子。其,指书。句读,也叫句逗,古人指文辞休止和停顿处。

⑪“或师焉”两句:有的(指“句读之不知”这样的小事)从师,有的(指“惑之不解”这样的大事)不从师。不(fǒu),通“否”。

⑫小学而大遗:学了小的(指“句读之不知”)却丢了大的(指“惑之不解”)。遗,丢弃,放弃。

⑬巫医:古时巫、医不分,指以看病和降神祈祷为职业的人。百工:各种工匠。

⑭相师:拜别人为师。

⑮族:类。

⑯曰师曰弟子云者:说起老师、弟子的时候。

⑰年相若:年岁相近。

⑱“位卑则足羞”两句:以地位低的人为师就感到羞耻,以高官为师就近乎谄媚。盛,高大。谀,谄媚。

⑲复:恢复。

⑳不齿:不屑与之同列,即看不起。

㉑乃:竟,竟然。

㉒其可怪也欤:难道不是值得奇怪吗。其,难道,表反问。欤,语气词,表感叹。

〔译文〕

唉!从师学习的传统已经失传很久了,想要人没有疑惑很难啊！古代的圣人，他们超出一般人很远了，尚且跟从老师请教学问；现在的人们，他们跟圣人相差得很远，却以向老师学习为耻。所以圣人就更加圣明了，愚人就更加愚昧了。圣人之所以能成为圣人，愚人之所以能成为愚人，大概都出于这个原因吧？爱自己的孩子，就选择老师来教他；对于他自己，却以跟从老师学习为可耻，糊涂啊！那些孩子们的老师，只是教他们读书，帮助学习断句的，并不是我所说的传授道理、解答疑难问题的人。一方面不知道句读，另一方面不能解决疑惑，有的（句读）要学习，有的（疑惑）却不学习；小的方面倒要学习，大的方面反而不学，我没看出他聪明在哪儿。巫医、乐师和各种工匠，不以互相学习为耻。士大夫这类人，当听到称“老师”称“弟子”时，就聚在一起嘲笑人家。问他们为什么嘲笑，他们就说：“那个人和他年龄差不多，道德学问也差不多，（怎么能称他为老师呢？）以地位低的人为师，就觉得羞耻；以官职高的人为师，就近乎谄媚了。”唉！跟从老师学习的传统难以恢复，由此可知。巫医、乐师和各种工匠，是君子们所看不起的，现在君子们的见识反而赶不上这些人了，难道不令人感到奇怪吗？

圣人无常师①。孔子师郯子、苌弘、师襄、老聃②。郯子之徒③，其贤不及孔子。孔子曰：三人行，则必有我师④。是故弟子不必不如师⑤，师不必贤于弟子，闻道有先后，术业有专攻⑥，如是而已。

〔注释〕

①圣人无常师：圣人没有固定的老师。常，固定的。

②郯（tán）子：春秋时郯国（今山东郯城境）的国君，相传孔子曾向他

请教官职。苌(cháng)弘：东周敬王时候的大夫，相传孔子曾向他请教古乐。师襄：春秋时鲁国的乐官，名襄，相传孔子曾向他学琴。老聃(dān)：即老子，春秋时楚国人，思想家，道家学派创始人。相传孔子曾向他学习周礼。

③之徒：这类。

④"三人行"两句：几个人同行，其中必定有我的老师。

⑤不必：不一定。

⑥术业有专攻：在业务上各有自己的专门研究。攻，学习，研究。

〔译文〕

圣人没有固定的老师。孔子曾以郯子、苌弘、师襄、老聃为师。郯子这些人，他们的道德才能都不如孔子。孔子说："多人同行，其中一定有我的老师。"因此学生不一定不如老师，老师不一定比学生贤能，懂得道理有先有后，学问技艺各有专长，只是这样罢了。

李氏子蟠①，年十七，好古文，六艺经传皆通习之②，不拘于时③，学于余。余嘉其能行古道④，作师说以贻之⑤。

〔注释〕

①李氏子蟠(pán)：李家的孩子名蟠。李蟠，韩愈的弟子，唐德宗贞元十九年(803)进士。

②六艺经传(zhuàn)皆通习之：六艺的经文和传文都普遍地学习了。六艺，指六经，即《诗》《书》《礼》《乐》《易》《春秋》六部儒家经典。《乐》已失传，此为古说。传，古称解释经文的著作为传。

③不拘于时：指不受当时以求师为耻的不良风气的束缚。时，时俗。

④余嘉其能行古道：我赞许他能遵行古人从师学习的传统。嘉，赞许，嘉奖。

⑤贻：赠送，赠予。

〔译文〕

李家的儿子李蟠，年十七岁，爱好古文，六经的经文和传文都普遍学习了，不受世俗的约束，拜我为师。我赞许他能够遵行古人从师学习的传统，写了这篇《师说》送给他。

进学解

韩　愈

〔**题解**〕

元和七年(812),韩愈再次降职为国子博士,官职无足轻重,才德不受重视。本文作于此时。《旧唐书·韩愈传》云:"愈自以才高,累被摈黜,作《进学解》以自喻。……执政揽其文而怜之,以其有史才,改比部郎中、史馆修撰。""进学解"就是对增进学业、提升学养的辨析和解析。韩愈在此文中并未采取直截了当地抒发自我愤懑的方法,而是借师生之对话,委婉含蓄地表达了自己虽德才兼备却屡遭被贬的悲苦境遇,间接地讽刺了主管官吏黜良才而进庸劣的事实。因此韩愈此文之技巧在于正话反说、含沙射影,较之于直接抒情和正面描写,此手法在表达效果和议论上更胜一筹。

国子先生晨入太学[①],招诸生立馆下,诲之曰:"业精于勤,荒于嬉[②];行成于思,毁于随[③]。方今圣贤相逢,治具毕张[④]。拔去凶邪,登崇畯良[⑤]。占小善者率以录[⑥],名一艺者无不庸[⑦]。爬罗剔抉[⑧],刮垢磨光[⑨]。盖有幸而获选，孰云多而不扬？诸生业患不能精，无患有司之不明⑩；行患不能成，无患有司之不公。”

〔注释〕

①国子先生：韩愈自称，当时他任国子博士。唐朝时，国子监是设在京都的最高学府，下面有国子学、太学等七学，各学置博士为教授官。

②嬉：戏乐，游玩。

③随：因循随俗。

④治具：治理的工具，主要指法令。毕：全部。张：指建立、确立。

⑤畯：通“俊”，才智出众。

⑥率：都。

⑦庸：采用，录用。

⑧爬罗剔抉：意指仔细搜罗人才。爬罗，爬梳搜罗。剔抉，剔除挑选。

⑨刮垢磨光：刮去污垢，磨出光亮，意指精心造就人才。

⑩有司：负有专责的部门及其官吏。

〔译文〕

国子先生早上走进太学，召集学生们站立在学舍下面，教导他们说：“学业的精进在于勤奋，而荒废在于游荡玩乐；德行的成就在于独立思考，而败坏在于因循随俗。当今我们遇到了圣君与贤臣，法制健全。除去凶恶奸邪，提拔优秀人才。具有微小优点的都已录取，有一技之长的无不任用。选拔优秀人才，培养人才，对他们刮去污垢，磨炼得闪闪发光。只有侥幸而选拔上的，谁说多才多艺而不被高举呢？诸位学生只怕学得不精，不要怕主管部门官吏不够英明；只须担心德行不能有所成就，不要担心主管部门官吏不公正。”

言未既，有笑于列者曰："先生欺余哉！弟子事先生，于兹有年矣。先生口不绝吟于六艺之文①，手不停披于百家之编②。纪事者必提其要，纂言者必钩其玄③。贪多务得，细大不捐。焚膏油以继晷④，恒兀兀以穷年⑤。先生之业，可谓勤矣。

〔注释〕

①六艺：指儒家六经。

②百家之编：指儒家经典以外各学派的著作。

③纂言者：指言论集、理论著作。纂，编集。

④膏油：油脂，指灯烛。晷(guǐ)：日影。

⑤恒：经常。兀兀(wù)：辛勤不懈的样子。穷：终，尽。

〔译文〕

话没有说完，有人在行列里笑道："先生在欺骗我们吧？我们这些学生侍奉先生，到现在已经很多年了。先生嘴里不断地诵读六经的文章，两手不停地翻阅着诸子百家的书籍。对记事之文一定提取其要点，对言论之文一定探寻其深奥之意。广泛学习，力求有所收获，不论是无关紧要的，还是意义重大的都不舍弃。点起灯烛夜以继日地学习，年复一年地辛勤努力。先生对于学业，可以说勤奋了。

"觝排异端①，攘斥佛老②。补苴罅漏③，张皇幽眇④。寻坠绪之茫茫⑤，独旁搜而远绍。障百川而东之，回狂澜于既倒。先生之于儒，可谓有劳矣。

〔注释〕

①觝(dǐ)排:排斥。异端:儒家称儒家以外的学说、学派为异端。

②攘(rǎng):排除。老:老子,这里借指道教。

③苴(jū):鞋底中垫的草,填补。罅(xià):裂缝。

④皇:大。幽:深。眇(miǎo):微小。

⑤绪:前人留下的事业,这里指儒家的道统。

〔译文〕

“抵制、批驳异端邪说,排斥佛教与道教。弥补儒学的缺漏,发扬精深微妙的义理。寻找那些久已失传的古代儒家学说,独自广泛搜索和继承它们。纵横奔流的各条川河,引导它们东注大海,挽救儒家学说就像挽回已经倒下的宏大波澜。先生您对于儒家,可以说是有功劳了。

“沉浸醲郁,含英咀华[1],作为文章,其书满家。上规姚姒[2],浑浑无涯;周诰[3]、殷《盘》[4],佶屈聱牙[5];《春秋》谨严[6],《左氏》浮夸[7];《易》奇而法[8],《诗》正而葩[9];下逮《庄》《骚》[10],太史所录[11],子云[12]、相如[13],同工异曲。先生之于文,可谓闳其中而肆其外矣。

〔注释〕

①英、华:都是花的意思,这里指文章中的精华。

②姚姒(sì):相传虞舜姓姚,夏禹姓姒。这里指《尚书》里的《虞书》《夏书》。

③周诰:《尚书》中有《大诰》《康诰》《酒诰》《召诰》《洛诰》等篇。诰

是古代一种训诫勉励的文告。

④殷《盘》:《尚书》中有《盘庚》上、中、下三篇。

⑤佶(jié)屈:屈曲。聱(áo)牙:形容不顺口。

⑥《春秋》:鲁国史书,记载鲁隐公元年到鲁哀公十四年间史事,相传经孔子整理删定。叙述简约而精确,往往一个字中寓有褒贬的意思。

⑦《左氏》:指《春秋左氏传》,简称《左传》。相传鲁史官左丘明作,是解释《春秋》的著作,其铺叙详赡,富有文采,颇有夸张之处。

⑧《易》:《易经》,古代占卜用书,相传周人所撰。通过八卦的变化来推算自然和人事规律。

⑨《诗》:《诗经》,我国最早的一部诗歌总集,保存西周及春秋前期诗歌三百零五篇。

⑩逮:及,到。《庄》:《庄子》,战国时思想家庄周的著作。《骚》:《离骚》,战国时大诗人屈原的长诗。这里泛指《楚辞》。

⑪太史:指汉代司马迁,曾任太史令,也称太史公,著《史记》。

⑫子云:汉代文学家扬雄,字子云。

⑬相如:汉代辞赋家司马相如。

〔译文〕

“内心沉浸在浓郁醇厚的书籍里,仔细地品尝其中精华,写起文章来,书卷堆满了房屋。向上取法虞、夏时代的典章,深远博大得无边无际;周代的诰书和殷代的《盘庚》,多么艰涩拗口难读;《春秋》的语言精练准确,《左传》的文辞铺张夸饰;《易经》变化奇妙而有法则,《诗经》思想端正而辞采华美;往下一直到《庄子》《楚辞》《史记》;扬雄、司马相如的创作,同样巧妙但曲调各异。先生的文章,可以说是内容宏大而外表奔放,波澜壮阔。

“少始知学，勇于敢为；长通于方，左右具宜。先生之于为人，可谓成矣。

〔译文〕

“先生少年时代开始懂得学习，就敢于实践；长大之后通达道理，处理各种事情都十分得体。先生的做人，可以说是很有成就的了。

“然而公不见信于人，私不见助于友[①]。跋前疐后[②]，动辄得咎[③]。暂为御史，遂窜南夷[④]。三年博士[⑤]，冗不见治[⑥]。命与仇谋，取败几时[⑦]。冬暖而儿号寒，年丰而妻啼饥。头童齿豁[⑧]，竟死何裨[⑨]？不知虑此，而反教人为[⑩]？”

〔注释〕

①见信、见助：被信任、被帮助。

②跋（bá）：踩。疐（zhì）：绊。《诗经》：“狼跋其胡，载疐其尾。”

③辄：常常。

④窜：窜逐，贬谪。南夷：韩愈于贞元十九年（803）授四门博士，次年转监察御史。冬，上书论宫市之弊，触怒德宗，被贬为连州阳山令。阳山在今广东，故称南夷。

⑤三年博士：韩愈在宪宗元和元年（806）六月至四年任国子博士。一说“三年”当作“三为”，韩愈此文为第三次任国子博士时所作（元和七年二月至八年三月）。

⑥冗（rǒng）：闲散。见（xiàn）：通“现”，表现，显露。

⑦几时：不时，不一定什么时候。

⑧童：秃头。豁（huò）：脱落。

⑨裨（bì）：益。

⑩为：语助词，表示疑问、反诘。

〔译文〕

“可是在朝廷上不能被人们信任，在私下里得不到朋友的帮助。前进后退，都很困难，一举一动都受到指责。刚当上御史，就被贬到南方边远地区。做了三年博士，职务闲散，表现不出治理的成绩。您命中注定和仇敌相伴，不时遭受失败。冬天气候还算暖和的日子里，您的儿女们哭着喊冷；到了丰收的年头而您的夫人却仍然因为食粮不足而说饥饿。您自己的头顶秃了，牙齿掉了，这样一直到死，有什么好处呢？不知道想想这些，倒反而来教导别人是为什么呢？”

先生曰：“吁[①]，子来前！夫大木为宗[②]，细木为桷[③]，欂栌、侏儒，椳、闑、扂、楔[④]，各得其宜，施以成室者，匠氏之工也。玉札、丹砂，赤箭、青芝，牛溲、马勃[⑤]，败鼓之皮，俱收并蓄，待用无遗者，医师之良也。登明选公，杂进巧拙，纡余为妍[⑥]，卓荦为杰[⑦]，校短量长[⑧]，惟器是适者，宰相之方也。昔者孟轲好辩[⑨]，孔道以明，辙环天下[⑩]，卒老于行。荀卿守正[⑪]，大论是弘，逃谗于楚，废死兰陵。是二儒者，吐辞为经，举足为法，绝类离伦[⑫]，优入圣域，其遇于世何如也？今先生学虽勤而不繇其统[⑬]，言虽多而不要其中，文虽奇而不济于用，行虽修而不显于众。犹且月费俸钱，岁靡廪粟[⑭]；子不知耕，妇不知织；乘马从徒，安坐而食。踵常途之役役[15]，窥陈编以盗窃[16]。然而圣主不加诛，宰臣不见斥，非其幸欤？动而得谤，名亦随之。投闲置散，乃分之宜。若夫商财贿之有亡[17]，计班资之崇庳[18]，忘己量之所称，指前人之瑕疵[19]，是所谓诘匠氏之不以杙为楹[20]，而訾医师以昌阳引年[21]，欲进其豨苓也[22]。”

〔注释〕

①吁（xū）：叹词。

②宲（máng）：屋梁。

③桷（jué）：屋椽。

④欂栌（bólú）：斗拱，柱顶上承托栋梁的方木。侏（zhū）儒：梁上短柱。椳（wēi）：门枢臼。闑（niè）：门中央所竖的短木，在两扇门相交处。扂（diàn）：门闩之类。楔（xiē）：门两旁的长木柱。

⑤玉札：地榆。丹砂：朱砂。赤箭：天麻。青芝：龙兰。以上四种都是名贵药材。牛溲：牛尿，一说为车前草。马勃：马屁菌。以上两种及“败鼓之皮”都是贱价药材。

⑥纡（yū）余：委婉从容的样子。妍：美。

⑦卓荦（luò）：突出，超群出众。

⑧校（jiào）：比较。

⑨孟轲好辩：《孟子·滕文公下》载：孟子有好辩的名声。

⑩辙：车轮痕迹，奔走的意思。

⑪荀卿：即荀况，战国后期儒家大师，时人尊称为卿。曾在齐国做祭酒，被人谗毁，逃到楚国。楚国春申君任他做兰陵（今山东枣庄）令。春申君死后，荀况也被废，死在兰陵。著有《荀子》。

⑫绝、离：都是超越的意思。类、伦：都是“类”的意思，指一般人。

⑬繇：通“由”，遵从，继承。

⑭靡：浪费，消耗。

⑮踵（zhǒng）：脚后跟，这里是跟随的意思。常途：常规，流俗。役役：拘谨局促的样子。

⑯窥：偷看。陈编：古旧的书籍。

⑰财贿：财物，这里指俸禄。亡（wú）：通“无”。

⑱班资：等级，资格。庳（bì）：通“卑”，低。

⑲前人：指职位在自己前列的人。瑕（xiá）：玉石上的斑点。疵（cī）：病。

⑳杙（yì）：小木桩。楹（yíng）：柱子。

㉑訾（zǐ）：毁谤非议。昌阳：昌蒲，药材名，相传久服可以长寿。

㉒豨（xī）苓：又名猪苓，利尿药。

〔译文〕

国子先生说：“唉，你到前面来！要知道那些大的木材做屋梁，小的木材做瓦椽，做斗拱，短椽的，做门臼、门橛、门闩、门柱的，都量材使用，各适其宜而建成房屋，这是工匠的技巧啊。贵重的地榆、朱砂、天麻、龙芝，便宜的车前草、马屁菌、坏鼓的皮，全都收集、储藏齐备，等需要的时候就没有遗缺的，这是医师的高明啊。用人明智，选拔公正，灵巧的人和朴质的人都得到引进，有的人因谦虚而变得美好，有的人因豪放而变得杰出，比较每个人的短处，衡量彼此的长处，按照他们的品性给予适当的职务，这是宰相的方法啊！以前孟轲擅长辩论，孔子之道得以阐释，游历的车迹周遍天下，最后在奔走中老去。荀况恪守正道，发扬宏伟的理论，因为逃避谗言到了楚国，最后丢官而死在兰陵。这两位大儒，说出话来成为经典，一举一动成为法则，远远超越常人，其言语行为足以载入圣人之行列，可是他们在世上的遭遇是怎样呢？现在你们的先生治学虽然勤奋却不能遵从道统，言论虽然不少却不切合旨意，文章虽然写得出奇却不实用，行为虽然有修养却并没有突出于一般人的表现。这样还每月浪费国家的钱，每年消耗仓库里的粮食；儿子不懂得耕地，妻子不懂得织布；出门乘着车马，后面跟着仆人，安安稳稳地坐着吃饭。小心谨慎地按常规行事，眼光狭窄地在旧书里盗窃陈言。然而圣明的君主却不加处罚，也没有为宰相大臣所排斥，难道不幸运吗？有所行动就受到诋毁，名誉也跟着受影响。被放在闲散的位置上，确实是恰如其分。如果还度量财物的有无，计较品级的高低，忘记了自己的才能和什么职位相称，却指斥官长上司的缺点，这就等于责问工匠为什么不用小木桩做柱子，批评医师用菖蒲延年益寿的正确做法，却想推荐利尿的猪苓去代替一样荒谬啊！”

送孟东野序

韩　愈

〔题解〕

此文是韩愈为孟郊所作。孟郊(751—814),字东野,中唐诗人,与贾岛齐名,二人并称“郊岛”。孟郊一生穷困潦倒,到了四十六岁才中进士,五十岁被选为溧阳县尉。临上任时,韩愈为之送别,作此篇。在此文中,韩愈提出了他重要的文论观点——“不平则鸣”,此观点对后世影响很大。韩愈借天地自然之物、历朝作文发声的贤德之辈,来说明物和人皆“不得其平则鸣”的主旨。此文将孟郊与历史上的圣贤名人相比拟,对孟郊的诗作给以极高的评价,字里行间充满真挚的劝慰和勉励之意。

大凡物不得其平则鸣。草木之无声,风挠之鸣。水之无声,风荡之鸣。其跃也,或激之[①];其趋也,或梗之;其沸也,或炙之[②]。金石之无声,或击之鸣。人之于言也亦然,有不得已者而后言。其歌也有思,其哭也有怀,凡出乎口而为声者,其皆有弗平者乎!

〔注释〕

①激:水因受到阻碍或震荡而向上涌。

②炙:烤。这里指烧煮。

〔译文〕

一般说来各种事物处在不平静的时候就会发出声音:草木本来没有声音,风摇动它就发出了声响。水本来没有声音,风震荡它就发出声响。水浪腾涌,或是有东西在阻遏水势;水流湍急,或是有东西阻挡了水道;水花沸起,或是有火在烧煮它。金属石器本来没有声音,有人敲击它就发出音响。人的言语也是如此,到了不得不说的时候才会发言。人们唱歌是为了寄托情思,人们哭泣是抒发有所怀恋,大凡从口中发出的声音,大概都有其不能平静的原因吧!

乐也者,郁于中而泄于外者也,择其善鸣者而假之鸣①。金、石、丝、竹、匏、土、革、木八者②,物之善鸣者也。维天之于时也亦然,择其善鸣者而假之鸣。是故以鸟鸣春,以雷鸣夏,以虫鸣秋,以风鸣冬。四时之相推敚③,其必有不得其平者乎!

〔注释〕

①假:借助。

②金、石、丝、竹、匏(páo)、土、革、木:指我国古代用这八种质料制成的各类乐器。

③推敚(duó):推移。敚,同“夺”。

〔译文〕

音乐，是将心中的积郁发泄出来形成的，它会选择最适合发声的材料并借助它们来发声。金、石、丝、竹、匏、土、革、木这八种材料，是各种材料中最适合制作乐器的。天下一年四季也是这样，借助最善于发声的事物来发声。因此春天让百鸟啁啾，夏天让雷霆轰鸣，秋天让虫声唧唧，冬天让寒风呼啸。一年四季交替变换，也一定有其不能平静的原因吧！

其于人也亦然。人声之精者为言，文辞之于言，又其精也，尤择其善鸣者而假之鸣。其在唐、虞，咎陶、禹[①]，其善鸣者也，而假以鸣。夔弗能以文辞鸣[②]，又自假于《韶》以鸣[③]。夏之时，五子以其歌鸣[④]。伊尹鸣殷[⑤]，周公鸣周[⑥]。凡载于《诗》《书》六艺，皆鸣之善者也。周之衰，孔子之徒鸣之，其声大而远。传曰："天将以夫子为木铎[⑦]。"其弗信矣乎！其末也，庄周以其荒唐之辞鸣[⑧]。楚，大国也，其亡也，以屈原鸣[⑨]。臧孙辰、孟轲、荀卿[⑩]，以道鸣者也。杨朱、墨翟、管夷吾、晏婴、老聃、申不害、韩非、慎到、田骈、邹衍、尸佼、孙武、张仪、苏秦之属[⑪]，皆以其术鸣。秦之兴，李斯鸣之[⑫]。汉之时，司马迁、相如、扬雄[⑬]，最其善鸣者也。其下魏晋氏，鸣者不及于古，然亦未尝绝也。就其善者，其声清以浮，其节数以急[⑭]，其辞淫以哀，其志弛以肆[⑮]；其为言也，乱杂而无章。将天丑其德莫之顾邪？何为乎不鸣其善鸣者也？

〔注释〕

①唐、虞：尧帝国号为唐，舜帝国号为虞。咎陶（gāoyáo）：也作咎繇、皋陶。传说为舜帝之臣，主管刑狱之事。禹：夏朝开国君主，传说治洪水有功，舜让位于他。

②夔（kuí）：传说是舜时的乐官。

③《韶》：舜时乐曲名。

④五子：夏王太康的五个弟弟。太康耽于游乐而失国，五子作歌告诫。《尚书》载有《五子之歌》，系伪托。

⑤伊尹：名挚，殷汤时的宰相，曾佐汤伐桀。《尚书》载有他所作《咸有一德》《伊训》《太甲》等文，或说系后人伪作。

⑥周公：名旦，周武王之弟。辅佐武王伐纣灭商，建立周王朝。

⑦天将以夫子为木铎：语出《论语·八佾》。木铎，木舌的铃。古代发布政策教令时，先摇木铎以引起人们注意。以木铎比喻宣扬教化的人。

⑧庄周：即庄子，战国时宋国蒙（今山东蒙阴）人，道家学说的代表人物。荒唐：漫无边际，荒诞不经。

⑨屈原：名平，字原；又名正则，字灵均。战国时楚国人。

⑩臧孙辰：即春秋时鲁国大夫臧文仲。孟轲：即孟子。战国时邹国（今山东邹城）人，著有《孟子》。荀卿：即荀子。战国时赵国人，儒家学者，著有《荀子》。

⑪杨朱：字子居，战国时魏国人。言论散见于《孟子》《庄子》《荀子》《韩非子》。墨翟（dí）：即墨子。春秋、战国之际鲁国（一说宋国）人。管夷吾：字仲，春秋时齐国人，辅佐齐桓公称霸。后人辑有《管子》一书。晏婴：即晏子，字平仲，春秋时齐景公贤相，以节俭力行，显名诸侯。其言行见于《晏子春秋》。老聃（dān）：即老子，春秋时楚国人。道家学说的始祖。申不害：战国时郑国人。著有《申子》。韩非：战国时韩国公子，后出使入秦为李斯所杀。著名法家代表，其说见《韩非子》。慎到：战国时赵国人，著有《慎子》。田骈（pián）：战国时齐国人。著《田子》二十五篇，今已佚。邹

衍:战国时齐国人,阴阳家的代表人物,时称“谈天衍”。尸佼:战国时晋国人。著有《尸子》,《汉书·艺文志》列入杂家。孙武:即孙子。春秋时齐国人。著名军事家,著有《孙子兵法》。张仪:战国时魏国人,主“连横”说,游说六国与秦结盟。苏秦:战国时东周洛阳人,曾游说燕、赵、韩、魏、齐、楚六国,合纵抗秦。

⑫李斯:战国时楚国人。秦始皇时任廷尉、丞相。他对秦统一天下起过重要作用。有《谏逐客书》。

⑬司马迁:字子长,西汉夏阳人。著名史学家,著有《史记》。扬雄:字子云,西汉成都人。辞赋家,又有《太玄》《法言》等专著。

⑭节数(shuò):节奏短促。

⑮弛以肆:颓废而放荡。

〔译文〕

对于人来说也是这样。人类声音的精华是语言,文辞对于语言来说,又是它的精华,所以尤其要选择善于表达的人,借助他们来表达意见。在唐尧、虞舜时,咎陶、禹是最善于表达的,因而借助他俩来表达。夔不能用文辞来表达,他就借演奏《韶》乐来表达。夏朝的时候,太康的五个弟弟用他们的歌声来表达。殷朝善于表达的是伊尹,周朝善于表达的是周公。凡是记载在《诗经》《尚书》等儒家六种经典上的文字,都是表达得很高明的。周朝衰落时,孔子和他的弟子表达了对时代的看法,他们的声音洪大而传播遥远。《论语》上说:“上天将使孔子成为宣扬教化的人。”这难道不是真的吗?周朝末年,庄周用他那谬悠荒唐的文辞来表达。楚国是大国,它灭亡时候的情景靠着屈原的创作来表达。臧孙辰、孟轲、荀卿等人用他们的思想学说来表达。杨朱、墨翟、管夷吾、晏婴、老聃、申不害、韩非、慎到、田骈、邹衍、尸佼、孙武、张仪、苏秦这些人,都通过各自的具体主张来表达。秦朝的兴起，李斯是表达者。在汉朝，司马迁、司马相如、扬雄，是其中最善于表达的人。此后的魏朝、晋朝，能表达的人赶不上古代，可是也并未绝迹。就其比较好的人来说，他们作品的声音清灵而虚浮，节奏短促而急迫，辞藻艳丽而伤感，志趣颓废而放旷；他们的文辞，杂乱而没有章法。这大概是上天厌弃这个时代的丑德败行而不愿照顾他们吧？为什么不让那些善于表达的人出来表达呢？

唐之有天下，陈子昂、苏源明、元结、李白、杜甫、李观①，皆以其所能鸣。其存而在下者，孟郊东野始以其诗鸣。其高出魏晋，不懈而及于古，其他浸淫乎汉氏矣②。从吾游者，李翱、张籍其尤也③。三子者之鸣信善矣。抑不知天将和其声，而使鸣国家之盛邪？抑将穷饿其身，思愁其心肠，而使自鸣其不幸邪？三子者之命，则悬乎天矣。其在上也奚以喜，其在下也奚以悲！东野之役于江南也④，有若不释然者，故吾道其命于天者以解之。

〔注释〕

①陈子昂：字伯玉，梓州射洪人。唐初著名诗人，著有《陈伯玉集》。苏源明：字弱夫，天宝年间(742—756)进士。诗文散见于《全唐诗》《全唐文》。元结：字次山，河南洛阳人。有《元次山文集》。李观：字元宾，赵州赞皇人。擅长散文，有《李元宾文集》。

②浸淫：逐渐渗透，此有接近意。

③李翱：字习之，陇西成纪人。他是韩愈的学生和侄女婿。有《李文公集》。张籍：字文昌，吴郡人。善作乐府诗，有《张司业集》。

④役于江南：指赴溧阳就任县尉，唐代溧阳县属江南道。

〔译文〕

唐朝建立以后，陈子昂、苏源明、元结、李白、杜甫、李观，都凭他们的出众才华来表达心声。其后活着的人当中，孟郊开始用他的诗歌来表达感情。这些作品超过了魏晋，有些无懈可击的诗篇已达到了上古的水平。其他作品也都接近了汉朝的水准。同我交往的人中间，李翱、张籍大概是最引人注目的。他们三位的文辞表达确实是很好的。但不知道上天将使他们的声音变得和谐，而使他们的作品表达国家的强盛呢，还是将让他们贫穷饥饿，愁肠百结，使他们的作品表达自身的不幸遭遇呢？他们三位的命运，就掌握在上天的手里了。身居高位有什么可喜的，身沉下僚有什么可悲的！东野将到江南地区去就任县尉，心里好像有想不开的地方，所以我讲这番命由天定的话来解开他心中的郁结。

柳子厚墓志铭

韩　愈

〔**题解**〕

柳宗元是韩愈的好友,也是共同倡导“古文运动”的同志。元和十四年(819),柳宗元卒于柳州,第二年归葬万年县,韩愈为他写了这篇墓志铭。全文以朋友的口吻写成,简要记述了柳宗元的生平遭际和德行品格,对其参与王叔文变法而遭到贬谪表示了同情和憾惜,对其地方政绩和文学成就则给以毫无保留的赞美。行文夹叙夹议,以两面三刀的市井小人反衬柳宗元的古道热肠,又以裴行立和卢遵两位笃行君子加以烘托,不仅使柳宗元的形象如在目前,也将世道人心写得入木三分。

子厚①,讳宗元②。七世祖庆③,为拓跋魏侍中④,封济阴公。曾伯祖奭⑤,为唐宰相,与褚遂良、韩瑗俱得罪武后⑥,死高宗朝。皇考讳镇⑦,以事母弃太常博士⑧,求为县令江南。其后以不能媚权贵⑨,失御史。权贵人死⑩,乃复拜侍御史⑪。号为刚直⑫,所与游皆当世名人⑬。

〔注释〕

①子厚：柳宗元的字。

②讳：名讳。生者称名，死者称讳。

③七世祖庆：史书记柳宗元七世祖柳庆在北魏时任侍中，入北周封为平齐公。庆子柳旦，任北周中书侍郎，封为济阴公。

④拓跋魏：北魏国君姓拓跋（后改姓元），故称。

⑤曾伯祖奭（shì）：字子燕，柳旦之孙，柳宗元高祖子夏之兄。他是柳宗元的高伯祖，不是曾伯祖。

⑥褚（chǔ）遂良：字登善，曾做过吏部尚书、同中书门下三品、尚书右仆射等官。韩瑗（yuàn）：字伯玉，官至侍中。

⑦皇考：死去的父亲。

⑧太常博士：太常寺掌宗庙礼仪的属官。

⑨权贵：这里指窦参。

⑩权贵人死：其后窦参因罪被贬，第二年被唐德宗赐死。

⑪侍御史：御史台的属官，职掌纠察百僚，审讯案件。

⑫号为刚直：被称赞为刚正不阿。

⑬游：交往。

〔译文〕

柳子厚，名宗元。七世祖柳庆，做过北魏的侍中，被封为济阴公。曾伯祖柳奭，做过唐朝的宰相，同褚遂良、韩瑗都得罪了武后，在高宗时被处死。父亲叫柳镇，为了侍奉母亲，放弃了太常博士的官位，请求到江南去做县令。后来又因为他不肯向权贵低头，失去了御史的官职。直到那位权贵死了，才又被任命为侍御史。人们都说他正直，与他交往的都是当时的名人。

子厚少精敏，无不通达。逮其父时[①]，虽少年，已自成人[②]，能取进士第[③]，崭然见头角[④]。众谓柳氏有子矣[⑤]。其后以博学宏词[⑥]，授集贤殿正字[⑦]。俊杰廉悍[⑧]，议论证据今古[⑨]，出入经史百子[⑩]，踔厉风发[⑪]，率常屈其座人[⑫]。名声大振，一时皆慕与之交。诸公要人，争欲令出我门下[⑬]，交口荐誉之[⑭]。

〔注释〕

①逮(dài)其父时：在他父亲在世的时候。逮，等到。

②已自成人：柳宗元十三岁即作《为崔中丞贺平李怀光表》。

③取进士第：柳宗元进士及第，年二十一。

④崭然：突出的样子。见(xiàn)：同“现”，显现。

⑤有子：意谓有光耀门楣之子。

⑥博学宏词：唐制，进士及第者可应博学宏词考选，取中后即授予官职。

⑦集贤殿：集贤殿书院，掌刊辑经籍，搜求佚书。正字：集贤殿置学士、正字等官，正字掌管编校典籍、刊正文字的工作。

⑧廉悍：方正、廉洁和坚毅。

⑨证据今古：引据今古事例做证。

⑩出入：融会贯通，深入浅出。

⑪踔(chuō)厉风发：议论纵横，言辞奋发，见识高远。踔，远。厉，高。

⑫率：每每。屈：使之屈服。

⑬令出我门下：意谓都想叫他做自己的门生以沾光彩。

⑭交口：异口同声。

〔译文〕

子厚小的时候就很聪明，没有不明白通晓的事。赶上他父亲在世时，他虽然很年轻，但已经成才，能够考取进士，显露出他的才华。大家都说柳家有能光耀门楣的后代了。后来他又通过博学宏词科的考试，被任为集贤殿的正字。他的才华出众，正直勇敢，发表议论时能引证今古事例为依据，精通经史诸子典籍，言辞锋利，见识高远，常常使在座的人深感佩服。因此名声轰动一时，当时的人们都敬慕并且想与他交往。那些公卿贵人争着想让他成为自己的门生，大家异口同声地赞誉举荐他。

贞元十九年，由蓝田尉拜监察御史①。顺宗即位，拜礼部员外郎②。遇用事者得罪③，例出为刺史④。未至，又例贬州司马⑤。居闲⑥，益自刻苦，务记览⑦，为词章，泛滥停蓄⑧，为深博无涯涘⑨，而自肆于山水间⑩。

〔注释〕

①蓝田：今属陕西。尉：县府管理治安、缉捕盗贼的官吏。监察御史：御史台的属官，掌分察百僚、巡按郡县、纠视刑狱、整肃朝仪诸事。

②礼部员外郎：官名，掌管辨别和拟定礼制之事及学校贡举之法。

③用事者：掌权者，指王叔文。

④例出：一起被贬出。例，一概。

⑤司马：本是州刺史属下掌管军事的副职。无实职，只余虚名。

⑥居闲：指公事清闲。

⑦记览：记诵阅览，此喻刻苦为学。

⑧泛滥：文笔汪洋恣肆。停蓄：文笔雄厚凝练。

⑨无涯涘（sì）：无边际。涯、涘，均是水边。

⑩肆：放情肆志。

〔译文〕

贞元十九年，子厚从蓝田县尉升任监察御史。顺宗即位，又升为礼部员外郎。正值当权者获罪，他也一起被贬出京城当刺史。还未上任，又一起被贬为州司马。身处清闲之地，自己更加刻苦，专心诵读，写作诗文，文笔豪放恣肆，雄厚凝练，像海水那样广大精深，而他自己则寄情于山水之间。

元和中，尝例召至京师。又偕出为刺史①，而子厚得柳州②。既至，叹曰："是岂不足为政邪③？"因其土俗④，为设教禁⑤，州人顺赖⑥。其俗以男女质钱⑦，约不时赎⑧，子本相侔⑨，则没为奴婢⑩。子厚与设方计⑪，悉令赎归⑫。其尤贫力不能者，令书其佣⑬，足相当⑭，则使归其质⑮。观察使下其法于他州⑯，比一岁⑰，免而归者且千人。衡湘以南为进士者⑱，皆以子厚为师，其经承子厚口讲指画为文词者，悉有法度可观⑲。

〔注释〕

①偕出：元和十年(815)，柳宗元等"八司马"同时被召回长安，但又同被迁往更远的地方。

②柳州：唐置，属岭南道，即今广西柳州。

③是岂不足为政邪：这里难道就不值得实施政教吗？是，这里。

④因：顺着，按照。土俗：当地的风俗。

⑤教禁：教谕和禁令。

⑥顺赖：顺从信赖。

⑦质：典当，抵押。

⑧不时赎：不按时赎取。

⑨子：利息。本：本金。相侔(móu)：相等。

⑩没(mò)：没收。

⑪与设方计:替债务人想方设法。

⑫悉:全部。

⑬书:写,记下。佣:当雇工。此指雇工劳动所值,即工资。

⑭足相当:意谓佣工所值足以抵消借款本息。

⑮质:人质。

⑯观察使:又称观察处置使,是中央派往地方掌管监察的官。下其法:推行赎回人质的办法。

⑰比:及,等到。

⑱衡湘:衡山、湘水,泛指岭南地区。为:应试。

⑲法度:规范。

〔译文〕

元和年间,他曾与同案人一起被召回到京师,又同时被派出做刺史,子厚分在柳州。到任后,他感叹道:“这里难道不值得做出政绩吗?”于是按照当地的风俗,推行教化和禁令,全州百姓都听从信任他。当地人有用儿女做抵押向人借钱的风气,如果不能按时赎回,等到利息与本金相等时,债主就把人没收做奴婢。子厚为此想方设法改变这种风气,让他们把子女都赎了回来。那些很穷没有能力赎回子女的,就让债主记下子女当佣工的工钱,到应得的工钱足够抵销债务时,就让债主归还被抵押的子女。观察使把这个办法用到其他的州县,满一年后,免除奴婢身份的将近一千人。衡山、湘水以南准备考进士的人,都把子厚当作自己的老师,那些受到子厚亲自指点的人所写出来的文章,都可以看得出是非常规范的。

其召至京师而复为刺史也,中山刘梦得禹锡亦在遣中①,当诣播州②。子厚泣曰:“播州非人所居,而梦得亲在堂[3]，吾不忍梦得之穷[4]，无辞以白其大人[5]；且万无母子俱往理。”请于朝，将拜疏[6]，愿以柳易播[7]，虽重得罪[8]，死不恨。遇有以梦得事白上者[9]，梦得于是改刺连州[10]。呜呼！士穷乃见节义。今夫平居里巷相慕悦，酒食游戏相征逐[11]，诩诩强笑语以相取下[12]，握手出肺肝相示[13]，指天日涕泣，誓生死不相背负[14]，真若可信；一旦临小利害，仅如毛发比[15]，反眼若不相识，落陷阱，不一引手救，反挤之，又下石焉者，皆是也。此宜禽兽夷狄所不忍为，而其人自视以为得计。闻子厚之风，亦可以少愧矣。

〔注释〕

①中山刘梦得禹锡：刘禹锡，字梦得，中山(今属河北)人。

②诣：前往。播州：今贵州绥阳。

③亲在堂：母亲健在。

④穷：困窘。

⑤大人：父母，此指刘禹锡之母。

⑥拜疏：上呈奏章。

⑦以柳易播：意指柳宗元自愿到播州去，让刘禹锡去柳州。

⑧重(chóng)得罪：再加一重罪。

⑨“遇有”句：指当时御史中丞裴度、崔群上疏为刘禹锡陈情一事。

⑩刺：用作动词，做刺史。连州：唐属岭南道，州治在今广东连州。

⑪征逐：往来频繁。征，约之来。逐，随之去。

⑫诩诩(xǔ)：夸大的样子，讨好取媚的样子。强(qiǎng)：勉强，做作。取下：指采取谦下的态度。

⑬出肺肝相示：譬喻做出非常诚恳和坦白的样子。

⑭背负：背叛，变心。

⑮如毛发比：譬喻事情之细微。比，类似。

〔译文〕

他被召回京师又一次被派遣做刺史时，中山人刘梦得也同样被遣，应当去播州。子厚哭着说："播州不是一般人能住的地方，况且梦得有老母亲在，我不忍心看到梦得处境如此艰难，使他没有办法把这事告诉他的老母亲；况且也万万没有母子一同去任职的道理。"于是向朝廷请求，同时准备递上奏折，愿意拿柳州换播州，表示因此再一次获罪也无憾。当时有人把梦得的情况报告了皇上，梦得因此改任为连州刺史。唉！士人到了穷困的时候，才看得出他的节操和义气！现在有的人平时安居无事的时候相互讨好，一起吃喝玩乐交往频繁，强作笑脸，装作谦卑，互相握手，把心都掏出来，指着天日流泪，发誓不论生死谁都不背弃朋友，简直像真的一样；然而一遇到小小的利益矛盾，如发丝般细小，就翻脸不认人，朋友掉落陷阱之中，也不会伸手去救对方，反而会趁着这个机会推挤他，再往下扔石头，到处都是这样的人啊！这应该是连那些禽兽和野蛮人都不忍心干的，而那些人却为此而感到得意。他们听到子厚的高尚风节，会觉得有点儿惭愧了吧！

子厚前时少年，勇于为人①，不自贵重顾藉②，谓功业可立就③，故坐废退④。既退，又无相知有气力得位者推挽⑤，故卒死于穷裔⑥。材不为世用，道不行于时也。使子厚在台省时⑦，自持其身，已能如司马刺史时，亦自不斥；斥时，有人力能举之，且必复用不穷。然子厚斥不久，穷不极，虽有出于人，其文学辞章，必不能自力[⑧]，以致必传于后如今，无疑也。虽使子厚得所愿，为将相于一时[⑨]，以彼易此，孰得孰失，必有能辨之者。

〔注释〕

①为人：助人。
②顾藉：顾惜。
③立就：即刻获得。
④坐：因他人获罪而受牵连。废退：指远谪边地，不用于朝廷。
⑤有气力：有权势和力量的人。推挽：推举提携。
⑥穷裔：穷困的边远地方。
⑦台省：御史台和尚书省。
⑧自力：自我努力。
⑨为将相于一时：一度出将入相。

〔译文〕

子厚年少的时候，勇于帮助他人，不看重和爱惜自己，认为功名事业可以一蹴而就，所以受到牵连被贬职。贬谪后，又没有与他交好的权贵和有地位的人举荐与提携，所以最终死在偏远的地方。才能不被社会所用，理想不能在当世得到实现。如果子厚当时在御史台、尚书省做官时，谨慎地约束自己，像后来任司马、刺史时那样，也不会被贬官了；贬官后，如果有人能够举荐他，一定会再次被任用，而不会陷入困厄。然而如果子厚被贬斥的时间不够长，穷困没有达到极点，即使才能超出常人，他在文学辞章方面一定不会如此刻苦用功，以至于取得现在这样必定会留名于后世的成就，这是毫无疑问的。即使让子厚实现他的愿望，一度官至将相，拿那个换这个，何者为得，何者为失，一定有能分辨它的人。

子厚以元和十四年十一月八日卒[1]，年四十七。以十五年七月十日，归葬万年先人墓侧[2]。子厚有子男二人：长曰周六，始四岁；季曰周七[3]，子厚卒乃生。女子二人，皆幼。其得归葬也，费皆出观察使河东裴君行立[4]。行立有节概[5]，重然诺[6]，与子厚结交，子厚亦为之尽[7]，竟赖其力。葬子厚于万年之墓者，舅弟卢遵[8]。遵，涿人[9]，性谨慎，学问不厌。自子厚之斥，遵从而家焉[10]，逮其死不去。既往葬子厚，又将经纪其家[11]，庶几有始终者[12]。

〔注释〕

①元和十四年：819 年。

②万年：在今陕西临潼东北。先人墓：父母的坟墓。

③周七：即柳告，字用益，柳宗元遗腹子。

④河东：今山西永济。裴行立：绛州稷山（今山西稷山）人，时任桂管观察使，是柳宗元的上司。

⑤节概：节操度量。

⑥重然诺：看重许下的诺言。

⑦尽：尽心，尽力。

⑧卢遵：柳宗元舅父之子。

⑨涿（zhuō）：今河北涿州。

⑩从而家：跟从柳宗元以为己家。

⑪经纪：经营，料理。

⑫庶几：近似，差不多。

〔译文〕

子厚在元和十四年十一月初八去世，享年四十七岁。在十五年七月初十安葬在万年县其父母的坟墓的旁边。子厚有两个儿子：大的叫周六，四岁；小的叫周七，是子厚去世后才出生的。还有两个女儿都还小。他的灵柩能够回乡安葬，费用都是观察使河东人裴行立先生付出的。行立先生为人有气节，重信用，与子厚是朋友，子厚对他也尽心尽力，最后竟仰赖他的力量办理了后事。把子厚安葬到万年县墓地的，是他的表弟卢遵。卢遵是涿州人，性情谨慎，做学问永不满足。自从子厚被贬斥之后，卢遵就跟随他和他家住在一起，直到他去世也没有离开。既送子厚归葬，又准备继续照顾子厚的家眷，算得上是有始有终的人了。

铭曰：是惟子厚之室①，既固既安，以利其嗣人②。

〔注释〕

①惟：就是。室：幽室，即墓穴。
②嗣人：子孙后代。

〔译文〕

铭文说：这是子厚的墓穴，既牢固又安适，对他的子孙会有好处。

捕蛇者说

柳宗元

〔题解〕

柳宗元(773—819),字子厚,河东人,贞元九年(793)进士,曾参加中唐时期以王叔文为首的政治革新运动,失败后长期遭受贬谪,先被贬为永州司马,后改为柳州刺史,并卒于柳州。柳宗元是唐代著名文学家,“唐宋八大家”之一,与韩愈并称“韩柳”,有《柳河东集》。本文是柳宗元被贬永州时期所作。中唐时期,百姓饱受繁重赋税的盘剥,身处水深火热之中,境况非常悲惨。文章写永州出产一种药用价值很大的毒蛇,蒋氏一家以捕此蛇为生,祖辈父辈都付出了生命的代价,但是他却不愿放弃,因为同乡们每天都受到官吏征收赋税的逼迫,以至于家破人亡,和他们比起来,自己还算是幸运的,由此突显出百姓所受剥削的严重。文章感情真挚,体现出作者对民生疾苦的深切关注与深沉同情。在写法上,作者先写蛇毒性之烈,蒋氏捕蛇之危险,然后写横征暴敛的毒害有甚于蛇,从而使主题更为突出。同时,采用第一人称的叙事手法,借由蒋氏之口,将悍吏飞扬跋扈的嘴脸、百姓遭受的苦难鲜活地展现出来,更富有真实性与感染力。

永州之野产异蛇，黑质而白章[①]。触草木，尽死；以啮人[②]，无御之者。然得而腊之以为饵，可以已大风、挛踠、瘘疠[③]，去死肌，杀三虫[④]。其始，太医以王命聚之，岁赋其二，募有能捕之者，当其租入。永之人争奔走焉。

〔注释〕

①章：花纹。

②啮（niè）：咬。

③挛踠（luánwǎn）：四肢蜷曲，无法伸直。瘘（lòu）：生长于颈部的脓肿毒疮。疠（lì）：恶疮。

④三虫：泛指人体内的寄生虫。

〔译文〕

永州的山野出产一种奇异的蛇，它的表皮是黑色的，上面长着白色的花纹。这种蛇碰触到草木，草木就会都枯死掉；如果它的牙齿咬到人，没有谁能抵御得了它的蛇毒。不过，捉到这种蛇后把它晾干，当作药饵，可以治愈麻风、四肢蜷曲、颈部肿痛、毒疮等疾病，还能去除坏死的肌肉，杀死人体内的寄生虫。起初，太医奉皇帝的命令征收这种蛇，每年征收两次，并且招募能够捕捉这种蛇的人，抵充他应缴的租税。永州的百姓都争着去做捕蛇这件差事。

有蒋氏者，专其利三世矣。问之，则曰："吾祖死于是，吾父死于是，今吾嗣为之十二年[①]，几死者数矣。"言之貌若甚戚者[②]。余悲之，且曰："若毒之乎？余将告于莅事者，更若役，复若赋，则何如？”蒋氏大戚，汪然出涕曰：“君将哀而生之乎？则吾斯役之不幸，未若复吾赋不幸之甚也！向吾不为斯役，则久已病矣。自吾氏三世居是乡，积于今六十岁矣。而乡邻之生日蹙[3]，殚其地之出，竭其庐之入，号呼而转徙，饥渴而顿踣[4]。触风雨，犯寒暑，呼嘘毒疠，往往而死者相藉也。曩与吾祖居者，今其室十无一焉；与吾父居者，今其室十无二三焉；与吾居十二年者，今其室十无四五焉。非死则徙尔，而吾以捕蛇独存。悍吏之来吾乡，叫嚣乎东西，隳突乎南北[5]，哗然而骇者，虽鸡狗不得宁焉。吾恂恂而起[6]，视其缶，而吾蛇尚存，则弛然而卧。谨食之[7]，时而献焉。退而甘食其土之有，以尽吾齿。盖一岁之犯死者二焉，其余则熙熙而乐，岂若吾乡邻之旦旦有是哉！今虽死乎此，比吾乡邻之死，则已后矣，又安敢毒邪？”

〔注释〕

①嗣（sì）：继承。
②戚：忧愁，悲伤。
③蹙（cù）：窘迫。
④顿踣（bó）：困顿跌倒。
⑤隳（huī）突：骚扰毁坏。
⑥恂恂（xún）：小心谨慎的样子。
⑦食（sì）：喂养。

〔译文〕

有一个姓蒋的人，他家享有这种通过捕蛇而不纳税的好处已经三代了。我问他相关情况,他却说:“我的祖父死在捕蛇这件差事上,我父亲也死在这件事情上,现在我继承祖业干这差事也已经十二年了,好几次都几乎丧命。”他说这些话时,脸上流露出很悲伤的神情。我很同情他的遭遇,并且说:“你怨恨捕蛇这件差事吗?我要是告诉管理政事的地方官,更换你的差事,恢复你的赋税,你觉得怎么样?”蒋氏听完十分悲伤,泪流满面地说:“您是可怜我,想要让我活下去吗?那么我干这差事的不幸,赶不上恢复我的赋税的不幸那么严重呀!假如过去我不干这份差事,那么我早就困苦不堪了。自从我家三代住在这个地方,累计到现在六十年了。乡邻们的生活一天比一天窘迫,他们把土地上生产出来的所有东西、家里的所有收入都拿出去缴赋税,却仍然不够,他们哭号着迁徙流离,饱受饥渴累倒在地上。他们顶着狂风暴雨,冒着严寒酷暑,呼吸着有毒的疫气,经常见到他们的尸体横七竖八地挨在一起。从前和我祖父同住在这里的,现在十户当中剩不到一户了;和我父亲住在一起的人家,现在十户当中只有不到两三户了;和我一起住了十二年的人家,现在十户当中只有不到四五户了。那些人家不是死了就是搬走了,可是我却凭借捕蛇仍然独自存活在这儿。凶暴的官吏来到我们乡里时,到处吵嚷叫嚣,到处骚扰,他们喧哗叫嚷、惊扰百姓的样子,即使鸡狗也不能够安宁啊!我小心翼翼地起来,查看我的瓦罐,看到我的蛇还在,我就可以放心地躺下了。我小心地喂养蛇,按照规定的日子把它献上去。回家后就可以有滋有味地吃着田地里出产的东西,来度过我的余年。这样,一年当中我冒死的情况只有两次,其余时间我都怡然自乐,哪像我的乡邻们那样天天都有死亡的威胁呢!就算我现在死在这差事上,与我的乡邻比起来,已经是晚的了,又怎么敢怨恨呢?”

余闻而愈悲。孔子曰:“苛政猛于虎也!”吾尝疑乎是,今以蒋氏观之,犹信。呜呼!孰知赋敛之毒,有甚是蛇者乎!故为之说,以俟夫观人风者得焉。

〔**译文**〕

我听了蒋氏的诉说更加悲伤。孔子说:“苛酷的统治比老虎还要凶暴啊!”我曾经怀疑这种说法,现在从蒋氏的遭遇来看,这句话还是可信的。唉!谁会想到赋税暴敛的毒害,比这蛇的毒害更厉害呢!因此我写了这篇“说”,期待那些朝廷派来考察民情的人能够看到它。

钴鉧潭西小丘记

柳宗元

〔题解〕

柳宗元被贬永州，满怀牢骚愁苦之情，于是他借山水游览来加以排遣，并将所见所感付诸文字，这就是著名的“永州八记”。这组文章所描写的景物，往往都是当地奇异美丽却为人所忽视的，这与作者的身世遭遇颇为相似。作者采用象征手法，借助这些景物来表现自己虽满腹才华却被斥逐摒弃的悲剧命运。本文是其中的一篇，描写了自己发现并修葺小丘这块“唐氏之弃地”的过程，结尾说写作此文是为了“贺兹丘之遭也”，有着明显的身世感慨。

得西山后八日，寻山口西北道二百步[①]，又得钴鉧潭。西二十五步，当湍而浚者为鱼梁[②]。梁之上有丘焉，生竹树。其石之突怒偃蹇[③]，负土而出，争为奇状者，殆不可数。其嵚然相累而下者[④]，若牛马之饮于溪；其冲然角列而上者[⑤]，若熊罴之登于山[⑥]。

〔注释〕

①寻:通“循”,沿着。

②浚(jùn):水深。鱼梁:拦截水流、中开缺口以便捕鱼的堰。

③突怒:形容石头突出隆起。偃蹇(yǎnjiǎn):形容石头高耸的姿态。

④嵚(qīn)然:山势高峻的样子。

⑤角列:争取排到前面去。一说,像兽角那样排列。

⑥罴(pí):棕熊。

〔译文〕

发现西山后的第八天,我沿着山口向西北走了两百步,又发现了钴鉧潭。钴鉧潭西面二十五步,在水流深且湍急的地方是一道鱼梁。鱼梁上有一座小丘,上面生长着竹子和树木。它上面的石头突起高耸,破土而出,争着呈现出各种奇怪的形状,几乎多得数不清。那些高峻重叠、向下延伸的石头,好像是在小溪里喝水的牛马;那些高耸突出如兽角那样排列往上冲的石头,好像是向山上攀登的熊罴。

丘之小不能一亩[①],可以笼而有之。问其主,曰:“唐氏之弃地,货而不售[②]。”问其价,曰:“止四百。”余怜而售之[③]。李深源、元克己时同游,皆大喜,出自意外。即更取器用[④],铲刈秽草,伐去恶木,烈火而焚之。嘉木立,美竹露,奇石显。由其中以望,则山之高,云之浮,溪之流,鸟兽之遨游,举熙熙然回巧献技[⑤],以效兹丘之下。枕席而卧,则清泠之状与目谋[⑥],潆潆之声与耳谋[⑦],悠然而虚者与神谋,渊然而静者与心谋。不匝旬而得异地者二[8]，虽古好事之士，或未能至焉。

〔注释〕

①不能：不足，不满，不到。
②货：卖，出售。
③售：买。
④器用：器具，工具。
⑤熙熙然：和悦的样子。回巧：呈现巧妙的姿态。
⑥谋：这里是接触的意思。
⑦潜潜(yíng)：象声词，像水回旋的声音。
⑧匝(zā)旬：满十天。匝，周。旬，十天为一旬。

〔译文〕

这小丘小得不到一亩，简直可以把它装到笼子里占有它。我打听它的主人是谁，有人说："这是唐家不要的地方，想出售却卖不出去。"我问它的价钱，告诉我说："只要四百文。"我很喜欢，就买了下来。李深源、元克己当时和我一起游览，都非常高兴，认为这是意外的收获。我们随即轮流拿起工具，铲除杂草，砍掉杂树，点燃大火把它们烧掉。于是，美好的树木挺立起来了，秀美的竹子显露出来了，奇峭的石头呈现出来了。我们站在小丘中间远望，见到高高的山岭、飘浮的云朵、流淌的小溪、遨游的飞鸟走兽，它们全都和谐欢快地呈巧献技，来为这个小丘效力。我们枕着石头席地而卧，眼睛触及的是清澈明净的景色，耳朵触及的是淙淙潺潺的水声，精神感受到的是悠远空旷的浩然之气，心灵感受到的是幽深恬静的境界。不满十天就得到了两处风景胜地，即使古代爱好山水的人士，也未必能像我这样幸运！

噫！以兹丘之胜[1]，致之沣、镐、鄠、杜，则贵游之士争买者，日增千金而愈不可得。今弃是州也，农夫渔父过而陋之[2]，价四百，连岁不能售。而我与深源、克己独喜得之，是其果有遭乎[3]？

书于石，所以贺兹丘之遭也。

〔注释〕

①胜：指优美的景色。

②陋：鄙视，轻视。

③其：岂，难道。

〔译文〕

唉！凭着这座小丘优美的景色，如果把它放到京都附近的沣、镐、鄠、杜等地，那么喜欢游赏而争相购买的人每天增加千金也很难买得到。如今被抛弃在这永州，连农民、渔夫路过也轻视它，售价四百文钱，连续几年也卖不出去。而唯独我和李深源、元克己欣喜于得到它，难道说这小丘果然该有这样的好运吗？

我把这篇文章写在石碑上，用来祝贺小丘的好运气。

小石城山记

柳宗元

〔题解〕

本文是“永州八记”之一，作者先写小石城山美丽特异的景色，接下来笔锋一转，对造物者将如此美丽的景致安放在这样荒远的地方提出了怀疑，在为小石城山的遭遇鸣不平的同时，更包含着自身遭受贬谪的压抑愤懑的情绪。

自西山道口径北，逾黄茅岭而下，有二道：其一西出，寻之无所得；其一少北而东①，不过四十丈，土断而川分，有积石横当其垠。其上为睥睨梁欐之形②，其旁出堡坞，有若门焉。窥之正黑，投以小石，洞然有水声，其响之激越，良久乃已。环之可上，望甚远。无土壤而生嘉树美箭，益奇而坚。其疏数偃仰，类智者所施设也。

〔注释〕

①少北而东：稍向北又向东去。少，通“稍”。

②睥睨（pìnì）：城墙上如齿状的矮墙、女墙。梁欐（lì）：栋梁。欐，栋，

正梁。

〔译文〕

从西山路口径直向北，越过黄茅岭往下走，有两条道路：一条向西，沿着它探寻，没有什么收获；另一条稍微偏北再向东，走不到四十丈，路就被一条河流截断了，有积石横挡在路旁。石山顶部是矮墙和栋梁的形状，它的旁边又突出一块，好像堡垒，有一个像门的洞。向洞里看一片漆黑，把小石子扔进去，能听到咚咚的水声，那声音清脆响亮，好久才消失。绕着石山可以登到山顶，能够望得很远。山上没有泥土却生长着很好的树木和竹子，更显得形状奇特、质地坚硬。竹木分布得疏密有致、高低参差，好像是有智慧的人特意布置设计的。

噫！吾疑造物者之有无久矣。及是，愈以为诚有。又怪其不为之于中州，而列是夷狄。更千百年不得一售其伎①，是固劳而无用。神者傥不宜如是②，则其果无乎？或曰："以慰夫贤而辱于此者。"或曰："其气之灵，不为伟人，而独为是物，故楚之南，少人而多石。"是二者，余未信之。

〔注释〕

①售其伎：贡献其技艺，其技艺得到赏识。伎，通"技"。售，出售，这里是显露的意思。

②傥（tǎng）：通"倘"，倘若，或者。

〔译文〕

唉！我怀疑造物者是否存在已经很久了。等到了这里，更认为造物者确实是有的。又奇怪他不把这小石城山安放到中原地区，却把它安排在这蛮夷之地。即使经过千百年也不能显示一次自己的奇异景色，这实在是劳累而毫无用处。神灵的造物者似乎不应该这样做的，那么造物者果真没有吗？有人说："造物者这样安排是要来安慰那些被贬逐在此地的贤人的。"也有人说："这里的钟灵之气不孕育伟人，却唯独凝聚成这奇山胜景，所以楚地的南部出产的人才很少而奇峰怪石却很多。"这两种说法，我都不相信。

贺进士王参元失火书

柳宗元

〔**题解**〕

王参元，鄜坊节度使王栖曜少子，遭遇火灾后，丰厚的家产荡然无存。对于友人遭遇这样的不幸本该表示同情，予以安慰，但是柳宗元却一反常理，"始闻而骇，中而疑，终乃大喜，盖将吊而更以贺也"，文章起笔便与众不同。接下来作者便一一阐说自己情绪变化的原因，入情入理，饶有新意。此文也作于柳宗元贬谪永州期间，从中也可看出他愤世嫉俗的一面。

得杨八书①，知足下遇火灾，家无余储。仆始闻而骇，中而疑，终乃大喜，盖将吊而更以贺也。道远言略，犹未能究知其状，若果荡焉泯焉而悉无有，乃吾所以尤贺者也。

〔**注释**〕

①杨八：名敬之，在家族中排行第八。柳宗元的亲戚，王参元的好朋友。

〔译文〕

得到杨八的信,知道您遭遇火灾,家里没有一点积蓄了。我开始听到很吃惊,接着感到怀疑,最后却非常高兴,因此我本来要慰问您却变成要向您祝贺。路途遥远言辞简略,我还不能完全了解您家的情形,如果真是完全烧光、什么都没有了,那我就更要祝贺您了。

足下勤奉养,乐朝夕,惟恬安无事是望也。今乃有焚炀赫烈之虞,以震骇左右,而脂膏滫瀡之具①,或以不给,吾是以始而骇也。

〔注释〕

①滫瀡(xiǔsuǐ):这里指淀粉一类烹调用的东西,泛指食物。滫,淘米水。瀡,古时把使菜肴柔滑的佐料叫“滑”,齐国人称之为“瀡”。

〔译文〕

您尽心奉养双亲,以早晚省视为乐,只希望日子过得安宁无事。现在却有一场大火灾,使您受到惊吓,而且日常生活用度,也许因此不能供应,所以我刚听到这消息时很惊骇。

凡人之言皆曰:盈虚倚伏①,去来之不可常。或将大有为也,乃始厄困震悸,于是有水火之孽,有群小之愠。劳苦变动,而后能光明,古之人皆然。斯道辽阔诞漫,虽圣人不能以是必信,是故中而疑也。

〔注释〕

①倚伏:《老子》:“祸兮福之所倚,福兮祸之所伏。”

〔译文〕

一般人都说:圆满和缺陷互为因果,得和失不会一成不变。或许将要大有作为,于是开始时要遭遇困顿、惊吓,因此有水火的灾害,有小人们的怨恨。心身受尽劳苦磨炼,不断发生变故,然后能够取得光明显赫的成就,古代的贤人们都是这样。这种说法不着边际,荒诞不经,即使是圣人也不能认为这种说法是完全可以相信的,所以我接着就感到怀疑。

以足下读古人书,为文章,善小学①,其为多能若是,而进不能出群士之上,以取显贵者,盖无他焉。京城人多言足下家有积货,士之好廉名者,皆畏忌,不敢道足下之善,独自得之,心蓄之,衔忍而不出诸口。以公道之难明,而世之多嫌也。一出口,则嗤嗤者以为得重赂。

〔注释〕

①小学:旧时对文字学、音韵学、训诂学的总称。

〔译文〕

您纵览古人的书籍,能写文章,又擅长“小学”,具备这么多的才能,在仕途上却不能超过一般士人而取得高官厚禄,没有别的缘故。京城的人大多说您家中有很多财物,追求廉洁名声的士人,都害怕顾忌,不敢称赞您的优点,只是自己知道,放在心里，长期隐忍，不把它说出口。加之公道不容易说清，世上的人大多喜欢猜疑。称赞您的话一说出口，那么嘲笑的人就认为他是得了您厚重的贿赂。

仆自贞元十五年，见足下之文章，蓄之者盖六七年未尝言。是仆私一身而负公道久矣，非特负足下也。及为御史尚书郎，自以幸为天子近臣，得奋其舌①，思以发明足下之郁塞。然时称道于行列，犹有顾视而窃笑者。仆良恨修己之不亮，素誉之不立，而为世嫌之所加，常与孟几道言而痛之②。

〔注释〕

①奋其舌：这里指向皇帝劝谏、上疏等。奋，鼓动。

②孟几道：孟简，字几道，擅长写诗，尚节好义，是柳宗元的好朋友。

〔译文〕

我从贞元十五年看见您写的文章，放在心里有六七年，从来没说过。这是我只顾自身而有负公道很久了，不仅仅是对不起您呀！等到我做了御史尚书郎，自己认为有幸做了皇上身边的臣子，能够极力进言，想利用这个机会举荐您，来彰显你一直得不到施展的才智。但是，我时常在同事面前称赞您时，还有相对而视偷偷嘲笑的。我实在恨自己的品德修养不够，平时的声誉没有树立，竟被世人把这种猜疑加到我身上。我常常和孟几道谈这些事情，非常痛心。

乃今幸为天火之所涤荡，凡众之疑虑，举为灰埃。

黔其庐，赭其垣，以示其无有，而足下之才能，乃可以显白而不污，其实出矣，是祝融、回禄之相吾子也[①]。则仆与几道十年之相知，不若兹火一夕之为足下誉也。宥而彰之，使夫蓄于心者，咸得开其喙，发策决科者，授子而不慄。虽欲如向之蓄缩受侮，其可得乎？于兹吾有望于子，是以终乃大喜也。

〔注释〕

①祝融、回禄：都是传说中的火神。

〔译文〕

幸好现在您被天火烧光了财物，人们的猜忌疑虑，完全化为灰烬。烧黑了您的屋宇，烧红了您的墙壁，从而显示出您一无所有了，而您的才能，才可以清楚地显现出来，再不被谣言所污染，您的实情得以显露，这是火神祝融、回禄在帮助您啊！这样看来，我和几道十年来对您的了解，还比不上这次火灾一个晚上给您造就的好名誉。人们都会原谅您，并宣扬您的才能了，使得那些有话藏在心里的人，都能开口说话；主持考试的人，可以大胆录取您，不再有所顾虑。现在，即使想要像过去那样回避和被人侮辱，难道还可能吗？从此，我对您寄予了很大希望，因此最后我非常高兴。

古者列国有灾，同位者皆相吊。许不吊灾，君子恶之[①]。今吾之所陈若是，有以异乎古，故将吊而更以贺也。颜、曾之养，其为乐也大矣，又何阙焉？

〔注释〕

①“许不吊灾”两句:《左传》载,鲁昭公十八年(前520),宋、卫、陈、郑四国发生火灾,许国没有去慰问,当时之士据此推测许国将要灭亡。许,春秋时诸侯国,在今河南许昌一带。

〔译文〕

古代各国有火灾,其他诸侯国都来慰问。有一次许国不慰问,君子都憎恶它。现在,我这样的陈述和古代的有所不同,所以本来要安慰变成了要向您道贺。像颜渊和曾参那样清贫地奉养父母,其中的乐趣也是很大的,物质上的欠缺又有什么关系呢?

黄冈竹楼记

王禹偁

〔题解〕

王禹偁(954—1001),字元之,山东巨野人。北宋太平兴国八年(983)进士,政治家、文人。宋真宗咸平元年(998),王禹偁被贬为黄州刺史,第二年修建了竹楼,写作此文。文中以清丽的文笔描绘了竹楼优美的风景,其中既有闲暇之情致,又有宦海沉浮、人生无定的凄凉感慨。

黄冈之地多竹,大者如椽,竹工破之,刳去其节①,用代陶瓦。比屋皆然②,以其价廉而工省也。

〔注释〕

①刳(kū):剖,挖空。
②比屋:家家户户。比,并,连。

〔译文〕

黄冈这个地方盛产竹子,其中大的像椽子一样粗,竹匠把它剖开,把竹节挖去,用它代替陶瓦。家家房屋都是这样,因为竹子价格便宜而且省工。

子城西北隅①,雉堞圮毁②,蓁莽荒秽③。因作小楼二间,与月波楼通④。远吞山光,平挹江濑⑤,幽阒辽敻⑥,不可具状。夏宜急雨,有瀑布声;冬宜密雪,有碎玉声。宜鼓琴,琴调和畅;宜咏诗,诗韵清绝;宜围棋,子声丁丁然;宜投壶⑦,矢声铮铮然。皆竹楼之所助也。

〔注释〕

①子城:附属于大城外面的小套城。

②雉堞(dié):城上的矮墙。圮(pǐ):倾塌。

③蓁莽:密集的杂树与野草。荒秽:荒凉肮脏。

④月波楼:黄冈城西北角的一座城楼。王禹偁《月波楼咏怀诗序》:"月波之名,不知得于谁氏。"

⑤濑(lài):沙滩上的浅水。

⑥阒(qù):寂静。敻(xiòng):遥远。

⑦投壶:古代的一种游戏,向长颈壶中投箭状的筹棒,按投中多少分胜负。

〔译文〕

子城的西北角上,矮墙塌毁,杂树野草丛生,一片荒芜。于是我在那里建造了两间小竹楼,与月波楼相接连。登上竹楼远眺,遍观山色,平视江滩,碧波尽收眼底,清幽静谧、辽阔绵远,无法完全用语言描述出来。夏天宜有急雨,在楼中如同听到瀑布声;冬天下大雪也很相宜,可以听到如碎琼乱玉的声音。这里适宜弹琴,琴声音调和畅;这里适宜吟诗,诗歌韵味清雅绝妙;这里适宜下棋,丁丁的棋子声十分动听;这里适宜投壶,箭声铮铮悦耳。这些都是竹楼辅助而成的。

公退之暇，被鹤氅衣①，戴华阳巾②，手执《周易》一卷，焚香默坐，消遣世虑。江山之外，第见风帆沙鸟、烟云竹树而已。待其酒力醒，茶烟歇，送夕阳，迎素月，亦谪居之胜概也。

〔注释〕

①被：通“披”。鹤氅：鸟羽制成的外衣。
②华阳巾：道士戴的一种帽子。

〔译文〕

办完公务后的闲暇时间，我披着鹤氅，戴着华阳巾，手里拿着一卷《周易》，焚香默坐在楼中，排除世俗杂虑。江山形胜之外，只见轻风扬帆、沙上水鸟、云烟竹树而已。等到酒醒之后，茶炉的烟火已经熄灭，送走落日，迎来明月，这也是谪居生活中的佳境。

彼齐云、落星①，高则高矣；井幹、丽谯②，华则华矣。止于贮妓女，藏歌舞，非骚人之事，吾所不取。

〔注释〕

①齐云：楼名，古名月华楼，在今江苏苏州吴中区。落星：楼名，在南京落星山，三国时吴帝孙权所造。
②井幹（hán）：楼名，在长安，汉武帝所造，高五十余丈。丽谯（qiáo）：楼名，魏武帝曹操所建。

〔译文〕

那齐云、落星两座楼，高是高啊；井幹、丽谯两座楼，华丽也确实华丽。但它们只是用来蓄养妓女，收藏歌舞之人，不是文人骚客的风雅之事，我是不赞许的。

吾闻竹工云："竹之为瓦，仅十稔[1]，若重复之，得二十稔。"噫！吾以至道乙未岁[2]，自翰林出滁上，丙申移广陵，丁酉又入西掖[3]，戊戌岁除日[4]，有齐安之命[5]，己亥闰三月到郡。四年之间，奔走不暇，未知明年又在何处，岂惧竹楼之易朽乎？后之人与我同志，嗣而葺之，庶斯楼之不朽也。咸平二年八月十五日记。

〔注释〕

①十稔(rěn)：十年。谷熟叫稔，古代一年收获一次，故一年叫一稔。

②至道：宋太宗年号(995—997)。至道元年的干支纪年是乙未，这一年，王禹偁因私下议论孝章皇后而获罪，从翰林学士被贬官滁州。

③西掖：中书省，中央的行政机构。因在皇宫西边，故称西掖，又称右曹。

④除日：除夕。

⑤齐安：即黄州，郡治在今湖北黄冈。齐安是南齐时旧名。

〔译文〕

我听竹匠说："竹制的瓦只能用十年，如果铺两层，能用二十年。"唉，我在至道元年，由翰林学士被贬到滁州任上，至道二年调到扬州，至道三年重返中书省，咸平元年除夕又接到贬往黄州的调令，今年闰三月来到黄州。四年当中，奔波不停，不知道明年又在什么地方，难道还怕竹楼容易朽坏吗？如果接任我的人与我志趣相同，继续修缮它，或许这座竹楼就不会朽烂啊。咸平二年八月十五日作记。

岳阳楼记

范仲淹

〔题解〕

范仲淹(989—1052),字希文。北宋政治家、文学家,被朱熹称为"有史以来天地间第一流人物"。岳阳楼在今湖南岳阳城西,始建于唐朝初年,范仲淹的好友滕子京任巴陵郡守时,主持重建。庆历六年,范仲淹应好友之请而作此文。本文不同于一般的楼阁之记,并不是寻常意义上的流连光景的作品。作者在陈述完写作缘由后,即指出岳阳楼的大观已被前贤写尽,他关注的重点在于迁客骚人的"览物之情"。接下来两段分别写阴郁萧条与春和景明两种截然不同的景观,以及人们的不同反应。在此基础上他指出,古代真正的仁人是不同于此的,于是乎引出著名的"先天下之忧而忧,后天下之乐而乐",这体现出作者的胸襟怀抱,也由此可以窥见宋代士大夫们的政治追求与人生价值。全文叙述、描写、议论融为一体,语言富有节奏感,文质兼美。

庆历四年春①,滕子京谪守巴陵郡。越明年,政通人和,百废俱兴。乃重修岳阳楼,增其旧制,刻唐贤、今人诗赋于其上，属予作文以记之[2]。

〔注释〕

①庆历四年：1044年。庆历，宋仁宗赵祯的年号。

②属（zhǔ）：同“嘱”，嘱托。

〔译文〕

庆历四年的春天，滕子京被降职到巴陵郡任太守。到了第二年，政事通达，百姓和乐，许多荒废的事业都兴办起来了。于是重新修建岳阳楼，扩大它原有的规模，把唐代名家和当代人的诗赋刻在上面，嘱托我写一篇文章来记述这件事情。

予观夫巴陵胜状，在洞庭一湖。衔远山，吞长江，浩浩汤汤[1]，横无际涯。朝晖夕阴，气象万千。此则岳阳楼之大观也，前人之述备矣[2]。然则北通巫峡，南极潇湘，迁客骚人[3]，多会于此。览物之情，得无异乎？

〔注释〕

①浩浩汤汤（shāng）：水波浩荡的样子。

②前人之述：指上面说的“唐贤、今人诗赋”。备：详尽，完备。

③迁客：被贬谪流迁的人。骚人：诗人。战国时屈原作《离骚》，因此后人也称诗人为骚人。

〔译文〕

我观看那巴陵郡的美景，全在洞庭湖上。它连接着远处的山峦，吞吐着奔腾的长江，浩浩荡荡，无边无际。一天里阴晴多变，气象千变万化。这就是岳阳楼的雄伟景象，前人的记述很详尽了。虽然如此，这里向北通到巫峡，向南直到潇水和湘水，被贬的官吏和来往的诗人，大多在这里聚会。他们观赏景物的心情，大概会有所不同吧？

若夫霪雨霏霏①，连月不开，阴风怒号，浊浪排空；日星隐曜②，山岳潜形；商旅不行，樯倾楫摧③；薄暮冥冥，虎啸猿啼。登斯楼也，则有去国怀乡，忧谗畏讥，满目萧然，感极而悲者矣。

〔注释〕

①若夫霪雨霏霏：若夫，用在一段话的开头以引起下文，下文的“至若”同此。霏霏，雨或雪繁密的样子。

②日星隐曜（yào）：太阳和星星隐藏起光辉。曜，光辉，日光。

③樯：桅杆。倾：倒下。楫：船桨。摧：折断。

〔译文〕

在那阴雨连绵，接连几个月不放晴的日子里，阴冷的风怒吼着，浑浊的巨浪冲向天空；太阳和星星隐藏起光辉，山岳隐没了形体；商人和旅客不能通行，船桅倒下，船桨折断；傍晚时分天色昏暗，老虎长啸，猿猴悲啼。这时登上这座楼啊，就会有一种离开国都、怀念家乡，担忧畏惧别人诽谤讥讽的心情，满眼都是萧条的景象，心情因感慨到了极点而十分悲伤。

至若春和景明，波澜不惊，上下天光，一碧万顷；沙鸥翔集，锦鳞游泳①；岸芷汀兰，郁郁青青。而或长烟一空，皓月千里，浮光耀金②，静影沉璧，渔歌互答，此乐何极！登斯楼也，则有心旷神怡，宠辱皆忘，把酒临风，其喜洋洋者矣。

〔注释〕

①“沙鸥翔集”两句：翔集，时而飞翔，时而停歇。集，栖止，鸟停息在树上。锦鳞，指美丽的鱼。

②耀：有版本作“跃”，跃动，跳跃。

〔译文〕

到了春风和煦、阳光明媚的时候，湖面平静，没有惊涛骇浪，湖色天光相接，一片碧绿，广阔无际；沙洲上的鸥鸟，时而飞翔，时而停歇，鱼儿游来游去；岸上的香草和小洲上的兰花，茂盛青翠。有时空中云雾完全消散，皎洁的月光一泻千里，浮动的水波金光闪耀，静静的月影像沉入水中的玉璧，渔夫的歌声互相应答，这种乐趣真是无穷无尽啊！这时登上这座楼，就会感到心胸开阔、心情愉快，荣耀和屈辱一并忘怀，端着酒杯，吹着微风，那真是高兴极了。

嗟夫！予尝求古仁人之心①，或异二者之为，何哉？不以物喜，不以己悲。居庙堂之高，则忧其民；处江湖之远，则忧其君。是进亦忧，退亦忧。然则何时而乐耶？其必曰“先天下之忧而忧，后天下之乐而乐”欤！噫！微斯人，吾谁与归？

〔注释〕

①尝：曾经。

〔译文〕

唉！我曾经探求古时品德高尚的人的心态，或许不同于以上两种人的表现，为什么呢？他们不因外物的好坏和自己的得失而高兴或悲伤。在朝廷上做官时，就为百姓担忧；在民间闲居时，就为国君担忧。这样，在朝廷做官时担忧，不做官时也担忧。那么他们什么时候才会快乐呢？他们一定会说"在天下人担忧之前先担忧，在天下人快乐之后才快乐"吧！唉！要是没有这种人，我要同谁一道呢？

朋党论

欧阳修

〔**题解**〕

欧阳修(1007—1072),字永叔,号醉翁、六一居士,吉水(今属江西)人。北宋中期政治家、文学家,北宋诗文革新运动的代表人物。“朋党”之争自古有之,是古代政治的痼疾之一,深为统治者所忌讳,唐文宗有“去河北贼易,去朝廷朋党难”的无奈感慨。给政治对手扣上“朋党”的帽子,也是古代官僚派系倾轧的惯常手段。宋仁宗朝范仲淹主持庆历新政,遭到保守派的反对,他们即以“朋党”来攻击范仲淹等人,于是欧阳修写作此文,予以针锋相对的辩驳。前人皆讳言朋党,一旦遭到这样的攻讦,往往想方设法极力辩解,为自己开脱,而欧阳修另辟蹊径,他首先指出自古以来都有朋党,不同之处在于有君子党,有小人党。所以君主无须忌惮朋党,而是要辨别贤佞,进用君子之党,斥退小人之党。文章观点新颖,思维清晰,有理有据,气度从容,文气舒缓而不失锋芒。

臣闻朋党之说,自古有之,惟幸人君辨其君子小人而已[①]。大凡君子与君子,以同道为朋;小人与小人,以同利为朋。此自然之理也。

〔注释〕

①惟:只。幸:希望。

〔译文〕

臣听说关于朋党的说法,自古以来就有,只是希望君主能辨别他们是君子还是小人罢了。大体而言,凡是君子与君子因为志趣一致结为朋党;而小人是因为利益相同结为朋党。这是很自然的道理。

然臣谓小人无朋,惟君子则有之。其故何哉?小人所好者利禄也,所贪者货财也。当其同利之时,暂相党引以为朋者[①],伪也。及其见利而争先,或利尽而交疏,则反相贼害,虽其兄弟亲戚,不能相保。故臣谓小人无朋,其暂为朋者,伪也。君子则不然。所守者道义[②],所行者忠信,所惜者名节。以之修身,则同道而相益;以之事国,则同心而共济,终始如一,此君子之朋也。故为人君者,但当退小人之伪朋,用君子之真朋,则天下治矣。

〔注释〕

①党引:结为朋党,互相援引。

②守:信奉,坚持。

〔译文〕

但是臣认为小人并没有朋党，只有君子才有。这是什么原因呢？小人所喜爱的是名利俸禄，所贪图的是财物。当他们私利相同的时候，就暂时互相勾结成为朋党，那是虚假的。等到他们见到利益而争先恐后，或者利益已尽而交情疏远之时，就会反过来互相残害，即使是兄弟亲戚，也不会互相保全。所以我说小人并无朋党，那些暂时结为朋党的，也是虚假的。君子却不是这样的。他们坚守的是道义，践行的是忠信，珍惜的是名节。用这些来修养身心，那么志趣一致就能相互补益；用这些来为国家做事，就能同心协力而共同扶助，自始至终都是如此，这就是君子的朋党。所以作为君主，只要能斥退小人的虚假朋党，重用君子的真正朋党，那么天下就可以安定繁盛了。

尧之时，小人共工、驩兜等四人为一朋①，君子八元、八恺十六人为一朋②。舜佐尧，退四凶小人之朋，而进元、恺君子之朋，尧之天下大治。及舜自为天子，而皋、夔、稷、契等二十二人③，并立于朝，更相称美，更相推让，凡二十二人为一朋，而舜皆用之，天下亦大治。

〔注释〕

①共工、驩兜等四人：指共工、驩兜、鲧（gǔn）、三苗，即后文被舜放逐的“四凶”。

②八元：传说中上古高辛氏的八个才子。八恺：传说中上古高阳氏的八个才子。

③皋、夔、稷、契：传说他们都是舜时的贤臣，皋掌管刑法，夔掌管音

乐，稷掌管农业，契掌管教育。《史记·五帝本纪》载："舜曰：'嗟！（汝）二十有二人，敬哉，惟时相天事。'"

〔译文〕

尧的时候，小人共工、驩兜等四人结为一党，君子八元、八恺等十六人结为一党。舜辅佐尧，斥退四凶的小人朋党，起用八元、八恺的君子朋党，尧的天下因此治理得很好。等到舜自己做了天子，皋陶、夔、稷、契等二十二人同时列位于朝廷，他们互相称赏，互相谦让，一共二十二人结为一党，而舜全都重用他们，天下也因此得到大治。

《书》曰[①]："纣有臣亿万，惟亿万心；周有臣三千，惟一心。"纣之时，亿万人各异心，可谓不为朋矣，然纣以亡国。周武王之臣三千人为一大朋，而周用以兴。

〔注释〕

①书：《尚书》。

〔译文〕

《尚书》上说："商纣有亿万臣子，是亿万条心；周有三千臣子，却是一条心。"商纣王的时候，亿万人各存异心，可以说不成朋党了，然而纣王因此而亡国。周武王的臣下三千人结成一个大朋党，但周朝却因此而兴盛。

后汉献帝时，尽取天下名士囚禁之[①]，目为党人。及黄巾贼起，汉室大乱，后方悔悟，尽解党人而释之，然已无救矣。

〔注释〕

①尽取天下名士囚禁之:东汉桓帝时,宦官专权,名士如李膺等二百多人反对宦官,被加上“诽讪朝廷”的罪名,逮捕囚禁。到灵帝时,李膺等一百多人被杀,六七百人受到株连,历史上称之为“党锢之祸”。

〔译文〕

东汉献帝的时候,把天下名士全都逮捕、监禁起来,把他们看作“党人”。等到黄巾军起义,汉王朝大乱,然后才后悔醒悟,把朋党之人都解禁释放了,可是局势已经无可挽回了。

唐之晚年,渐起朋党之论①。及昭宗时,尽杀朝之名士,或投之黄河,曰:“此辈清流,可投浊流。”而唐遂亡矣。

〔注释〕

①朋党之论:唐穆宗至宣宗年间(821—859),统治集团内形成了以牛僧孺为首的“牛党”和以李德裕为首的“李党”,朋党之间互相争斗,历时四十余年,史称“牛李党争”。

〔译文〕

唐朝末期,逐渐掀起朋党之争。到了昭宗时,把朝廷中的名士都杀害了,有的竟被投入黄河,说:“这些人自命为清流,应当把他们投到浑流中去。”唐朝也就随之灭亡了。

夫前世之主，能使人人异心不为朋，莫如纣；能禁绝善人为朋，莫如汉献帝；能诛戮清流之朋，莫如唐昭宗之世。然皆乱亡其国。更相称美推让而不自疑，莫如舜之二十二臣，舜亦不疑而皆用之，然而后世不诮舜为二十二人朋党所欺，而称舜为聪明之圣者，以能辨君子与小人也。周武之世，举其国之臣三千人共为一朋。自古为朋之多且大，莫如周。然周用此以兴者，善人虽多而不厌也①。

嗟乎，治乱兴亡之迹，为人君者可以鉴矣！

〔注释〕

①厌：通“餍”，满足。

〔译文〕

前代的君主，能使人人不同心、不结为朋党的，谁也比不上商纣王；能禁止断绝好人结为朋党的，谁也不如汉献帝；能杀害“清流”朋党的，谁也不及唐昭宗时期。但是他们的国家都混乱以至灭亡。互相称颂赞美、推举谦让而不疑忌的，谁也不及舜的二十二位大臣，舜也毫不猜疑地任用他们，但是后世并不讥笑舜被二十二人的朋党欺瞒，却赞美舜是英明的圣主，因为他能辨别君子和小人。周武王时，全国所有的臣下三千人结成一个朋党。自古以来结成朋党又多又大的，谁也不及周朝。然而周朝因此而兴盛，其原因在于贤良之士虽多却不感到满足。

唉，这些前代混乱兴盛衰亡的历史，做君主的一定要当作借鉴啊！

梅圣俞诗集序

欧阳修

〔**题解**〕

梅尧臣(1002—1060),字圣俞,安徽宣城人。北宋著名诗人,与欧阳修并称“梅欧”。梅尧臣去世后,欧阳修整理其诗集,并作此序。在文中,欧阳修回顾了梅尧臣的诗歌创作历程,对其成就给予了极高的评价,对其一生穷困的遭际深表惋惜。文中提出了“穷而后工”的诗歌创作理论,强调诗人的生存境遇对其艺术创作的影响,窘迫穷愁的处境会使其诗歌创作达到较高的水平。这一理论与司马迁的“发愤著书”、韩愈的“不平则鸣”是一脉相承的。

予闻世谓诗人少达而多穷①,夫岂然哉?盖世所传诗者,多出于古穷人之辞也。凡士之蕴其所有②,而不得施于世者,多喜自放于山巅水涯之外。见虫鱼草木、风云鸟兽之状类,往往探其奇怪。内有忧思感愤之郁积,其兴于怨刺,以道羁臣寡妇之所叹③,而写人情之难言,盖愈穷则愈工。然则非诗之能穷人,殆穷者而后工也。

〔注释〕

①达：显达，在仕途上顺利得志。穷：困顿，在仕途上困窘不得志。

②蕴其所有：指怀抱理想和才干。蕴，蓄藏。

③羁(jī)臣：即“羁旅之臣”，指旅居在外或被贬谪的官员。

〔译文〕

我听说世人认为诗人一生很少显达，大多困窘，难道真是这样吗？大概是世上所流传的诗歌，多出于古代困厄之士的文辞吧。大凡胸藏才智却又不能在世上施展的士人，大都喜爱到山头水边去放浪形骸。看见虫鱼草木、风云鸟兽这些事物，常常探究它们的奇特怪异之处。内心有着忧愁感慨愤激的郁积，便会寄兴于诗歌的怨刺之中，来表达羁旅之臣、寡居之妇的慨叹，而抒写难以言传的人物情感，大概越困厄就越能写得工巧。那么并非写诗使人穷困潦倒，大概是处境困顿后诗歌才写得工巧。

予友梅圣俞，少以荫补为吏[①]，累举进士，辄抑于有司[②]。困于州县，凡十余年。年今五十，犹从辟书[③]，为人之佐，郁其所蓄，不得奋见于事业。其家宛陵，幼习于诗，自为童子，出语已惊其长老。既长，学乎六经仁义之说[④]。其为文章，简古纯粹，不求苟说于世，世之人徒知其诗而已。然时无贤愚，语诗者必求之圣俞。圣俞亦自以其不得志者，乐于诗而发之。故其平生所作，于诗尤多。世既知之矣，而未有荐于上者。昔王文康公尝见而叹曰[⑤]：“二百年无此作矣！”虽知之深，亦不果荐也。若使其幸得用于朝廷，作为《雅》《颂》以歌咏大宋之功德，荐之清庙，而追商、周、鲁《颂》之作者，岂不伟欤？奈何使其老不得志而为穷者之诗，乃徒发于虫鱼物类、羁愁感叹之言？世徒喜其工，不知其穷之久而将老也，可不惜哉！

〔注释〕

①荫(yìn)：指因前辈功勋而得官。补：指官员有缺额，选人授职。

②辄：总是，就。

③辟(bì)书：聘任文书。

④六经：指《诗》《书》《礼》《乐》《易》《春秋》六部儒家经典。

⑤王文康公：王曙，字晦叔，谥号文康，河南人。宋仁宗时宰相。

〔译文〕

我的朋友梅圣俞，年轻时凭着荫补成为下级官吏，屡次参加进士考试，都没能考取。困守在地方州县十多年。现在五十岁了，还要顺从别人的聘任，去当人家的僚属，郁积着自己的才能理想，不能在事业上充分地展现出来。他的家乡在宛陵，幼年时便学习诗歌，从他还是个孩童时起，写出诗句来就已使得长辈们惊异了。等到长大，学习了六经仁义的学问。他写出的文章，简朴古雅纯正精粹，不希求苟且取悦于世人，因此世人只知道他会写诗罢了。然而当代不论贤士愚人，谈论诗歌必然会向圣俞请教。圣俞有自己郁郁不得志的情绪，也乐于通过诗歌来抒发。因此他平时所写的东西中，诗歌特别多。世人已经知道他了，却没有人向朝廷推荐他。从前王文康公曾看到他的诗作，慨叹地说："二百年没有这样的作品了！"虽然对他了解很深，可还是并没有加以推荐。假使他有幸得到朝廷的任用，写出如《诗经》中《雅》《颂》那样的作品来歌颂大宋的功业恩德，献给宗庙，追随

《商颂》《周颂》《鲁颂》等作者，难道不是很壮伟的吗？怎么让他到老也不得志，因而只能写困厄者的诗歌，只是写描述虫鱼之物、抒发羁旅之愁、伤感之叹的文字呢？世人只喜爱他诗歌的工巧，却不知道他困厄已久将要老死了，这难道不令人痛惜吗？

圣俞诗既多，不自收拾。其妻之兄子谢景初，惧其多而易失也，取其自洛阳至于吴兴以来所作，次为十卷。予尝嗜圣俞诗，而患不能尽得之，遽喜谢氏之能类次也[①]，辄序而藏之。其后十五年，圣俞以疾卒于京师，余既哭而铭之[②]，因索于其家，得其遗稿千余篇。并旧所藏，掇其尤者，六百七十七篇，为一十五卷。呜呼！吾于圣俞诗，论之详矣，故不复云。

〔**注释**〕

①遽(jù)：骤然，顿时。类次：分类，编排。

②铭之：给他写墓志铭。

〔**译文**〕

圣俞的诗很多，自己没有收集整理。他妻兄的儿子谢景初，担心他的诗作太多容易散失，选取他从洛阳到吴兴这段时间的作品，编为十卷。我曾经酷爱圣俞的诗作，担心不能全部得到它，所以非常高兴谢氏能为它分类编排，就为之作序并收藏起来。那以后十五年，圣俞因病在京城去世，我已痛哭着为他写了墓志铭，便向他家人索求，得到他的遗稿一千多篇。连同先前所保存的，选取其中特别好的，共六百七十七篇，分为十五卷。唉！我对圣俞的诗歌已经评论得很详细了，所以不再重复。

醉翁亭记

欧阳修

〔**题解**〕

宋仁宗庆历五年(1045),范仲淹等人因政治革新运动失败而被贬,欧阳修上书为其辩解,也遭贬谪,出任滁州知州,本文即作于此时。这是一篇山水游记,文章记述了醉翁亭的位置、名称由来,描绘了朝暮、四时幽深秀美的自然风景,记述了百姓游山以及作者与游客在醉翁亭中宴饮的情景。全文以“乐”贯穿始终,其中也深藏着一个政治失意的醉翁借山水之乐排遣谪居苦闷的无奈。全文文气舒缓,大量“之”字的使用,使文章呈现出“纡余委备,往复百折”的特点。

环滁皆山也①。其西南诸峰,林壑尤美。望之蔚然而深秀者②,琅琊也。山行六七里,渐闻水声潺潺,而泻出于两峰之间者,酿泉也。峰回路转,有亭翼然临于泉上者,醉翁亭也。作亭者谁?山之僧智仙也。名之者谁?太守自谓也。太守与客来饮于此,饮少辄醉,而年又最高,故自号曰醉翁也。醉翁之意不在酒,在乎山水之间也。山水之乐，得之心而寓之酒也。

〔注释〕

①环滁：环绕着滁州城。滁，滁州，今安徽滁州琅琊区。

②蔚然：草木茂盛的样子。

〔译文〕

滁州城的周围都是山。它西南面的几座山峰，树林和山谷尤其优美。一眼望去，草木茂盛又幽深秀丽的是琅琊山。沿着山路走六七里，渐渐听到潺潺的水声从两座山峰之间倾泻而出，这是酿泉。山势回环，山路蜿蜒，有一座亭子像飞鸟展翅似的立于泉水之上，那就是醉翁亭。建造这亭子的是谁呢？是山中的和尚智仙。给它取名的又是谁呢？太守用自己的别号醉翁来命名。太守和他的宾客们来这儿饮酒，只喝一点儿就醉了，而且年纪又最大，所以自号“醉翁”。醉翁的意趣不在于喝酒，而在于欣赏山水的美景。欣赏山水美景的乐趣，领会在心里又寄托在酒上。

若夫日出而林霏开①，云归而岩穴暝，晦明变化者，山间之朝暮也。野芳发而幽香，佳木秀而繁阴②，风霜高洁③，水落而石出者，山间之四时也。朝而往，暮而归，四时之景不同，而乐亦无穷也。

〔注释〕

①林霏：树林中的雾气。霏，原指雨、雾纷飞，此处指雾气。

②繁阴：一片浓密的树荫。

③风霜高洁：就是风高霜洁。天高气爽，霜色洁白。

〔译文〕

像那太阳升起来时，山林里的雾气消散，烟云聚拢，山谷就显得昏暗，这种明暗的交替变化，就是山中的清晨与黄昏。野花开放，散发幽香，好的树木枝繁叶茂，形成一片浓密的绿荫，天高气爽，霜色洁白，水面下落，石头显露出来，这就是山中的四季。清晨前往，黄昏归来，四季的景象不同，乐趣也无穷无尽。

至于负者歌于涂，行者休于树，前者呼，后者应，伛偻提携往来而不绝者①，滁人游也。临溪而渔，溪深而鱼肥。酿泉为酒，泉香而酒洌。山肴野蔌②，杂然而前陈者，太守宴也。宴酣之乐，非丝非竹，射者中③，弈者胜，觥筹交错，起坐而喧哗者，众宾欢也。苍颜白发，颓乎其中者，太守醉也。

〔注释〕

①伛偻（yǔlǚ）：腰弯背曲的样子，这里指老年人。提携：指搀扶着走的小孩子。

②野蔌（sù）：野菜。蔌，菜蔬。

③射：这里指投壶，宴饮时的一种游戏，把箭向壶里投，投中多的为胜，负者照规定的杯数喝酒。

〔译文〕

至于背扛肩挑的人在路上欢唱，行路的人在树下休息，前面的招呼，后面的答应，老人孩子，来往不断的，是滁州百姓出来游玩。到溪边钓鱼,溪水很深,因而鱼肉肥美;用酿泉造酒,泉水香甜,因而酒味清冽;野味野菜,交错摆在面前的,那是太守主办的宴席。宴会喝酒的乐趣,不在于音乐;投射的中了,下棋的赢了;酒杯和酒筹交互错杂,时起时坐大声喧闹的人,是欢乐的宾客们。面容苍老满头白发,醉醺醺地坐在众人中间的,是醉了的太守。

已而夕阳在山,人影散乱,太守归而宾客从也。树林阴翳,鸣声上下,游人去而禽鸟乐也。然而禽鸟知山林之乐,而不知人之乐;人知从太守游而乐,而不知太守之乐其乐也。醉能同其乐,醒能述以文者,太守也。太守谓谁?庐陵欧阳修也①。

〔注释〕

①庐陵:庐陵郡,就是吉州,今江西吉安,欧阳修先世为庐陵大族。

〔译文〕

不久太阳下山了,人影散乱,这是宾客们跟随太守回去了。树林遮蔽成荫,鸟儿高低鸣叫,这是游人离开后鸟儿的欢乐。但是鸟儿只知道山林中的快乐,却不知道人们的快乐;而人们只知道跟随太守游玩的快乐,却不知道太守以游人的快乐为快乐啊。醉了能够和大家一起欢乐,醒来能够用文章记述这乐事的,那就是太守。太守是谁?是庐陵的欧阳修。

管仲论

苏　洵

〔题解〕

苏洵(1009—1066),字明允,眉州眉山(今属四川眉山)人。北宋文学家,与其子苏轼、苏辙并称"三苏",均被列入"唐宋八大家"。有《嘉祐集》。

管仲,姬姓,管氏,名夷吾,字仲,谥敬,颍上(今安徽颍上县)人。中国古代著名的政治家、军事家、经济学家、哲学家。管仲辅佐齐桓公尊周室,攘夷狄,九合诸侯,一匡天下。他的功绩一向为人所称道,本文却重在论管仲之过。苏洵认为竖刁、易牙、开方等小人得势,齐国陷入混乱,国势衰微,原因在于管仲死前未向齐桓公举荐贤士,这正体现了作者认为举贤荐能对国家长治久安有深远影响的观点。文章中心突出,论辩有力。

管仲相威公①,霸诸侯,攘夷狄,终其身齐国富强,诸侯不敢叛。管仲死,竖刁、易牙、开方用②。威公薨于乱,五公子争立③,其祸蔓延,讫简公,齐无宁岁。

〔注释〕

①威公：即齐桓公。桓，南宋版避宋钦宗赵桓讳而均作“威”。

②竖刁、易牙、开方：三人都是齐桓公时期备受宠幸的近臣。

③五公子：指齐桓公的五个儿子，即公子武孟、公子雍（后来的齐孝公）、公子潘、公子商人、公子元。

〔译文〕

管仲辅佐齐桓公，在诸侯中称霸，排斥打击夷、狄等异族，他在世之时使齐国富强，诸侯不敢背叛。管仲死后，竖刁、易牙、开方被重用。桓公在宫廷内乱中死去，五位公子争抢君位，此后祸患连绵不断，直到齐简公，齐国没有安宁的日子。

夫功之成，非成于成之日，盖必有所由起；祸之作，不作于作之日，亦必有所由兆。故齐之治也，吾不曰管仲，而曰鲍叔①。及其乱也，吾不曰竖刁、易牙、开方，而曰管仲。何则？竖刁、易牙、开方三子，彼固乱人国者，顾其用之者，威公也。夫有舜而后知放四凶②，有仲尼而后知去少正卯。彼威公何人也？顾其使威公得用三子者，管仲也。仲之疾也，公问之相。当是时也，吾意以仲且举天下之贤者以对。而其言乃不过曰：竖刁、易牙、开方三子，非人情③，不可近而已。

〔注释〕

①鲍叔：姓鲍名叔牙，史称鲍叔。春秋时期齐国的著名大夫，善于知人，管仲之被重用，出自他的推荐。

②四凶：旧传共工、驩兜、三苗、鲧为尧时的四凶。

③非人情：管仲认为他们不合人情。相传，竖刁为进齐宫而自阉，易牙杀子而迎合君主，开方原本是卫国的公子，后来抛弃了父母来到齐国侍奉齐桓公。

〔译文〕

功业的完成，不是完成在成功之日，必然有成就功业的起始缘由；祸乱的发生，不是发作于作乱之时，也必有其根源预兆。因此，齐国的安定强盛，我不说是由于管仲，而说是鲍叔的功劳。至于齐国的祸乱，我不说是由于竖刁、易牙、开方，而说是由于管仲。为什么呢？竖刁、易牙、开方三人，他们原本就是祸乱国家之人，但重用他们的，是齐桓公。有了舜，才知道流放四凶；有了仲尼，才知道除去少正卯。那桓公是什么样的人呢？回想使桓公重用这三个人的正是管仲啊！管仲病危时，桓公询问丞相的人选。在这个关键时刻，我以为管仲将推荐天下最贤能的人来作为回答。但他的话竟然不过是“竖刁、易牙、开方三个人，不合人情，不能亲近”罢了。

呜呼！仲以为威公果能不用三子矣乎？仲与威公处几年矣，亦知威公之为人矣乎？威公声不绝于耳，色不绝于目，而非三子者则无以遂其欲。彼其初之所以不用者，徒以有仲焉耳。一日无仲，则三子者，可以弹冠而相庆矣。仲以为将死之言，可以絷威公之手足耶[①]？夫齐国不患有三子，而患无仲。有仲，则三子者，三匹夫耳。不然，天下岂少三子之徒哉？虽威公幸而听仲，诛此三人，而其余者，仲能悉数而去之耶？呜呼！仲可谓不知本者矣。因威公之问,举天下之贤者以自代,则仲虽死,而齐国未为无仲也。夫何患三子者?不言可也。

〔注释〕

①絷(zhí):用绳索绊住马足,这里是束缚的意思。

〔译文〕

唉,管仲认为桓公真的能够不重用这三个人吗?管仲和桓公相处多年了,也该了解他的为人了吧?桓公是个耳边声乐不能停歇,美色不离开眼的人,没有这三个人就无法满足他的欲望。他开始之所以不重用他们,只是由于管仲在罢了。一旦没了管仲,这三个人就弹冠相庆了。管仲认为自己的遗言就可束缚桓公吗?齐国不怕有这三个人,而是怕没有管仲。有管仲在,那这三个人只是三个匹夫罢了。若不是这样,天下难道缺少像这三个人一样的人吗?即使桓公侥幸听了管仲的话,杀了这三个人,但其余的这类人,管仲能全都除掉他们吗?唉!管仲可以说是不懂得事物的根本啊!如果他趁着齐桓公询问,推荐天下贤能的人来代替自己,那么管仲虽然死去,齐国也并未失去管仲。何必担心这三个人呢?不提及就可以了。

五伯莫盛于威、文[①]。文公之才,不过威公,其臣又皆不及仲。灵公之虐,不如孝公之宽厚。文公死,诸侯不敢叛晋,晋袭文公之余威,犹得为诸侯之盟主百余年。何者?其君虽不肖[②],而尚有老成人焉[③]。威公之薨也,一败涂地,无惑也,彼独恃一管仲,而仲则死矣。

〔注释〕

①五伯：春秋五霸。威、文：齐桓公、晋文公。

②肖：这里是贤明的意思。

③老成人：原指“年老成德之人”，后指阅历多而办事稳重的人。

〔译文〕

五霸中没有比齐桓公、晋文公更强盛的了。晋文公的才能比不上齐桓公，他的臣子也都赶不上管仲。晋灵公暴虐，不如齐孝公宽厚。可晋文公死后，诸侯不敢背叛晋国，晋国承袭文公的余威，仍然能在一百多年里担任盟主。为什么呢？因为虽然它的君主不贤明，但是还有老成练达的大臣存在。桓公死后，齐国一败涂地，这没有什么疑问啊，他仅仅依靠一个管仲，管仲却死了。

夫天下未尝无贤者，盖有有臣而无君者矣。威公在焉，而曰天下不复有管仲者，吾不信也。仲之书[①]，有记其将死，论鲍叔、宾胥无之为人，且各疏其短。是其心以为数子者，皆不足以托国。而又逆知其将死，则其书诞谩不足信也。吾观史鰌[②]，以不能进蘧伯玉而退弥子瑕[③]，故有身后之谏[④]。萧何且死，举曹参以自代[⑤]。大臣之用心，固宜如此也。夫国以一人兴，以一人亡。贤者不悲其身之死，而忧其国之衰，故必复有贤者，而后可以死。彼管仲者，何以死哉？

〔注释〕

①仲之书：指《管子》。

②史鳅(qiū):字子鱼,也叫史鱼,春秋时期卫国大夫。

③蘧(qú)伯玉:即蘧瑗,春秋时卫国大夫,卫灵公时贤臣,天下闻名,孔子很敬重他。弥子瑕:春秋时卫国大夫,善于奉承,曾深得卫灵公宠爱。

④身后之谏:据《史记·孔子世家》记载,史鳅死后,让儿子不依照礼制停放尸体,国君如果问,便说因为他未能进蘧伯玉而退弥子瑕。

⑤"萧何且死"两句:《史记·萧相国世家》载,萧何死前推举曹参为相。

〔译文〕

天下并非没有贤能之人,确实是存在有贤臣而没有明君的情况。桓公在世时,就说天下再没有管仲这样的人才了,我不相信。管仲的书,记载他将死时论及鲍叔牙、宾胥无的为人,并分别列出他们的短处。这是他心中认为这几个人都不足以将国家重任托付给他们。而且又预料自己将死,那么这部书实在是荒诞不值得相信。我看史鳅,因为活着不能荐用蘧伯玉、斥退弥子瑕,为此有死后以尸劝谏之事。萧何临死,推荐曹参来代替自己。大臣的用心,本来应该如此啊!国家因一个人而兴盛,因为一个人而灭亡。贤人不悲痛自己的死亡,而忧虑国家的衰败,因此必须再推选出贤明的人来,然后才可以死去。那管仲,你凭借什么可以死去呢?

留侯论

苏　轼

〔题解〕

苏轼(1037—1101),字子瞻,号东坡居士,世称苏东坡、苏仙,眉州眉山(四川眉山)人。

嘉祐二年(1057),苏轼进士及第。先后在凤翔、杭州、密州、徐州、湖州等地任职。元丰三年(1080),因“乌台诗案”被贬为黄州团练副使。宋哲宗即位后,任翰林学士、侍读学士、礼部尚书等职,并出知杭州、颍州、扬州、定州等地。晚年因新党执政,被贬惠州、儋州。宋徽宗时获大赦北还,途中于常州病逝。宋高宗时追赠太师,谥号“文忠”。

本文是宋仁宗嘉祐六年(1061),苏轼为答御试策所作《进论》中的一篇。张良,字子房,汉朝开国大臣,封于留(今江苏沛县东南),称留侯。作者根据《史记·留侯世家》所记张良圯下受书及辅佐刘邦统一天下之事,说明张良成功的秘诀在“忍”,论证了“忍小忿而就大谋”“养其全锋而待其敝”的重要性。文章以“忍”为线索,曲折变化,说理有力,体现了苏轼史论汪洋恣肆的风格。

古之所谓豪杰之士，必有过人之节①，人情有所不能忍者。匹夫见辱，拔剑而起，挺身而斗，此不足为勇也。天下有大勇者，卒然临之而不惊②，无故加之而不怒，此其所挟持者甚大，而其志甚远也。

〔注释〕

①节：节操，操守。

②卒然：突然。卒，通“猝”。

〔译文〕

古代所说的英雄豪杰，一定具有超出常人的节操，有一般人的常情所无法忍受的度量。普通人被侮辱，一定会拔出宝剑挺身上前搏斗，这不足以被称为勇敢。天下具有真正勇气的人，突然面对意外毫不惊慌，无故而受到触犯也不愤怒，这是因为他们的抱负很大，他们的志向非常高远。

夫子房受书于圯上之老人也①，其事甚怪。然亦安知其非秦之世，有隐君子者，出而试之？观其所以微见其意者，皆圣贤相与警戒之义。而世不察，以为鬼物②，亦已过矣。且其意不在书。当韩之亡，秦之方盛也，以刀锯鼎镬待天下之士，其平居无罪夷灭者，不可胜数。虽有贲、育③，无所获施。夫持法太急者，其锋不可犯，而其势未可乘。子房不忍忿忿之心，以匹夫之力，而逞于一击之间④。当此之时，子房之不死者，其间不能容发⑤,盖亦危矣。千金之子,不死于盗贼,何哉?其身可爱,而盗贼之不足以死也。子房以盖世之才,不为伊尹、太公之谋,而特出于荆轲、聂政之计,以侥幸于不死,此圯上老人所为深惜者也。是故倨傲鲜腆而深折之。彼其能有所忍也,然后可以就大事。故曰:“孺子可教也。”

〔注释〕

①书:指《太公兵法》。圯(yí)上:桥上。老人:指黄石公。《史记·留侯世家》:“良尝闲从容步游下邳圯上,有一老父,衣褐,至良所,直堕其履圯下。顾谓良曰:‘孺子,下取履!’良愕然,欲殴之;为其老,强忍,下取履。父曰:‘履我!’良业为取履,因长跪履之。父以足受,笑而去。”后老父约见张良于桥上,张良两次迟到,受到老父的责备。第三次张良“夜未半”即往,老父喜,送他一部书,说:“读此则为王者师矣。后十年兴,十三年孺子见我济北,穀城山下黄石即我矣。”语毕,老父即离去。次日张良“视其书”,才知道是《太公兵法》。

②以为鬼物:因为黄石公的事迹较为离奇,语言有时近于荒诞,所以有人认为他是鬼神之类,王充《论衡·自然篇》:“或曰张良游泗水之上,遇黄石公,授公书。盖天佐汉诛秦,故命令神石为鬼书授人。”

③贲、育:孟贲、夏育,古代著名勇士。

④而逞于一击之间:《史记·留侯世家》载“秦灭韩”,张良“悉以家财求客刺秦王,为韩报仇。……得力士,为铁椎重百二十斤。秦皇帝东游,良与客狙击秦皇帝博浪沙中,误中副车。秦皇帝大怒,大索天下,求贼甚急,为张良故也。”

⑤其间不能容发:当中插不了一根毛发,比喻情势危急。

〔译文〕

张良从桥上老人那里得到兵书,这件事很古怪。但是又怎么知道那不是秦代的一位隐居君子出来考验张良呢？看那老人用以稍微显露出自己用意的方式，都具有圣人贤士相互提醒告诫的意义。但世人不明白，把那老人当作鬼怪，也太过分了。况且桥上老人的真正用意并不在于传给张良兵书。在韩国已灭亡时，秦国正强盛，秦王嬴政用残酷的刑法对付天下的志士，那些平时无罪被杀头灭族的人，数也数不清。即使像孟贲、夏育那样的勇士，也没有再施展本领的机会了。凡是执法过分严厉的君王，他的锋芒是不能触犯的，而他的形势也没有可乘之机。张良压不住他对秦王愤怒的情绪，要凭他个人的力量，在一次击杀中逞强。在那时，张良脱险未死，与死亡只差毫发，这也太危险了！富贵人家的子弟，是不会死在盗贼之事的，为什么呢？因为他们的生命宝贵，盗贼之事不值得让他们去死。张良凭着超过世人的才能，不去做伊尹、姜尚那样深谋远虑之事，反而只想出荆轲、聂政行刺的下策，凭着侥幸没有死掉，这是桥上老人为他深深痛惜的地方。所以那老人故意态度傲慢无理、言语粗恶深深地羞辱他。他如果能忍受得住，这样才可以凭借这点成就大功业。所以老人说："这孩子可以教育了。"

楚庄王伐郑，郑伯肉袒牵羊以迎。庄王曰："其主能下人，必能信用其民矣。"遂舍之[①]。句践之困于会稽，而归臣妾于吴者，三年而不倦。且夫有报人之志，而不能下人者，是匹夫之刚也。夫老人者，以为子房才有余而忧其度量之不足，故深折其少年刚锐之气，使之忍小忿而就大谋。何则？非有平生之素，卒然相遇于草野之间，而命以仆妾之役，油然而不怪者，此固秦皇之所不能惊，而项籍之所不能怒也。

〔注释〕

①“楚庄王伐郑”六句：楚庄王攻打郑国，郑襄公裸露上身牵着羊迎接，表示屈服。楚庄王认为他能取信于民，便释放了他，并退兵，与郑议和。

〔译文〕

楚庄王攻打郑国，郑襄公脱去上衣裸露身体、牵了羊来迎接。庄王说：“国君能够屈居人下，一定能得到自己百姓的信任和效力。”于是放弃对郑国的进攻。越王勾践在会稽陷入困境，就率臣子妻妾投降吴国，多年都不懈怠。况且有向人报仇的心愿，却不能居于人下的，这是普通人的刚强而已。那老人，认为张良才智有余却担心他的度量不够，因此深深折辱他年轻人刚强锐利的脾气，使他能忍得住小怨愤去成就远大的谋略。为什么这样说呢？老人和张良并没有平生的交情，突然在郊野之间相遇，却拿捡鞋、穿鞋这样奴仆、婢妾做的低贱之事来支使张良，张良很自然地去做而不觉得怪异，这就是秦始皇不能使他惊惧，项羽不能激怒他的原因。

观夫高祖之所以胜，而项籍之所以败者，在能忍与不能忍之间而已矣。项籍唯不能忍，是以百战百胜，而轻用其锋。高祖忍之，养其全锋而待其敝，此子房教之也。当淮阴破齐而欲自王，高祖发怒，见于词色①。由是观之，犹有刚强不能忍之气，非子房其谁全之？太史公疑子房以为魁梧奇伟，而其状貌乃如妇人女子②，不称其志气[3]。呜呼！此其所以为子房欤！

〔注释〕

①“当淮阴破齐”三句:《史记·淮阴侯列传》:汉四年,韩信破齐,向刘邦请封“假王”,“当是时,楚方急围汉王于荥阳,韩信使者至,发书,汉王大怒,骂曰:‘吾困于此,旦暮望若来佐我,乃欲自立为王!’”张良赶紧提醒他不能得罪韩信。刘邦醒悟,便封韩信为齐王来笼络他。韩信后降封为淮阴侯,故称为淮阴。

②“太史公疑子房以为魁梧奇伟”二句:《史记·留侯世家》:“太史公曰:‘余以为其人计魁梧奇伟,至见其图,状貌如妇人好女。’”

③不称:不相称。

〔译文〕

看那汉高祖之所以成功,项羽之所以失败,原因就在于一个能忍耐、一个不能忍耐罢了。项羽不能忍耐,因此作战时百战百胜,但是轻易使用他的锋芒随意出兵。汉高祖能忍耐,保存自己完整的锋锐的战斗力等到对方疲敝,这是张良教他的。当淮阴侯韩信攻破齐国要自立为王时,高祖为此发怒,显露到语气、脸色上。从此看出,刘邦还有刚强不能忍耐的习气,如果不是张良,谁能保全他?司马迁猜想张良一定是高大魁梧的,可他的长相竟然像妇人女子,与他的志气和度量不相称。唉!外柔内刚,这就是张良之所以成为张良的原因吧!

石钟山记

苏 轼

〔题解〕

石钟山在江西湖口鄱阳湖边。宋神宗元丰七年(1084)六月,苏轼由黄州团练副使调任汝州团练副使时,送其长子苏迈到饶州德兴县赴任县尉,途径湖口,游览石钟山,写作本文。作者先写关于石钟山名称由来的各种说法,提出了自己的怀疑;再记叙游览石钟山、实地考察的过程,最后得出结论:"事不目见耳闻",不可"臆断其有无"。这种注重调查研究、实事求是的态度,对古今皆有教育意义。文章结构独特,语言灵活,描写、议论有机结合。

《水经》云:"彭蠡之口①,有石钟山焉。"郦元以为下临深潭②,微风鼓浪③,水石相搏,声如洪钟。是说也,人常疑之。今以钟磬置水中,虽大风浪不能鸣也,而况石乎!至唐李渤,始访其遗踪,得双石于潭上,扣而聆之,南声函胡,北音清越,枹止响腾④,余韵徐歇。自以为得之矣。然是说也,余尤疑之。石之铿然有声者,所在皆是也，而此独以钟名，何哉？

〔注释〕

①彭蠡（lǐ）：鄱阳湖的又一名称。
②郦元：即郦道元，《水经注》的作者。
③鼓：振动。
④枹（fú）：鼓槌。腾：传播。

〔译文〕

《水经》说："鄱阳湖的湖口，有一座石钟山在那里。"郦道元认为石钟山下面靠近深潭，微风振动波浪，水拍打石头，发出的声音好像大钟。这个说法，人们常常怀疑它。现在把钟磬放在水中，即使大风大浪也不能使它发出声响，何况是石头呢！到了唐代李渤，开始访求石钟山的旧址，在潭水边找到两块山石，敲击它们，聆听它们的声音，南边那块山石的声音重浊而模糊，北边那块山石的声音清脆而响亮，鼓槌停止了敲击，声音还在传播，余音慢慢地消失。他自己认为找到了石钟山命名的原因。但是这个说法，我更加怀疑。敲击后能发出声响的石头，到处都是这样，可唯独这座山用钟来命名，这是为什么呢？

元丰七年六月丁丑①，余自齐安舟行适临汝②，而长子迈将赴饶之德兴尉。送之至湖口③，因得观所谓石钟者。寺僧使小童持斧，于乱石间择其一二扣之，硿硿然④。余固笑而不信也。至其夜月明，独与迈乘小舟，至绝壁下。大石侧立千尺，如猛兽奇鬼，森然欲搏人。而山上栖鹘⑤，闻人声亦惊起，磔磔云霄间⑥。又有若老人咳且笑于山谷中者，或曰此鹳鹤也。余方心动欲还，而大声发于水上，噌吰如钟鼓不绝⑦。舟人大恐。徐而察之，则山下皆石穴罅，不知其浅深，微波入焉，涵澹澎湃而为此也⑧。舟回至两山间，将入港口，有大石当中流，可坐百人，空中而多窍，与风水相吞吐，有窾坎镗鞳之声⑨，与向之噌吰者相应，如乐作焉。因笑谓迈曰："汝识之乎？噌吰者，周景王之无射也⑩；窾坎镗鞳者，魏献子之歌钟也⑪。古之人不余欺也！"

〔注释〕

①元丰：宋神宗的年号。六月丁丑：农历六月初九。

②齐安：在今湖北黄冈市黄州区。临汝：即汝州（今河南汝州）。

③湖口：今江西湖口。

④硿硿（kōng）然：硿硿地（发出响声）。

⑤栖鹘（hú）：宿巢的老鹰。鹘，鹰的一种。

⑥磔磔（zhé）：鸟鸣声。

⑦噌吰（chēnghóng）：这里形容钟声洪亮。

⑧涵澹澎湃：波浪激荡。涵澹，水波动荡。澎湃，波浪相激。

⑨窾（kuǎn）坎镗（táng）鞳（tà）：窾坎，击物声。镗鞳，钟鼓声。

⑩周景王之无射（yì）：《国语》载，周景王二十四年（前522）铸成"无射"钟。

⑪魏庄子之歌钟：《左传》载，鲁襄公十一年（前561）郑人以歌钟和其他乐器献给晋侯，晋侯分一半赐给晋大夫魏绛。庄子，魏绛的谥号。歌钟，古乐器。

〔译文〕

元丰七年六月初九，我从齐安乘船去临汝，大儿子苏迈将要去饶州的德兴县就任县尉。我送他到湖口，因而得以看到传说中的石钟山。庙里的和尚让小童拿着斧头，在乱石中间选一两处敲打它，硿硿地发出声响。我本来就觉得很好笑，并不相信。到了晚上月光明亮，我独自和苏迈坐着小船到断壁下面。巨大的山石倾斜地立着，高达千尺，好像凶猛的野兽和奇异的鬼怪，阴森森地想要攻击人。栖息在山上的猛禽，听到人声也被惊飞起来，在云霄间发出磔磔声响。又有像老人在山谷中咳嗽并且发出笑声的，有人说这是鹳鹤。我正心惊想要回去，忽然从水上发出巨大的声音，声音洪亮像不断地敲击钟鼓。船夫很惊恐。我慢慢地观察，山下都是石穴和缝隙，不知道它们有多深，细微的水波涌进那里面，水波激荡因而发出这种声音。船回到两山之间，将要进入港口，有块大石头正对着水的中央，上面可坐上百人，大石中间是空的，有许多小洞，风与水波灌进大石又冲出来，发出窾坎镗鞳的声音，与之前噌吰的声音相互应和，如同音乐奏响。于是我笑着对苏迈说："你知道那些典故吗？那噌吰的响声，像是周景王无射钟的声音；窾坎镗鞳的响声，就像魏庄子歌钟的声音。古人没有欺骗我们啊！"

事不目见耳闻，而臆断其有无，可乎？郦元之所见闻，殆与余同①，而言之不详；士大夫终不肯以小舟夜泊绝壁之下，故莫能知；而渔工水师，虽知而不能言。此世所以不传也。而陋者乃以斧斤考击而求之②，自以为得其实。余是以记之，盖叹郦元之简，而笑李渤之陋也。

〔**注释**〕

①殆：大概。

②斤：斧头。考：敲击。

〔译文〕

世间的事情不是亲眼见到、亲耳听到，却凭主观臆断去猜测它的有或没有，可以吗？郦道元所看到的、所听到的，大概和我一样，但是描述得不详细；士大夫们终究不愿乘小船于夜里在悬崖绝壁下面停泊，所以没有谁能知道；渔人和船夫，虽然知道却不能言明道理。这就是世上没有流传下来石钟山得名由来的原因。然而浅陋的人竟然用斧头敲击石头来寻求石钟山得名的原因，自认为得到了石钟山命名的真相。我因此记下这件事，叹惜郦道元的简略，嘲笑李渤的浅陋。

前赤壁赋

苏　轼

〔题解〕

赤壁，实为黄州赤鼻矶，并不是三国时期赤壁之战的旧址，当地人因音近亦称之为赤壁。宋神宗元丰二年(1079)，苏轼遭遇“乌台诗案”，后经多方营救，于当年十二月释放，被贬为黄州团练副使。元丰五年，苏轼于七月十六日、十月十五日两次泛游赤壁，分别写了两篇赋，这就是前后《赤壁赋》。在此篇赋中，作者描绘了夜游赤壁的情景，清风、白露、水天、月色，共同构成了静谧寥廓的自然之美。客之箫声则使文章转向悲凉，作者以主客问答的形式，表现对人生短暂、个人渺小的感叹，进而以江水、明月为喻，对变与不变进行议论，突显了作者身处逆境却乐观自适的人生态度。文章语言优美流畅，以赤壁之景为依托，自然抒发个人感受与人生思考，写景、抒情、议论水乳交融，诗情画意、情趣哲理完美统一。

壬戌之秋[①]，七月既望[②]，苏子与客泛舟游于赤壁之下。清风徐来，水波不兴。举酒属客[③]，诵明月之诗，歌窈窕之章[④]。少焉，月出于东山之上，徘徊于斗牛之间。白露横江[⑤]，水光接天。纵一苇之所如[⑥]，凌万顷之茫然。浩浩乎如冯虚御风[⑦]，而不知其所止；飘飘乎如遗世独立，羽化而登仙。

〔注释〕

①壬戌（xū）：宋神宗元丰五年（1082），岁在壬戌。

②既望：既，过了。望，农历十五日。既望：指农历十六日。

③属（zhǔ）：致意，此处引申为“劝酒”的意思。

④明月之诗：指《诗经·陈风·月出》。窈窕之章：《陈风·月出》诗首章为：“月出皎兮，佼人僚兮。舒窈纠兮，劳心悄兮。”“窈纠”同“窈窕”。

⑤白露：白茫茫的水气。

⑥一苇：像一片苇叶那么小的船，比喻极小的船。《诗经·卫风·河广》：“谁谓河广，一苇杭之。”

⑦冯：通“凭”，乘。

〔译文〕

壬戌年秋天，七月十六日，我与友人在赤壁下泛舟游玩。清风缓缓吹拂，水面平静无波。我举起酒杯向同伴劝酒，吟诵《诗经·陈风·月出》中“窈窕”这一章。不一会儿，明月从东山升起，在斗宿与牛宿之间来回移动。白茫茫的雾气横浮江面，水光连着天际。任凭一片苇叶似的小船随意漂荡，越过茫茫的万顷江面。浩浩渺渺，好像乘风凌空而行，不知到哪里才会停栖；飘飘摇摇，好像要离开尘世，飘飞而起，羽化成仙进入仙境。

于是饮酒乐甚，扣舷而歌之。歌曰：“桂棹兮兰桨，击空明兮溯流光。渺渺兮予怀，望美人兮天一方。”客有吹洞箫者，依歌而和之。其声呜呜然，如怨如慕，如泣如诉，余音袅袅，不绝如缕。舞幽壑之潜蛟，泣孤舟之嫠妇①。

〔注释〕

①嫠(lí)：孤居的妇女，在这里指寡妇。

〔译文〕

这时我喝酒喝得非常高兴，敲着船舷唱起歌来。歌中唱道："桂木的船棹啊香兰的船桨，(船桨)划破月光下的清波啊，(小船)在泛着月光的水面逆流而上。我的情思啊悠远茫茫，眺望美人啊，(美人)却在天的另一方。"有位会吹洞箫的客人，按着节奏为歌声伴和。洞箫的声音呜呜咽咽，如同哀怨又如思慕，既像啜泣也像倾诉，余音婉转悠长，像细丝一样连续不断。能使深谷中潜伏的蛟龙为之起舞，能使孤舟上的寡妇为之哭泣。

苏子愀然①，正襟危坐而问客曰："何为其然也？"客曰："'月明星稀，乌鹊南飞'②，此非曹孟德之诗乎？西望夏口，东望武昌，山川相缪③，郁乎苍苍，此非孟德之困于周郎者乎？方其破荆州，下江陵，顺流而东也，舳舻千里④，旌旗蔽空，酾酒临江⑤，横槊赋诗⑥，固一世之雄也，而今安在哉！况吾与子渔樵于江渚之上，侣鱼虾而友麋鹿⑦，驾一叶之扁舟，举匏樽以相属⑧。寄蜉蝣于天地⑨，渺沧海之一粟，哀吾生之须臾，羡长江之无穷。挟飞仙以遨游，抱明月而长终。知不可乎骤得，托遗响于悲风。”

〔注释〕

①愀（qiǎo）然：容色改变的样子。

②“月明星稀”两句：曹操《短歌行》中的诗句。

③缪：通“缭”，盘绕。

④舳舻（zhúlú）：战船前后相接，这里指战船。

⑤酾（shī）酒：斟酒。

⑥横槊（shuò）：横执长矛。

⑦麋（mí）：鹿的一种。

⑧匏樽：用葫芦做成的酒器。匏，葫芦。

⑨蜉蝣：一种昆虫，夏秋之交生于水边，生命短暂，仅数小时。此句比喻人生之短暂。

〔译文〕

我的神色也悲伤起来，整理好衣襟，端正地坐着，向客人问道：“箫声为什么这样哀怨呢？”客人回答：“‘月明星稀，乌鹊南飞’，这不是曹孟德的诗吗？这里向西可以望到夏口，向东可以望到武昌，山河相接，连绵不绝，一片苍翠。这不正是曹孟德被周瑜所围困的地方吗？当初他攻陷荆州，夺得江陵，沿长江顺流东下，麾下的战船首尾相连延绵千里，军旗将天空全都遮蔽，面对大江斟酒，横执长矛吟诗，本来是当世的英雄人物，然而现在又在哪里呢？何况我与你在江中的小洲打鱼砍柴，以鱼虾为伴侣，以麋鹿为朋友，在江上驾着这一叶小舟，举起杯盏相互敬酒。如同蜉蝣置身于广阔的天地中，像沧海中的一粒粟米那样渺小，哀叹我们的一生只是短暂的片刻，不由得羡慕长江的没有穷尽。

想要携同仙人遨游各地，与明月相拥永存世间。知道这些终究不能实现，只得将这种心情化为箫音，寄托在悲凉的秋风中。”

苏子曰：“客亦知夫水与月乎？逝者如斯[①]，而未尝往也；盈虚者如彼[②]，而卒莫消长也。盖将自其变者而观之，则天地曾不能以一瞬；自其不变者而观之，则物与我皆无尽也。而又何羡乎？且夫天地之间，物各有主，苟非吾之所有，虽一毫而莫取。惟江上之清风，与山间之明月，耳得之而为声，目遇之而成色，取之无禁，用之不竭。是造物者之无尽藏也，而吾与子之所共适。”

〔注释〕

①逝者如斯：语出《论语·子罕》：“子在川上曰：‘逝者如斯夫，不舍昼夜。’”逝，往。斯，此，指水。

②盈虚者如彼：指月亮的圆缺。

〔译文〕

我问道：“你可知道这水与月？流去的水像这样不断地流去，其实并没有真正逝去；时圆时缺的就像这月亮，终究没有增减。如果从事物变化的一面看来，那么天地间万事万物连一眨眼的工夫都不停止改变；而从事物不变的一面看来，万物同我们都是永恒的。又有什么可羡慕的呢？何况天地之间，万物各有主宰者，若不是自己应该拥有的，即使一分一毫也不能求取。只有江上的清风，以及山间的明月，耳朵听到了就是悦耳的声音，眼睛看到了就是美妙的景色，取得这些不会有人禁止，感受这些也不会竭尽。这是大自然恩赐的无穷无尽的宝藏，我和你可以共同享受。”

客喜而笑，洗盏更酌。肴核既尽，杯盘狼藉。相与枕藉乎舟中[①]，不知东方之既白。

〔注释〕

①枕藉：相互枕垫着。

〔译文〕

客人高兴地笑了，洗净酒杯重新斟酒。菜肴果品都已吃完，杯子盘子杂乱一片。大家互相枕着垫着睡在船上，不知不觉东方已经露出白色的曙光。

后赤壁赋

苏　轼

〔题解〕

宋神宗元丰五年(1082)十月十五日,苏轼第二次游赤壁,写下此篇。本文先写江岸之景,初冬山间月夜凄凉,与客行歌相答,生出“有客无酒,有酒无肴”之憾,更增后文“携酒与鱼”游赤壁之乐。记游、写景是全文重心,借动作细节、景物描摹渲染了清幽静谧的氛围,产生悲凉、忧惧之情。所见孤鹤更添孤寂之感,又为后文梦境埋下伏笔。文章结尾“开户视之,不见其处”,既余韵无穷,又隐约可见苏轼理想追求的困惑迷茫,基调颇为低沉。文章写景生动,情感真挚,文意跌宕起伏,引人入境。

是岁十月之望,步自雪堂,将归于临皋[①]。二客从予,过黄泥之坂[②]。霜露既降,木叶尽脱。人影在地,仰见明月。顾而乐之,行歌相答。已而叹曰:“有客无酒,有酒无肴,月白风清,如此良夜何?”客曰:“今者薄暮,举网得鱼,巨口细鳞,状如松江之鲈。顾安所得酒乎?”

归而谋诸妇。妇曰:“我有斗酒,藏之久矣,以待子不时之需。”

〔注释〕

①雪堂:苏轼在黄州所建的新居,离他在临皋的住处不远,在黄冈东面。堂在大雪时建成,画雪景于四壁,故名“雪堂”。临皋(gāo):亭名,在黄冈南长江边上。苏轼初到黄州时住在定惠院,不久就迁至临皋亭。

②黄泥之坂(bǎn):黄冈东面东坡附近的山坡叫“黄泥坂”。坂,斜坡,山坡。

〔译文〕

这一年十月十五日,我从雪堂出发,准备回临皋亭。有两位客人跟随着我,经过黄泥坂。这时霜露已经降下,树叶全都脱落。身影倒映在地上,抬头望见明月。环顾四周,心中十分快乐,边走边唱,相互应答。过了一会儿,我叹息道:“有客人却没有酒,有酒却没有菜,月光皎洁,清风吹拂,这样美好的夜晚,我们怎么度过呢?”一位客人说:“今天傍晚,我撒网捕到了鱼,大嘴巴、细鳞片,形状就像松江的鲈鱼。只是要到哪里去弄到酒呢?”我回家找妻子想办法。妻子说:“我有几斗酒,收藏了很久,就是为了应付你随时的需要。”

于是携酒与鱼,复游于赤壁之下。江流有声,断岸千尺,山高月小,水落石出。曾日月之几何,而江山不可复识矣！予乃摄衣而上,履巉岩[1],披蒙茸[2],踞虎豹,登虬龙,攀栖鹘之危巢,俯冯夷之幽宫[3],盖二客不能从焉。划然长啸,草木震动,山鸣谷应,风起水涌。予亦悄然而悲，肃然而恐，凛乎其不可留也。反而登舟，放乎中流，听其所止而休焉。时夜将半，四顾寂寥。适有孤鹤，横江东来，翅如车轮，玄裳缟衣，戛然长鸣，掠予舟而西也。

〔注释〕

①履：践，踏。巉岩：险峻的山崖。

②披蒙茸：分开乱草。蒙茸，杂乱的丛草。

③冯(píng)夷：水神。

〔译文〕

就这样，我们带着酒和鱼，再次到赤壁的下面游览。长江的流水发出声响，陡峭的江岸高耸千尺；山峦高耸，月亮显得很小，水位降低，石头露了出来。才相隔多少日子，上次游览所见的江景山色竟然认不出来了！我于是撩起衣襟登上石岸，踏着险峻的山岩，拨开纷乱的野草，蹲在虎豹形状的怪石上，登上形如虬龙的古木，攀上猛禽做窝的高高悬崖，俯瞰水神冯夷的深宫，两位客人都不能跟着我到这样的高处。我大声地长啸，草木被震动，高山与我共鸣，深谷响起了回声，大风刮起，波浪汹涌。我也觉得忧愁悲哀，感到恐惧而静默屏息，觉得这里令人畏惧不可久留。返回船上，把船划到江心，任凭它漂流到哪里就在哪里停泊。这时快到半夜，环顾四周，冷清寂寞。正好有一只孤独的鹤，横穿江面从东边飞来，翅膀像车轮一样大小，如同穿着黑裙白衣，它嘎嘎地长鸣着，掠过我们的船向西飞去。

须臾客去，予亦就睡。梦一道士，羽衣蹁跹[1]，过临皋之下。揖予而言曰:“赤壁之游乐乎?”问其姓名,俯而不答。“呜呼噫嘻!我知之矣!畴昔之夜[②],飞鸣而过我者,非子也耶?”道士顾笑,予亦惊寤。开户视之,不见其处。

〔注释〕

①蹁跹(piānxiān):飘逸轻快的样子。

②畴昔之夜:昨天晚上。此语出于《礼记·檀弓》上篇“予畴昔之夜”。畴,语首助词,没有实在的意思。昔,昨。

〔译文〕

过了一会儿,客人离开了,我也回家睡觉。梦见一位道士,穿着羽毛编织成的衣裳轻快地走来,来到临皋亭的下面。他向我拱手作揖说:“赤壁游览快乐吗?”我问他的姓名,他低头不回答。“噢!哎呀!我明白了。昨天夜晚,边飞边叫经过我船的,不就是你吗?”道士回头笑了起来,我也忽然惊醒。开门一看,却看不到他在什么地方。

方山子传

苏　轼

〔题解〕

方山子，即陈慥，字季常，是苏轼的朋友。元丰三年（1080），陈慥听说苏轼被放逐便于途中相迎，以后两人过往频繁。据苏轼自己统计，在黄州四年，他“三往见季常，季常七来见余，盖相从百余日也”（《岐亭五首》）。元丰四年（1081），苏轼写下了这篇传记散文。文章开篇概括方山子少时、稍壮、晚年三个人生阶段的特点，突出其先侠后隐的人生选择。中间部分以倒叙手法写方山子携家人隐居，虽清贫却淡然自适，而其少时则满怀任性豪侠之气，隐时“犹见于眉间”的“精悍之色”又可见其少时痕迹。作者论述方山子弃荣利功名隐居山中，是因为有得于道。“光、黄间多异人”，作者欣赏“异人”特异性情与人生取向的同时，联想自身，也难免为其“终不遇”而遗憾叹惋。

方山子，光、黄间隐人也①。少时慕朱家、郭解为人②，闾里之侠皆宗之③。稍壮，折节读书④，欲以此驰骋当世，然终不遇。晚乃遁于光、黄间，曰岐亭⑤。庵居蔬食，不与世相闻。弃车马，毁冠服，徒步往来，山中人莫识也。见其所著帽，方耸而高，曰："此岂古方山冠之遗像乎⑥？"因谓之"方山子"。

〔注释〕

①光、黄：光州、黄州，两州连界。光州州治在今河南潢川，黄州治所在今湖北黄冈。

②朱家、郭解：西汉时著名游侠，见《史记·游侠列传》。

③闾里：乡里。

④折节：改变原来的志趣和行为。

⑤岐亭：宋时黄州的镇名，在今湖北麻城西南。

⑥方山冠：古代的一种帽子，汉时为祭祀宗庙时乐工舞女所戴，唐宋时隐士多戴这种帽子。

〔译文〕

方山子，是光州、黄州一带的隐士。他年轻时，仰慕汉代游侠朱家、郭解的为人，乡里的游侠之士都推崇他。等到他年岁渐长，改变志趣发奋读书，想以此来驰名当代，但是一直没有得志。晚年就隐居在光州、黄州一带一个名叫岐亭的地方。住茅草屋、吃素食，不与俗世来往。放弃坐车骑马，毁坏书生衣帽，徒步在山里来往，山中没有人认识他。人们见他戴的帽子，方方的又很高，就说："这不就是古代的方山冠遗留下来的样子吗？"因此就称他为"方山子"。

余谪居于黄，过岐亭，适见焉。曰："呜呼！此吾故人陈慥季常也！何为而在此？"方山子亦矍然问余所以至此者[①]。余告之故。俯而不答，仰而笑，呼余宿其家。环堵萧然[②]，而妻子奴婢，皆有自得之意。

〔注释〕

①矍(jué)然：惊讶睁眼相视貌。

②环堵萧然：形容居室简陋，没有什么陈设。环堵，四墙，指屋中。萧然，清冷，空荡。

〔译文〕

我贬官到黄州，有一次经过岐亭，正巧碰见了他。我说："呀，这是我的老朋友陈慥陈季常啊！你怎么会在这里呢？"方山子也很惊讶，问我到这里来的原因。我把原因告诉了他。他低头不回答，继而仰天大笑，请我住到他家去。他的家里四壁萧条，然而他的妻子、儿女、奴仆都显出怡然自得的样子。

余既耸然异之。独念方山子少时，使酒好剑，用财如粪土。前十九年，余在岐山[①]，见方山子从两骑、挟二矢游西山。鹊起于前，使骑逐而射之，不获。方山子怒马独出，一发得之。因与余马上论用兵及古今成败，自谓一时豪士。今几日耳，精悍之色，犹见于眉间，而岂山中之人哉！

〔注释〕

①余在岐山：宋仁宗嘉祐七年，苏轼任凤翔府签判，时陈慥之父陈希亮知凤翔府。苏轼这时始与陈慥相识订交。岐山，指凤翔。

〔译文〕

我对此感到十分惊异。回想起方山子年轻的时候，纵酒任性、喜欢使剑，挥金如土。十九年前，我在岐山，见到方山子带着两名骑马的随从，身挟两箭，在西山游猎。见到前方一只鹊飞起，他便叫随从追赶射鹊，没能射中。方山子拉紧缰绳独自跃马向前，一箭射中飞鹊。他于是在马上与我谈论用兵之道及古今成败之事，自认为是一代豪杰。现在过去多少日子了，但是英气勃勃的神色，依然在他眉宇间显现，这怎么会是一位隐居山中的人呢？

然方山子世有勋阀①，当得官。使从事于其间，今已显闻。而其家在洛阳，园宅壮丽，与公侯等。河北有田，岁得帛千匹，亦足以富乐。皆弃不取，独来穷山中②，此岂无得而然哉？

〔注释〕

①世有勋阀：世代有功勋，属世袭门阀。

②穷山中：荒僻的山中。

〔译文〕

方山子出身于世代功勋之家，理应有官做。假如他置身官场，现在已能够声名显赫了。他原本家在洛阳，园林宅舍雄伟富丽，与公侯之家一样。在河北有田地，每年可得上千匹的丝帛收入，这些也足以使生活富裕安乐了。然而他都抛开不去享用，独自来到穷僻的山里，这难道是没有独到心得能做到的吗？

余闻光、黄间多异人，往往佯狂垢污①，不可得而见，方山子傥见之欤？

〔注释〕

①佯狂：假装疯癫。

〔译文〕

我听说光州、黄州一带有很多奇人异士，常常假装疯癫，衣衫破旧，但是难以轻易见到他们，方山子或许能遇见他们吧？

寄欧阳舍人书

曾　巩

〔题解〕

曾巩(1019—1083),字子固,南丰(今属江西)人,后居临川。嘉祐二年(1057)进士,北宋散文家、史学家、政治家,“唐宋八大家”之一。曾巩是欧阳修的学生,在老师的指点下,其文风冲和平淡,委曲周详,与其师较为接近。宋仁宗庆历六年(1046),欧阳修为曾巩的祖父撰写墓志,曾巩作这封回信表达谢意。文章从墓志的意义写起,指出谀墓之作的存在与好墓志之难得,进而提出写墓志者需是“畜道德而能文章者”,由此表达了对老师的推崇与谢意。文气舒缓而流畅,感情表达自然、得体而真挚。

去秋人还,蒙赐书及所撰先大父墓碑铭①。反复观诵,感与惭并。

〔注释〕

①先大父:曾巩已经去世的祖父曾致尧。

〔译文〕

去年秋天我派去的人回来,承蒙您赐予书信并为先祖父撰写墓碑铭。我反复诵读,真是感激与惭愧交织。

夫铭志之著于世,义近于史,而亦有与史异者。盖史之于善恶无所不书,而铭者,盖古之人有功德、材行、志义之美者,惧后世之不知,则必铭而见之。或纳于庙,或存于墓,一也。苟其人之恶,则于铭乎何有?此其所以与史异也。其辞之作,所以使死者无有所憾,生者得致其严。而善人喜于见传,则勇于自立;恶人无有所纪,则以愧而惧。至于通材达识、义烈节士,嘉言善状,皆见于篇,则足为后法。警劝之道,非近乎史,其将安近?

〔译文〕

铭志能够著称后世,是因为它的意义与史传接近,但又有与史传不相同的地方。大概是因为史传对人的善恶没有不加以记载的,而碑铭呢,大概是古代功德卓著、才能操行出众、志气道义高尚的人,怕后世人不知道,所以一定要立碑刻铭来显扬于后世。有的置于家庙里,有的放置在墓穴中,用意是一样的。如果那是个恶人,那么有什么可以铭刻的呢?这就是碑铭与史传不同的地方。撰写铭文,为的是使死者没有什么遗憾,生者得以表达自己的敬意。行善之人喜欢自己的言行流传后世,就发奋建立功业;恶人没有什么可以记载,就会感到惭愧和恐惧。至于博学多才、见识通达的人,忠义英烈、节操高尚之士,他们的美好的言行都能体现在铭文里，就足以被后人效仿。铭文警戒劝勉的作用，不与史传相近，又与什么相近呢？

及世之衰，人之子孙者，一欲褒扬其亲而不本乎理。故虽恶人，皆务勒铭以夸后世。立言者，既莫之拒而不为，又以其子孙之请也，书其恶焉，则人情之所不得，于是乎铭始不实。后之作铭者，当观其人。苟托之非人，则书之非公与是，则不足以行世而传后。故千百年来，公卿大夫至于里巷之士，莫不有铭，而传者盖少，其故非他，托之非人，书之非公与是故也。

〔**译文**〕

到了世风衰微的时候，为人子孙的，一味地只想褒扬他们死去的亲人而不顾事理。所以即使是恶人，都一定要立碑刻铭用来向后人夸耀。撰写铭文的人，既不能推辞不写，又因为死者子孙的请托，如果直书死者的恶行，那么与人之常情不合，这样铭文就开始出现不实之词。后代要给死者作碑铭的，应当观察一下作者的为人。如果请托的人不得当，那么他写的铭文必定会不公正、不正确，就不能流传于当世并传之后代。所以千百年来，上自公卿大夫下至里巷小民，死后大都有碑铭，但流传于世的很少，原因不是别的，正是请托了不适当的人，撰写的铭文不公正、不正确的缘故。

然则孰为其人而能尽公与是欤？非畜道德而能文章者，无以为也。盖有道德者之于恶人，则不受而铭之；

于众人，则能辨焉。而人之行，有情善而迹非，有意奸而外淑，有善恶相悬而不可以实指，有实大于名，有名侈于实。犹之用人，非畜道德者，恶能辨之不惑，议之不徇[①]？不惑不徇，则公且是矣。而其辞之不工，则世犹不传，于是又在其文章兼胜焉。故曰非畜道德而能文章者，无以为也，岂非然哉？

〔注释〕

①徇(xùn)：偏私。

〔译文〕

这样的话，那么怎样的人才能做到完全公正与正确呢？不是有道德、擅长写文章的人是做不到的。因为道德高尚的人对于恶人，就不会接受请托而为他撰写铭文；对于一般的人，能加以辨别。而人们的品行，有内心善良而事迹不够好的，有内心奸恶而外表良善的，有善行恶行相差悬殊而很难确指的，有实际大于名望的，有名过其实的。这就像任用人，如果不是道德高尚的人，怎么能辨别清楚而不被迷惑，怎么能议论公允而不徇私情？能不受迷惑、不徇私情，就会公正正确了。但是如果铭文的辞藻不工巧，那么依然不能流传于世，因此又在于他的文章也好。所以说不是道德高尚而又善于写作文章的人，是没办法做到的，难道不是这样吗？

然畜道德而能文章者，虽或并世而有，亦或数十年或一二百年而有之。其传之难如此，其遇之难又如此。

若先生之道德文章，固所谓数百年而有者也。先祖之言行卓卓，幸遇而得铭其公与是，其传世行后无疑也。而世之学者，每观传记所书古人之事，至于所可感，则往往衋然不知涕之流落也[①]，况其子孙也哉？况巩也哉？其追晞祖德而思所以传之之由[②]，则知先生推一赐于巩而及其三世。其感与报，宜若何而图之？

〔注释〕

①衋(xì)然：伤痛的样子。

②晞(xī)：仰慕。

〔译文〕

然而道德高尚又善作文章的人，虽然有时会同时出现，也有时几十年或者一二百年才有一个。铭文难以流传是这样，难以遇到好的作者又是如此。像先生的道德文章，本来就是几百年中才有的。我先祖的言行高尚，有幸遇上先生为其撰写公正而又正确的碑铭，它将流传当代和后世是毫无疑问的。世上的学者，每当阅读传记所载古人事迹的时候，看到感人之处，就常常感伤得不知不觉流下了眼泪，何况是死者的子孙呢？何况是我曾巩呢？我追怀先祖的德行而想到碑铭能流传后世的原因，就知道先生惠赐一篇碑铭将会恩泽到我家祖孙三代。这感激与报答之情，我应该怎样来表达呢？

抑又思若巩之浅薄滞拙，而先生进之；先祖之屯蹶否塞以死[①]，而先生显之。则世之魁闳豪杰不世出之士，其谁不愿进于门？潜遁幽抑之士，其谁不有望于世？善谁不为？而恶谁不愧以惧？为人之父祖者，孰不欲教其子孙？为人之子孙者，孰不欲宠荣其父祖？此数美者，一归于先生。既拜赐之辱，且敢进其所以然。所论世族之次，敢不承教而加详焉？愧甚不宣。

〔注释〕

①屯（zhūn）蹶：艰难颠仆、屡受挫折的样子。屯，《周易》卦名，表示艰难。蹶，颠仆。否（pǐ）塞：困厄。

〔译文〕

我又想到像我这样学识浅薄、才能庸陋的人，先生还鼓励我；我先祖这样命运坎坷、困厄而死的人，先生还写了碑铭来显扬他。那么世上那些俊伟豪杰、世不经见之士，他们谁不愿意投拜您的门下？那些潜居山林、穷居退隐之士，他们谁不希望名声流传于世？好事谁不想做？而做恶事谁不感到羞愧恐惧？当父亲、祖父的，谁不想教导自己的子孙？做子孙的，谁不想使自己的父祖荣耀显扬？这种种美事，应当全归于先生。我已经荣幸地得到了您的恩赐，并且冒昧地向您陈述自己感激的原因。来信所论及的我的家族世系，我怎敢不听从您的教诲详细研究呢？惭愧不已，不一一道来。

读孟尝君传

王安石

〔题解〕

王安石(1021—1086),字介甫,号半山,江西临川人。北宋著名的政治家、改革家、文学家,在宋神宗朝两度出任宰相,主持了著名的熙丰变法。晚年退居南京,病逝于钟山。孟尝君与赵国的平原君、楚国的春申君、魏国的信陵君并称为“战国四公子”,以好养士而著名,门下食客众多。他从秦国逃回齐国的时候,多亏了鸡鸣狗盗之士的帮助,这一故事常为人们所称道。但是作者不以为然,他认为孟尝君不能真正地招纳人才,他招揽的只是些鸡鸣狗盗之辈,正因为如此,真正的人才才不来投奔他。这篇文章表现出一位政治家独特的视角,立论新颖,而且短小精悍,干脆利落。

世皆称孟尝君能得士,士以故归之。而卒赖其力,以脱于虎豹之秦。

〔译文〕

世人都称赞孟尝君能够赢得士人之心，贤士因为这个缘故归顺他。孟尝君最终依靠他们的力量，得以从像虎豹一样凶残的秦国逃脱出来。

嗟呼！孟尝君特鸡鸣狗盗之雄耳①，岂足以言得士？不然，擅齐之强②，得一士焉，宜可以南面而制秦③，尚取鸡鸣狗盗之力哉？鸡鸣狗盗之出其门，此士之所以不至也。

〔注释〕

①特：只，仅仅。雄：长，首领。耳：罢了。

②擅齐之强：拥有齐国的强大国力。擅，拥有。

③南面而制秦：南面称王制服秦国。古代君臣相见，帝王坐北面南，臣在对面朝见。制，制服。

〔译文〕

唉！孟尝君只不过是一群鸡鸣狗盗之徒的首领罢了，怎能谈得上得到了贤士？如果不是这样，孟尝君依靠齐国强大的力量，得到一位真正的贤士，齐国就可以凭此面向南方称王而制服秦国，还用借助鸡鸣狗盗之徒的力量吗？鸡鸣狗盗之徒出现在他的门下，这就是真正的贤士不投奔他的原因。

游褒禅山记

王安石

〔题解〕

宋仁宗至和元年(1054),王安石从舒州通判任上辞职,在回家探亲途中游览了褒禅山,三个月后追记此文。作者描写了和同伴游褒禅山所见景色,叙述了游山过程,由此引发“世之奇伟、瑰怪、非常之观,常在于险远”,意志坚定者方可到达。强调志气、毅力重要性的同时,作者也提及气力、外物不可或缺。本文名为游记,实为说理,结构精巧严密,铺垫过渡自然,将景物描写、心得体会、抽象的说理议论巧妙结合,条理清晰,极富说服力。

褒禅山亦谓之华山。唐浮图慧褒①,始舍于其址,而卒葬之。以故,其后名之曰褒禅。今所谓慧空禅院者,褒之庐冢也。距其院东五里,所谓华山洞者,以其乃华山之阳名之也②。距洞百余步,有碑仆道,其文漫灭③,独其为文犹可识曰花山。今言“华”如“华实”之“华”者,盖音谬也。

〔注释〕

①浮图:梵语音译词,也写作“浮屠”或“佛图”,本意是佛或佛教徒,这

里指和尚。

②阳：山的南面。古代称山的南面、水的北面为“阳”，山的北面、水的南面为“阴”。

③漫灭：指因风化剥落而模糊不清。

〔译文〕

褒禅山也叫作华山。唐代和尚慧褒起初在这里筑室居住，死后又葬在这里。因为这个缘故，那之后就将此山命名为褒禅山。现在人们所说的慧空禅院，就是慧褒和尚的墓舍。距离禅院东边五里，是人们所说的华山洞，因为它在华山南面而得名。距离山洞一百多步，有一座石碑倒在路旁，碑文模糊不清，只有从它残存的文字还可以辨识出“花山”的字样。如今将“华”读为“华实”的“华”，大概是读音的错误。

其下平旷，有泉侧出，而记游者甚众，所谓“前洞”也。由山以上五六里，有穴窈然①，入之甚寒，问其深，则其好游者不能穷也，谓之“后洞”。余与四人，拥火以入，入之愈深，其进愈难，而其见愈奇。有怠而欲出者，曰：“不出，火且尽。”遂与之俱出。盖予所至，比好游者尚不能十一，然视其左右，来而记之者已少。盖其又深，则其至又加少矣。方是时，予之力尚足以入，火尚足以明也。既其出，则或咎其欲出者，而予亦悔其随之，而不得极乎游之乐也。

〔注释〕

①窈（yǎo）然：深远幽暗的样子。

〔译文〕

山洞下平坦空阔，有山泉从旁边涌出，在这里洞壁上题诗文留念的很多，这就是所说的“前洞”。经由山路向上五六里，有个深远幽暗的洞穴，进去便感到寒气逼人，探究它的深度，就是那些喜欢游玩的人也未能走到尽头，这是人们所说的“后洞”。我与四个人拿着火把走进去，进去越深，前进越困难，而所见到的景象也就更加奇妙。有个懈怠想出去的伙伴说：“不出去，火把就要熄灭了。”于是大家与他一起退出来。大概我们走进去的深度，比起那些喜欢游险的人还不足十分之一，然而看看左右的石壁，来到这里并题记的人已经很少了。大概洞内更深的地方，来到的游人就更少了。正当这个时候，我的体力还足够前进，火把还能够继续照明。出洞以后，就有人责怪那主张出洞的人，我也后悔自己跟随出来，而未能尽情享受那游洞的乐趣。

于是予有叹焉。古人之观于天地、山川、草木、虫鱼、鸟兽，往往有得，以其求思之深而无不在也。夫夷以近，则游者众；险以远，则至者少。而世之奇伟、瑰怪、非常之观，常在于险远，而人之所罕至焉，故非有志者不能至也。有志矣，不随以止也，然力不足者，亦不能至也。有志与力，而又不随以怠，至于幽暗昏惑[①]，而无物以相之[②]，亦不能至也。然力足以至焉，于人为可讥，而在己为有悔；尽吾志也，而不能至者，可以无悔矣，其孰能讥之乎？此予之所得也。

〔注释〕

①幽暗昏惑：幽深昏暗，叫人迷乱（的地方）。

②相(xiàng)：帮助，辅助。

〔译文〕

对于这种情况我有所感慨。古人游览天地、山川、草木、虫鱼、鸟兽，往往有心得收获，是因为他们探究、思考深邃而且广泛。平坦而又近的地方，前来游览的人便多；危险而又远的地方，前往游览的人便少。但是世上奇妙雄伟、瑰丽奇特、非同寻常的景观，常常在那险阻、僻远的地方，因而少有人到达，不是有意志的人是不能到达的。有了志气，不盲从别人而停止，但是体力不足的，也不能到达。有了志气与体力，也不盲从别人、有所懈怠，到了那幽深昏暗叫人迷乱的地方，却没有外物帮助他，也不能到达。可是力量足以到达却未能达到，在别人看来是可以讥笑的，对于自己来说也是有所悔恨的；尽了自己的努力而未能达到，便可以无所悔恨，难道谁还能讥笑他吗？这就是我这次游山的收获。

余于仆碑，又以悲夫古书之不存，后世之谬其传而莫能名者，何可胜道也哉！此所以学者不可以不深思而慎取之也。

四人者：庐陵萧君圭君玉，长乐王回深父，余弟安国平父、安上纯父。

〔译文〕

我对于那倒地的石碑，又因此感叹古代刻写的文献未能存留，后世弄错了它流传的文字，而没有人能够说明白的情况，怎么能说得完呢？这就是学者不可不深入思考而谨慎选择的原因。

同游的四个人是：庐陵人萧君圭，字君玉；长乐人王回，字深父；我的弟弟王安国，字平父；王安上，字纯父。

阅江楼记

宋　濂

〔**题解**〕

宋濂(1310—1381),字景濂,号潜溪,浙江浦江人。被明太祖朱元璋誉为“开国文臣之首”。晚年受胡惟庸谋反案牵连,全家系狱,后流放茂州,途中至夔州病卒。本文是作者奉旨所写的命题文字,与一般流连光景的楼台之记不同,文章主要是润色鸿业,表达对明太祖统一天下的由衷歌颂,并寄寓讽劝之意,庄重典雅,委婉含蓄。

金陵为帝王之州。自六朝迄于南唐,类皆偏据一方,无以应山川之王气。逮我皇帝[①],定鼎于兹[②],始足以当之。由是声教所暨,罔间朔南,存神穆清,与天同体,虽一豫一游[③],亦可为天下后世法。京城之西北有狮子山[④],自卢龙蜿蜒而来[⑤]。长江如虹贯,蟠绕其下。上以其地雄胜,诏建楼于巅,与民同游观之乐。遂锡嘉名为“阅江”云。

〔注释〕

①皇帝：指明太祖朱元璋。

②定鼎：传说夏禹铸九鼎以象九州，历商、周，都作为传国重器置于国都，后称定都或建立王朝为定鼎。

③一豫一游：谓巡游。《孟子·梁惠王下》："夏谚曰：吾王不游，吾何以休；吾王不豫，吾何以助。"豫，义同"游"。《晏子春秋·内篇·问下》："春省耕而补不足者谓之游，秋省实而助不给者谓之豫。"

④狮子山：在今南京挹江门外。

⑤卢龙：卢龙山，在今南京。

〔译文〕

金陵是帝王居住的城邑。从六朝到南唐，全都是偏安一方，无法与当地山川的王气相应。直到当今皇上，在这里建国定都，才足以与之相当。从此声威教化所到之地，不因地域南北被阻隔，涵养精神和穆清明，几乎与天道融为一体，即使一次巡游，也可以成为后世效法的榜样。京城的西北方有座狮子山，从卢龙山蜿蜒伸展而来。长江如同彩虹横贯，盘绕在山脚下。皇上因为这地方雄伟壮观，下诏在山顶上建楼，与百姓同享游览观景之乐。并赐给它美妙的名字叫"阅江"。

登览之顷，万象森列，千载之秘，一旦轩露。岂非天造地设，以俟大一统之君，而开千万世之伟观者欤？当风日清美，法驾幸临[1]，升其崇椒[2]，凭阑遥瞩，必悠然而动遐思。见江汉之朝宗[3]，诸侯之述职，城池之高深，关阨之严固，必曰："此朕栉风沐雨，战胜攻取之所致也。

中夏之广，益思有以保之。”见波涛之浩荡，风帆之上下，番舶接迹而来庭，蛮琛联肩而入贡，必曰：“此朕德绥威服，覃及内外之所及也[④]。四陲之远，益思有以柔之。”见两岸之间、四郊之上，耕人有炙肤皲足之烦，农女有捋桑行馌之勤[⑤]，必曰：“此朕拔诸水火而登于衽席者也。万方之民，益思有以安之。”触类而思，不一而足。臣知斯楼之建，皇上所以发舒精神，因物兴感，无不寓其致治之思，奚止阅夫长江而已哉！

〔注释〕

①法驾：皇帝的车驾。

②崇椒：高高的山顶。

③江汉之朝宗：《尚书·禹贡》：“江汉朝宗于海。”意谓江汉等大川以海为宗。

④覃（tán）：延及。

⑤行馌（yè）：为田里耕作的农夫送饭。

〔译文〕

登楼四望之时，万千景色一一呈现，千年的秘密，顷刻显露无遗。这难道不是天地神灵有意造就，来等待一统海内的明君，来展现千秋万世的奇观吗？每当风和日暖的时候，皇上的车驾降临，登上山巅，倚着栏杆远眺，必定神情悠悠而生发遐想。看见长江、汉江滚滚东去奔向大海，诸侯赴京朝见天子，高深的城池，严密固防的关隘，必定说：“这是我顶风冒雨、历尽艰难，战胜强敌、攻城取地所获得的啊。想到广阔的华夏大地，更深思怎样来保全它。”看见浩荡起伏的波涛，来往的帆船，连续前来朝见的外国船只，各邦使者携带珍宝相继进贡，必定说：“这是我用恩德安抚、以威力镇服，声望延及国内外所达到的啊。四方僻远的边陲，更想到要设法安抚那里的人心。”看见大江两岸之间、四郊田野之上，农夫有烈日烘烤皮肤、寒气冻裂双脚的烦劳，农女有采桑养蚕田间送饭的辛勤，必定说：“这是我拯救于水火之中，而安置于床席之上的人啊。对于天下的百姓，更想到要让他们安居乐业。”看到这类现象而触发的感慨，不胜枚举。我知道这座楼的兴建，是皇上用来舒展自己的怀抱，凭借着景物而触发感慨，无不寄寓着他志在治理天下的思想，哪里是仅仅观赏长江的风景呢？

彼临春、结绮①，非不华矣；齐云、落星②，非不高矣。不过乐管弦之淫响，藏燕赵之艳姬，一旋踵间而感慨系之，臣不知其为何说也。虽然，长江发源岷山，委蛇七千余里而入海，白涌碧翻。六朝之时，往往倚之为天堑。今则南北一家，视为安流，无所事乎战争矣。然则，果谁之力欤？逢掖之士③，有登斯楼而阅斯江者，当思圣德如天，荡荡难名，与神禹疏凿之功同一罔极。忠君报上之心，其有不油然而兴耶？臣不敏，奉旨撰记。欲上推宵旰图治之功者④，勒诸贞珉⑤。他若留连光景之辞，皆略而不陈，惧亵也。

〔注释〕

①临春、结绮：南朝陈后主时所建的楼阁。《陈书》卷七：“至德二年，乃于光照殿前起临春、结绮、望仙三阁。阁高数丈，并数十间，其窗牖、壁

带、悬楣、栏槛之类,并以沉檀香木为之,又饰以金玉,间以珠翠,外施珠帘,内有宝床、宝帐,其服玩之属,瑰奇珍丽,近古所未有。”

②齐云、落星:古代两座楼的楼名。后世将两楼连称,作为古代高楼的代表。前王禹偁《黄冈竹楼记》也用此典故。

③逢掖:古代儒生所穿的一种袖子宽大的衣服,这里指代读书人。

④宵旰(gàn):即“宵衣旰食”。旰,天已晚。天不亮就穿起衣来,时间晚了才吃饭,形容为处理国事而辛勤工作。

⑤贞珉:指碑石。

〔译文〕

那临春、结绮两座楼阁,并不是不华美啊;齐云楼、落星楼,不是不高大啊。但无非是因为演奏了淫艳的乐曲而感到快乐,或藏着燕赵的美女,转瞬之间便与无穷的感慨联结在一起了,我不知怎样来评说它啊。虽然这样,长江发源于岷山,曲折蜿蜒七千多里汇入大海,白波汹涌,碧浪翻腾。六朝之时,往往倚仗它作为天然的屏障。如今已是南北统一为一个国家,于是视长江为平安河流,不再用于战争了。那么,这到底是谁的力量呢?读书人有登上此楼游览长江的,应当想到皇上的恩德有如苍天,浩浩荡荡难以形容,简直与大禹凿山疏水的功绩同样地无边无际。忠君报国的心情,难道还有不油然而生的吗?我才疏学浅,奉皇上旨意撰写这篇记文。准备将皇上昼夜辛劳操持国事励精图治的功德,铭刻在碑石上。至于其他流连风光美景的言辞,都省略不再叙述,唯恐有所亵渎。

卖柑者言

刘　基

〔题解〕

刘基(1311—1375),字伯温,浙江青田人。元至顺四年(1333)进士,元末明初军事家、政治家、文学家。洪武三年(1370)封诚意伯,是明朝开国元勋。晚年虽然韬光养晦,仍不免受到朱元璋猜忌,最后忧愤成疾而卒。著有《诚意伯文集》。"金玉其外,败絮其中"这一成语为人们所熟知,其出处即是本文。在这篇寓言体的散文中,作者先绘声绘色地讲述了卖柑橘者的欺骗手段,重点指出其光鲜外表与败絮内质的强烈反差,以此为引子,进而将矛头直指表面冠冕堂皇、实际内在已腐败不堪的统治阶层,讽刺辛辣。

杭有卖果者,善藏柑,涉寒暑不溃,出之烨然[①],玉质而金色。剖其中,干若败絮。予怪而问之曰:"若所市于人者,将以实笾豆[②],奉祭祀,供宾客乎?将衒外以惑愚瞽乎[③]?甚矣哉!为欺也!"

〔注释〕

①烨然：光彩鲜明的样子。

②笾（biān）豆：古代祭祀时盛祭品用的两种器具。笾，竹制的食器。豆，木制、陶制或铜制的食器。

③衒（xuàn）：同"炫"，炫耀，夸耀。愚瞽（gǔ）：愚蠢的人和盲人。瞽，盲人。

〔译文〕

杭州有个卖水果的人，擅长贮存柑橘，经历严冬酷暑也不腐烂，拿出它们还是光彩鲜明，玉石一样的质地，表皮呈金灿灿的颜色。把它们切开，里面干枯得像破败的棉絮。我对此感到奇怪，问他说："你卖给别人的柑橘，是打算用来装在盛祭品的容器中，去祭祀祖先、招待宾客呢？还是要炫耀它的外表用来欺骗愚人和盲人呢？这样欺骗人实在是太过分了！"

卖者笑曰："吾业是有年矣，吾赖是以食吾躯。吾售之，人取之，未闻有言，而独不足子所乎？世之为欺者不寡矣，而独我也乎？吾子未之思也！今夫佩虎符、坐皋比者①，洸洸乎干城之具也②，果能授孙、吴之略耶？峨大冠、拖长绅者，昂昂乎庙堂之器也，果能建伊、皋之业耶？盗起而不知御，民困而不知救，吏奸而不知禁，法斁而不知理③，坐糜廪粟而不知耻。观其坐高堂，骑大马，醉醇醴，而饫肥鲜者④，孰不巍巍乎可畏、赫赫乎可象也？又何往而不金玉其外、败絮其中也哉！今子是之不察，而以察吾柑。"

〔注释〕

①虎符:虎形的兵符,古代调兵用的凭证。皋比:虎皮,指将军的座席。比,通“皮”,毛皮。

②洸洸(guāng):威武的样子。干城之具:捍卫国家的将才。干,盾牌,文中意为捍卫。干和城都用以防御。具,将才。

③斁(dù):败坏。

④饫(yù):饱食。

〔译文〕

卖柑橘的人笑着说:“我从事这个行业已有好多年了,我依赖这个来养活自己。我卖柑橘,别人买它,不曾有人说过什么,却唯独不能满足您吗?世上做欺骗之事的人不少,难道只有我一个吗?你没有好好考虑这个问题。现在那些佩戴虎形兵符、坐在虎皮上的人,耀武扬威,好像是捍卫国家的将才,他们果真能拥有孙武、吴起的谋略吗?那些戴着高帽子、拖着长长带子的人,气宇轩昂地在朝堂之上,他们果真能够建立伊尹、皋陶的功业吗?盗贼四起却不懂得抵御,百姓穷苦却不懂得救济,官吏奸邪却不懂得禁止,法度败坏却不懂得整顿,白白浪费粮食却不知道羞耻。看看那些坐在高堂上,骑着大马,醉饮美酒,饱食鱼肉的人,哪一个不是威风凛凛令人敬畏、气势显赫令人羡慕效仿?可是无论到哪里哪一个不是外表如金似玉、内心如同破败的棉絮呢?你看不到这些,却只追究我的柑橘!”

予默默无以应。退而思其言,类东方生滑稽之流①。岂其忿世嫉邪者耶?而托于柑以讽耶?

〔注释〕

①东方生：指东方朔。汉武帝时曾任太中大夫，性格诙谐，善于讽谏。滑稽（gǔjī）之流：指诙谐多讽、机智善辩的人。

〔译文〕

我默默地没有话来回答。回来思考卖柑人的话，觉得他像是东方朔那样诙谐多讽、机智善辩的人。难道他是对世间邪恶现象激愤痛恨之人吗？是借柑橘用来讽刺世事吗？

报刘一丈书

宗　臣

〔题解〕

宗臣(1525—1560),字子相,兴化人。明嘉靖二十九年(1550)进士,文学家,是“后七子”之一。宗臣性格耿介,刚正不阿,不攀附权贵,曾因触犯严嵩而遭排挤。本文是写给长辈的一封回信,针对刘一丈提出的“上下相孚”的期望,作者以漫画式的手法,讲述了一个拜谒权贵的闹剧,将门者的傲慢蛮横、拜访者的卑躬屈膝以及得志后的趾高气扬、权贵的自矜圆滑,刻画得淋漓尽致,活脱脱一幕官场现形记。指出所谓的“上下相孚”不过是官场的不良风气,表明了自己不肯同流合污的高尚操守。文章对谄媚逢迎的官场风气进行了辛辣的讽刺,文笔犀利,形象生动。

数千里外,得长者时赐一书,以慰长想,即亦甚幸矣。何至更辱馈遗[①],则不才益将何以报焉[②]?书中情意甚殷,即长者之不忘老父,知老父之念长者深也。

〔注释〕

①辱:谦辞。馈遗(wèi):赠送礼物。

②不才:自谦的称呼,意为不成才的人。

〔译文〕

在几千里以外,不时得到您老人家的来信,来安慰我的长久想念,这已经十分幸运了。竟然还承蒙您赠送礼物,那么我更要用什么来回报呢?您在信中表达的情意十分深切,是您没有忘记我的老父亲,可以理解老父亲也深深地想念您。

至以"上下相孚①,才德称位"语不才,则不才有深感焉。夫才德不称,固自知之矣。至于不孚之病则尤不才为甚。且今之所谓孚者何哉?日夕策马候权者之门,门者故不入,则甘言媚词作妇人状,袖金以私之。即门者持刺入②,而主人又不即出见,立厩中仆马之间,恶气袭衣袖,即饥寒毒热不可忍,不去也。抵暮,则前所受赠金者出,报客曰:"相公倦,谢客矣,客请明日来。"即明日又不敢不来。夜披衣坐,闻鸡鸣即起盥栉③,走马推门。门者怒曰:"为谁?"则曰:"昨日之客来。"则又怒曰:"何客之勤也!岂有相公此时出见客乎?"客心耻之,强忍而与言曰:"亡奈何矣,姑容我入。"门者又得所赠金,则起而入之。又立向所立厩中。幸主者出,南面召见,则惊走匍匐阶下。主者曰:"进!"则再拜,故迟不起,起则上所上寿金。主者故不受,则固请。主者故固不受，则又固请，然后命吏纳之。则又再拜，又故迟不起。起则五六揖始出。出揖门者曰："官人幸顾我，他日来，幸无阻我也！"门者答揖，大喜奔出。马上遇所交识，即扬鞭语曰："适自相公家来，相公厚我，厚我！"且虚言状。即所交识，亦心畏相公厚之矣。相公又稍稍语人曰："某也贤，某也贤。"闻者亦心计交赞之。此世所谓上下相孚也。长者谓仆能之乎？

〔注释〕

①孚（fú）：信任。
②刺：拜谒时用的名帖、名片。
③盥栉（guànzhì）：洗脸梳头。

〔译文〕

至于信中以"上下要互相信任，才能和品德要与职位相符合"的话教导我，正是我深有感触的。我的才能和品德与职位不相符，本来我就知道的。至于上下不能相互信任的弊病，在我的身上表现得更厉害。那么当今世上所说的上下信任是什么呢？从早到晚骑马去权贵人家的门口等候，守门的人故意不肯让他进去，他就甜言媚语做出妇人般的姿态，把袖里藏着的金钱偷偷地塞给守门人。守门人拿着名帖进去之后，主人又不立即出来接见，他就在马棚里站在仆人和马之间，臭气侵袭衣服，即使是饥饿寒冷或闷热得无法忍受，也不肯离去。直到傍晚，那个先前曾经接受金钱的守门人出来对他说："相公疲劳了，谢绝会客，客人请明天再来吧。"到了第二天，他又不敢不来。连夜披衣坐等，一听到鸡叫就起来洗脸梳头，骑马跑去叫门。守门人怒喝道："是谁？"他便回答说："昨天的客人又来了。"守门人又愤怒地说："客人怎么来得这样勤！难道相公能在这个时候出来会客吗？"客人心里感到耻辱，强自忍耐着对守门人说："没有办法啊！姑且让我进去吧！"守门人再次得到他送的钱，才起身放他进去。他又站在原来站过的马棚里。幸好主人出来了，朝南坐着召他进去见面，他就惊慌地跑上去，拜伏在台阶下。主人说："进来吧！"他又拜了两拜，故意迟迟不起来，起来后就献上进见的礼金。主人故意不接受，他就坚决请求收下。主人故意坚决不接受，他就再三请求，然后主人叫手下人把东西收起来。他便拜了又拜，又故意迟迟不起。起来后又做了五六个揖才出来。出来他就对守门人作揖说："多亏您关照我！下次再来，希望不要阻拦我。"守门人向他回礼，他就十分高兴地跑出来。他骑在马上碰到相识的朋友，就扬起马鞭对人说："我刚从相公府出来，相公厚待我，厚待我！"并且夸张地叙述当时接见他的情况。于是与他相识的人，也从心里敬畏他能得到相公的优待。相公又偶尔对别人说："某人贤能，某人贤能。"听到这些话的人，也都在心里盘算着一齐称赞他。这就是世人所说的上下信任。您老人家认为我能这样吗？

前所谓权门者，自岁时伏腊一刺之外[①]，即经年不往也。间道经其门，则亦掩耳闭目，跃马疾走过之，若有所追逐者。斯则仆之褊衷[②]，以此长不见悦于长吏，仆则愈益不顾也。每大言曰："人生有命，吾惟守分而已。"长者闻之，得无厌其为迂乎？

〔注释〕

①岁时伏腊:指一年中逢年过节的日子。岁时,一年四季,春、夏、秋、冬叫作四时。伏腊,夏伏、冬腊,古代两个重要祭日。

②褊(biǎn)衷:心胸狭隘。

〔译文〕

对于前面所说的权贵人家,我一年中除了逢年过节投一个名帖外,就整年不去。偶尔经过他的门前,就捂着耳朵、闭着眼睛,鞭策着马匹飞快地跑过去,好像后面有人追逐似的。这就是我狭隘的心怀,因此长久不受长官赏识,我就更加不顾念这些了。我常常发表高谈阔论:"人生遭际,命运决定,我只愿安守自己的本分罢了!"您老人家听了我的这番话,该不会嫌我太迂腐吧?

沧浪亭记

归有光

〔题解〕

归有光(1507—1571),字熙甫,又字开甫,别号震川,又号项脊生,世称“震川先生”,江苏昆山人。明朝中期散文家。沧浪亭本为北宋诗人苏舜钦所建,后人在此建造了大云庵,僧人文瑛复建沧浪亭,并向作者求记。本文简要记述了沧浪亭的历史变迁,接下来生发感慨,吴越一带历代帝王将相的遗迹皆已荡然无存,而沧浪亭却能长留天地间,两相对比,可见作者的价值取向。文章将亭之重建与历史兴废联系在一起,衔接自然,简洁明快。

浮图文瑛①,居大云庵,环水,即苏子美沧浪亭之地也②。亟求余作《沧浪亭记》,曰:“昔子美之记,记亭之胜也,请子记吾所以为亭者。”

〔注释〕

①浮图:佛教徒,僧人。

②苏子美：苏舜钦（1008—1049），字子美，宋代诗人。隐居苏州时建沧浪亭。其别集《苏学士集》中有《沧浪亭记》。

〔译文〕

僧人文瑛居住在大云庵，那里四面环水，就是宋代诗人苏舜钦当年修建沧浪亭的地方。文瑛曾多次请求我写一篇《沧浪亭记》，他说："以前苏舜钦的《沧浪亭记》，主要是记述该亭的美景，我想请您记述我修复这个亭子的原因。"

余曰：昔吴越有国时，广陵王镇吴中，治园于子城之西南，其外戚孙承佑，亦治园于其偏。迨淮南纳土，此园不废。苏子美始建沧浪亭，最后禅者居之。此沧浪亭为大云庵也。有庵以来二百年，文瑛寻古遗事，复子美之构于荒残灭没之余。此大云庵为沧浪亭也。夫古今之变，朝市改易。尝登姑苏之台，望五湖之渺茫，群山之苍翠，太伯、虞仲之所建，阖闾、夫差之所争，子胥、种、蠡之所经营，今皆无有矣，庵与亭何为者哉？虽然，钱镠因乱攘窃，保有吴越，国富兵强，垂及四世。诸子姻戚，乘时奢僭，宫馆苑囿，极一时之盛。而子美之亭，乃为释子所钦重如此。可以见士之欲垂名于千载，不与澌然而俱尽者[①]，则有在矣。

〔注释〕

①澌然：河中流动的冰块解冻时的样子

〔译文〕

我说：过去吴越建国的时候，广陵王镇守吴中，在内城的西南修建了一个南园，他的外戚孙承佑，也在它的旁边营建了一个园子。等到吴越亡国，淮南一带纳入宋国的版图，这处园林也没有荒废。苏子美最开始在这里建造了沧浪亭，后来禅僧们在这里居住。这样此处就从沧浪亭变为大云庵。大云庵至今已经有二百年了，文瑛寻访古代的遗迹，在荒芜残破的废墟上重建了苏舜钦的亭子。这样大云庵又变成沧浪亭。历史在变迁，朝廷和市井也在不断地改换变化。我曾经登上姑苏台，眺望浩渺苍茫的五湖，青苍翠绿的群山，那太伯、虞仲建立的国家，阖闾、夫差争夺的权势，子胥、文种、范蠡经营的事业，现在都已经消失不见了，大云庵和沧浪亭的兴废又能怎么样呢？虽然这样，钱镠趁着天下动乱的时机窃取了权位，占有吴越一带，国家富足，军队强大，传了四代。他的子孙姻亲，趁机大肆挥霍，所建造的宫殿、馆阁、园囿，盛极一时，现在都不见了。而苏舜钦的沧浪亭，却被和尚这么钦佩看重。从此可见，士人要想垂名千古，不像水中流动的冰块忽然消解一样一下子消失，是有原因的。

文瑛读书喜诗，与吾徒游，呼之为沧浪僧云。

〔译文〕

文瑛好读书、喜诗歌，和我们这些人交往，我们把他称作沧浪僧。

蔺相如完璧归赵论

王世贞

〔题解〕

王世贞(1526—1590),字元美,号凤洲,又号弇州山人,江苏太仓人。明代文学家、史学家,是文学流派“后七子”的代表人物。蔺相如完璧归赵的故事家喻户晓,面对强大而蛮横的秦国,蔺相如机智勇敢,不卑不亢,完璧归赵,充分表现出其政治智慧与外交能力,历来为人所称道。但是本文作者却独出机杼,抓住这一事件中的两个重要环节:一是是否要给秦国和氏璧的决策过程,二是在秦王已经答应蔺相如的要求后,蔺相如派人暗中将璧带回赵国的处理方式,对此进行了缜密的辨析,指出其中逻辑思维的疏忽、漏洞,角度新颖,逻辑性强。

蔺相如之完璧,人皆称之,予未敢以为信也。

夫秦以十五城之空名,诈赵而胁其璧,是时言取璧者情也[①],非欲以窥赵也。赵得其情则弗予,不得其情则予;得其情而畏之则予,得其情而弗畏之则弗予。此两言决耳,奈之何既畏而复挑其怒也!

〔注释〕

①情：实情，本意。

〔译文〕

蔺相如完璧归赵，人人都称赞他，我却不敢认同这种说法。

秦国用十五座城的空名，欺骗赵国并威胁索要它的和氏璧，这时说它要骗取璧是实情，但不是想要借此窥视赵国。赵国得知实情就不给它，不知道实情就给它；知道了这个实情却害怕秦国就给它，知道这个实情而不害怕秦国就不给它。这两句话解决了，怎么能既畏惧秦国却又故意去激怒它呢？

且夫秦欲璧，赵弗予璧，两无所曲直也。入璧而秦弗予城，曲在秦。秦出城而璧归，曲在赵。欲使曲在秦，则莫如弃璧；畏弃璧，则莫如弗予。夫秦王既按图以予城，又设九宾[①]，斋而受璧，其势不得不予城。璧入而城弗予，相如则前请曰："臣固知大王之弗予城也。夫璧非赵璧乎，而十五城秦宝也。今使大王以璧故，而亡其十五城，十五城之子弟，皆厚怨大王以弃我如草芥也。大王弗予城，而绐赵璧[②]，以一璧故，而失信于天下，臣请就死于国，以明大王之失信。"秦王未必不返璧也。今奈何使舍人怀而逃之，而归直于秦？是时秦意未欲与赵绝耳。令秦王怒而僇相如于市[③]，武安君十万众压邯郸[④]，而责璧与信，一胜而相如族[⑤]，再胜而璧终入秦矣。

〔注释〕

①九宾：古代举行大典时所用的极隆重的礼仪。宾，指傧相，迎宾礼赞的官吏。

②绐(dài)：欺骗。

③令：假如。僇：通“戮”，杀戮。

④武安君：秦国大将白起的封号。邯郸：赵国都城，在今河北邯郸。

⑤族：灭族。

〔译文〕

况且，秦国想得到和氏璧，赵国不给璧，两者都没有曲直是非。赵国交出璧而秦国不给城池，理屈在秦国。秦国给了城池，可赵国却拿回了璧，就是赵国理亏了。要想使秦国理亏，那么不如就放弃璧；害怕丢掉璧，就不如不给它。秦王已经按照地图给了城池，又设九宾大礼，斋戒之后才接受璧，那种形势是不得不给城池的。如果秦王接受了璧却不给城池，蔺相如就可以上前质问他：“我本来就知道大王是不会给城池的。这块璧不是赵国的吗？而十五座城池也是秦国的宝物。现在假使大王因为一块璧的缘故而抛弃了十五座城池，十五座城中的百姓都会深深怨恨大王，因为大王把他们像小草一样抛弃了。大王不给城池，而骗取了赵国的璧，因为一块璧的缘故，却在天下人面前失去信用，我请求死在这里，来表明大王的失去信义。”这样，秦王未必不归还璧。当时为什么要派手下人怀揣着璧逃走而把理直送给秦国呢？那时秦国并不想与赵国断绝关系。假如秦王发怒在街市上杀掉蔺相如，派武安君率领十万大军进逼邯郸，追问璧的下落和赵国的失信，一次获胜就可以使相如灭族，再次获胜而璧最终还要落到秦国手里。

吾故曰，藺相如之获全于璧也，天也。若其劲渑池[①]，柔廉颇[②]，则愈出而愈妙于用。所以能完赵者，天固曲全之哉！

〔注释〕

①劲渑池：公元前279年，秦王约赵王会于渑池。宴会上秦王请赵王鼓瑟以辱赵王。蔺相如随行，便以刺杀秦王相威胁，请秦王为赵王击缶。

②柔廉颇：廉颇，赵国名将。蔺相如因“完璧归赵”和“渑池会”功大，拜为上卿，位在廉颇之上。廉颇不服，打算侮辱他。蔺相如以国家利益为重，多次避让廉颇。廉颇受到感动，负荆请罪。二人遂成刎颈之交。

〔译文〕

所以我认为，蔺相如能保全这块璧，那是上天的保佑。至于他在渑池以强硬的态度对付秦国，在国内以谦和的姿态对待廉颇，那是策略上越来越高明了。所以说赵国之所以能得以保全，的确是上天在偏袒它啊！

徐文长传

袁宏道

〔题解〕

袁宏道(1568—1610),字中郎,号石公,湖北公安人。明代文学家,与其兄宗道、其弟中道,并称“公安三袁”,是文学流派“公安派”的代表人物。徐渭(1521—1593),字文长,山阴(今浙江绍兴)人。是明代的一位奇才,他诗文、杂剧、书画兼擅,但科考不顺。曾入胡宗宪幕僚,胡宗宪入狱后,徐渭忧惧佯狂,多次自杀未遂,后来因为杀妻被捕,在友人的帮助下方得出狱。晚年贫病交加,一生足称传奇。作为一篇为同时代人所写的传记,作者带着钦敬、惋惜和同情的态度,抓住“奇”字,统领全篇,择取徐渭生平中较为奇特的经历,借以展现其特异独行的性格特征,对其文学艺术创作的成就给予了极高的评价。

徐渭,字文长,为山阴诸生①,声名籍甚。薛公蕙校越时,奇其才,有国士之目。然数奇②,屡试辄蹶。中丞胡公宗宪闻之,客诸幕。文长每见,则葛衣乌巾,纵谈天下事,胡公大喜。是时公督数边兵,威镇东南。介胄之士,膝语蛇行，不敢举头，而文长以部下一诸生傲之，议者方之刘真长[3]、杜少陵云[4]。会得白鹿，属文长作表。表上，永陵喜。公以是益奇之，一切疏计，皆出其手。文长自负才略，好奇计，谈兵多中，视一世士无可当意者[5]。然竟不偶。

〔注释〕

①诸生：即生员，明清时期经过本省各级考试取入府、州、县学的学生。

②数奇（jī）：运气不好。

③刘真长：刘惔，字真长，东晋名士，少时即为王导所赏识。《晋书·刘惔传》："桓温尝问惔：'会稽王谈更进邪？'惔曰：'极进，然故第三流耳。'温曰：'第一复谁？'惔曰：'故在我辈。'其高自标置如此。"

④杜少陵：杜甫，号少陵野老。《旧唐书·杜甫传》："严武镇成都，奏为节度参谋、检校尚书工部员外郎，赐绯鱼袋。武与甫世旧，待遇甚隆。甫性褊躁，无器度，恃恩放恣。尝凭醉登武之床，瞪视武曰：'严挺之乃有此儿！'武虽急暴，不以为忤。"

⑤视一世士：有版本作"视一世事"。

〔译文〕

徐渭，字文长，是山阴的生员，名声特别大。薛蕙在浙江做学官的时候，惊异于他的才华，把他看作国士。但是他命数不好，几次考试都失利了。胡宗宪中丞听说了他，就把他聘请为幕僚。徐渭每次去拜见胡宗宪的时候，都穿着葛布衣服，戴着黑色头巾，畅谈天下大事，胡宗宪非常高兴。当时胡宗宪统领着好几支边境防区的军队，威镇东南一带。部下军士们去见他都跪着说话，像蛇一样在地上匍匐爬行，连头都不敢抬起来，而徐渭以帐下一个生员的身份却能傲视胡宗宪，议论的人把他比作东晋的刘惔、唐代的杜甫。正好赶上胡公捕到了一头白鹿,胡宗宪让徐渭代写一份贺表。表章呈交上去后,明世宗看到了很高兴。胡宗宪因此更加器重他,一切奏疏、公文等,都出自徐渭的手笔。徐渭对自己的才能谋略很自负,喜欢奇谋划策,谈论军事常常能切中要害、抓住要领,认为世间所有的士人都没有如他心意的。但是最终也没有施展才华的机会。

文长既已不得志于有司,遂乃放浪曲蘖[①],恣情山水。走齐、鲁、燕、赵之地,穷览朔漠。其所见山奔海立、沙起云行、雨鸣树偃、幽谷大都、人物鱼鸟,一切可惊可愕之状,一一皆达之于诗。其胸中又有勃然不可磨灭之气,英雄失路托足无门之悲,故其为诗,如嗔如笑,如水鸣峡,如种出土,如寡妇之夜哭,羁人之寒起。虽其体格时有卑者,然匠心独出,有王者气,非彼巾帼而事人者所敢望也。文有卓识,气沉而法严,不以模拟损才,不以议论伤格,韩、曾之流亚也。文长既雅不与时调合,当时所谓骚坛主盟者,文长皆叱而奴之,故其名不出于越,悲夫!喜作书,笔意奔放如其诗,苍劲中姿媚跃出,欧阳公所谓妖韶女[②],老自有余态者也。间以其余,旁溢为花鸟,皆超逸有致。

〔注释〕

①曲蘖(niè):酒曲,这里指酒。

②妖韶女:欧阳修《六一诗话》记录其评价梅尧臣的诗,其中有句:“有如妖韶女,老自有余态。”

〔译文〕

文长既然科举考试一直不顺利，仕途无望，于是便纵情饮酒，恣意地游览山水。他到山东、河北一带畅游，饱览朔北大漠的风光。他沿途所见到的景象，如山势奔腾、海浪直立、风沙骤起、白云飘行、暴雨悲鸣、树木扑倒，以及幽深的山谷、繁华的大都市、各色人物以及珍奇鱼鸟，一切让人感到惊讶怪异的情状，他都将其一一写入了诗里。他的胸中又蕴藏着一股充沛的、难以磨灭的豪气，包含着英雄无用武之地、才华无处施展的悲慨，所以他写起诗来，似在嗔怒，似在大笑，像水在山峡间激起的波涛声，像种子破土而出，像寡妇夜间的抽泣，像羁旅之人在寒冷中启程。虽然有些诗歌的格调不免卑弱，但是匠心独运，有王者的气概，不是那些像女子一般以谄媚为事的人所敢仰望企及的。他的文章有卓绝的见识，气势深沉而法度森严，不因为模拟而减损才情，不因为议论而损伤气格，可比拟韩愈、曾巩一流的大家。徐渭高雅，不与时俗相合，当代所谓诗坛盟主一类的人，他都叱责、瞧不起，所以他的名声没有传出他的家乡，真是令人感到悲哀啊！他喜欢写字，用笔像他的诗歌一样奔放，苍劲之中又有一种妩媚的姿态跃然纸上，就是欧阳修所说的妖娆的美女，年老了还是风韵犹存。在这些艺术追求之外，他又旁及花鸟绘画，也都十分超逸，很有雅致。

卒以疑杀其继室，下狱论死。张太史元汴力解，乃得出。晚年愤益深，佯狂益甚。显者至门，或拒不纳。时携钱至酒肆，呼下隶与饮。或自持斧击破其头，血流被面，头骨皆折，揉之有声。或以利锥锥其两耳，深入寸余，竟不得死。周望言晚岁诗文益奇，无刻本，集藏于家。余同年有官越者[①]，托以钞录，今未至。余所见者《徐文长集》《阙编》二种而已。然文长竟以不得志于时，抱愤而卒。

〔注释〕

①同年：古代科举同一年考中者。

〔译文〕

后来，文长因疑忌误杀他的继室妻子而下狱，定为死罪。张元汴太史极力为他开解，这才得以出狱。徐渭晚年忧愤更为深广，故意做出更加痴狂的样子。有显贵的人来拜访他，有时候他就拒不接待。有时拿着钱到酒馆，招呼下等仆役一起饮酒。有时竟然拿着斧头把自己的头砍破，血流得满脸都是，头骨都碎了，按揉的时候都能听到骨头摩擦的声音。有时他用尖锐的锥子刺自己的耳朵，扎进去有一寸多，最终没有死掉。周望说徐渭晚年的诗文越发奇特，没有刻本流传，诗文集稿都藏在家中。我的同年有在浙江做官的，我委托他们帮我抄录他的诗文，现在还没有到手。我所见到的，只有《徐文长集》《阙编》两种罢了。可是徐渭最终因为在当时无法得志，带着忧愤去世了。

石公曰[①]：先生数奇不已，遂为狂疾。狂疾不已，遂为囹圄。古今文人牢骚困苦，未有若先生者也。虽然，胡公间世豪杰，永陵英主。幕中礼数异等，是胡公知有先生矣。表上，人主悦，是人主知有先生矣。独身未贵耳。先生诗文崛起，一扫近代芜秽之习，百世而下，自有定论,胡为不遇哉?

〔注释〕

①石公:袁宏道号石公。

〔译文〕

在我看来:徐渭时运不济,命运多舛,所以就患上了痴狂的病。这病又不断地发作,所以就身受牢狱之灾。从古至今,文人心怀的牢骚、遭受的困苦,没有像徐渭这样沉重的。即使如此,仍有胡宗宪这样的当世豪杰,有明世宗这样的当代明主赏识他。徐渭在幕府中时,胡宗宪对他施以特殊的礼遇,这说明胡宗宪非常了解先生。贺表呈上,君主喜悦,这是君主知晓先生。唯独遗憾的是自己没能显贵罢了。徐渭诗文崛起,独树一帜,把近代芜杂污浊的风气一扫而空,百代后世自然会有定论,这怎么能说他一生不得志呢?

梅客生尝寄予书曰①:"文长吾老友,病奇于人,人奇于诗。"余谓文长无之而不奇者也。无之而不奇,斯无之而不奇也。悲夫!

〔注释〕

①梅客生:梅国桢(zhēn),字客生,明代官员。

〔译文〕

好友梅国桢曾经写信给我说:"徐渭是我的老朋友,他的病比他这个人要奇特,他这个人比他的诗更奇特。"我说徐渭这个人没有一个地方是不奇异的。正是因为他没有一处不奇异,所以他一生的命运也是充满艰难坎坷。这真是让人悲伤呀!